W0107813

49,80

Faszination
Gartenteich

BLV Verlagsgesellschaft
München Wien Zürich

Wolfram Franke

Faszination
Gartenteich

CIP-Titelaufnahme der Deutschen Bibliothek

Franke, Wolfram:
Faszination Gartenteich / Wolfram Franke. –
München: BLV Verl.-Ges., 1988
ISBN 3-405-13529-X

Bildnachweis

Angermayer: 108/109, 111 r, 114, 116 o, 117 o,
　117 m, 123 ur, 124, 130, 133 r, 143
Apel: 73 l
Bogon: 122
Burda: 32, 39, 59 ur, 75, 101 r, 180
Dässel: 46, 47
Diekmann: 20 o, 29 u
Eisenbeiss: 49, 54 l, 58, 64 l, 66, 67 l, 72 l, 86 gl,
　87 gl, 95 r, 97, 101 l, 102 ol
Franke: 15, 25, 89, 106, 137, 154, 155, 164/165
König: 129
Matthes: 22, 78/79
Pforr: 23, 48 o, 65 l, 71, 72 r, 80, 87 r, 111 l, 112,
　113 u, 117 u, 123 or, 131
Pott: 69 l, 70 o, 85, 86 l, 86 m, 87 m, 132, 156
Reinhard: 2/3, 48 u, 53 l, 55, 61, 63 or, 63 ul, 69 r,
　81, 86 r, 96 l, 126, 127, 145
re natur Ruhwinkel: 40, 41, 149, 168, 171, 172
Riedmiller: 44/45, 58, 59, 60 r, 87 l, 153
Sammer: 26/27, 34, 37 ol, 37 or, 37 ul, 37 ur, 54 r,
　68 gl, 68 l, 76 o, 76 ol, 99, 103, 163, 173, 177
Dr. Sauer: 110, 113 ol, 113 or, 116 u, 123 ol, 123 ul,
　133 l, 144
Schrempp: 53 m, 53 r, 63 ol, 65 r, 68 r, 107, 134
Seidl: 56, 58, 59, 63 ur, 64 r, 67 r, 68 m, 70 u, 73 r,
　93 l, 93 r, 94, 95 l, 96 r, 98, 101 m
Stehling: 1, 33, 58, 59, 121, 146/147, 159, 169, 174
Sulzberger: 76 ur
Titz: 16/17, 58, 125, 160
Wothe: 7, 8/9, 60 l, 88, 116/117, 135

© 1988 BLV Verlagsgesellschaft mbH, München
8000 München 40

Das Werk einschließlich aller seiner Teile ist
urheberrechtlich geschützt. Jede Verwertung
außerhalb der engen Grenzen des Urheber-
rechtsgesetzes ist ohne Zustimmung des Verlags
unzulässig und strafbar. Das gilt insbesondere
für Vervielfältigungen, Übersetzungen, Mikro-
verfilmungen und die Einspeicherung und
Verarbeitung in elektronischen Systemen.

Layout: Anton Walter, Gundelfingen

Satz: Filmsatz Schröter GmbH, München
Druck und Bindung: Neue Stalling GmbH,
Oldenburg

Printed in Germany · ISBN 3-405-13529-X

Inhalt

Von der sanften Macht des Wassers

An das Ticken einer Wanduhr kann man sich derart gewöhnen, daß man es erst wahrnimmt, wenn die Uhr stehengeblieben ist. Ähnlich verhält es sich mit dem Wasser. Erst wenn es fehlt, wird uns bewußt, wie dringend wir es in unserem Alltag brauchen. Wie selbstverständlich drehen wir morgens den Hahn der Dusche auf, um das erfrischende Naß über unseren noch müden Körper laufen zu lassen. Und selbstverständlich brauchen wir es zum Zähneputzen, zum Kaffeekochen und zum Geschirrspülen. Mit der Klospülung werden jedesmal durchschnittlich 10 Liter Wasser – sauberes, frisches, trinkbares Wasser – ins Netz der Kanalisation gejagt.

Besonders schmerzlich empfinden wir das Fehlen des Wassers, wenn wir Durst haben. Ganz gleich, ob wir Bier, Sprudel, Kaffee oder Tee bevorzugen – Wasser ist in jedem Getränk enthalten. Kein Wunder. Schließlich bestehen wir Menschen zu 70% aus Wasser. Und dieses Wasser in unserem Körper muß täglich ausgetauscht werden.

Alle Lebewesen brauchen Wasser. In Pflanzen ist es oft zu 90% enthalten. Wasser ist aber auch ein wichtiger Bestandteil der Luft. Wo die Luftfeuchtigkeit hoch ist, wie zum Beispiel im tropischen Urwald, ist die Vegetation am reichhaltigsten. Auch wir Menschen brauchen feuchte Luft. Damit geht es uns wiederum wie mit dem Ticken der Wanduhr. Wir bemerken erst den Mangel an Luftfeuchtigkeit, zum Beispiel im Winter in beheizten Räumen. Umgekehrt registrieren wir, wie angenehm die feuchte Luft ist, wenn nach einer sommerlichen Hitzeperiode endlich das reinigende Gewitter da ist.

Wasser ist in jeder Hinsicht ein Lebenselexier. Nirgendwo ist die Vegetation üppiger und reichhaltiger als am Rand eines Gewässers. Nirgendwo sonst finden sich so viele verschiedene Insekten, Käfer, Vögel, Säugetiere, Amphibien ein, wie am Ufer eines naturbelassenen Sees oder Weihers. Jedes Gewässer bietet nicht nur das nasse Element an sich, sondern auch Frische und Nahrung. Wasser erzeugt ein gutes Klima.

Auch Menschen fühlten sich von jeher zum Wasser hingezogen. Vor Tausenden von Jahren errichteten sie ihre Pfahlbauten sogar auf dem Wasser. Eine ganze Stadt bauten sie auf dem Meer: Venedig. Noch heute führt manche Stadt den Namen ihres Flusses hinter dem eigenen, ob es Frankfurt am Main ist oder Frankfurt an der Oder, ob es Halle an der Saale oder Nienburg an der Weser ist, ganze Städte sind stolz auf »ihren« Fluß.

Wasser ist faszinierend. Vielleicht liegt es an seinem vielgestaltigen Wesen. Denken wir an die Stimmung, die der morgendliche Nebel über einer Wiese im Tal vermitteln kann, die Beschaulichkeit glitzernder Eiszapfen oder die fröhliche Ausgelassenheit, die uns erfassen kann, wenn wir an einem sonnigen Wintertag durch den Schnee stapfen. Doch auch als flüssiges Wasser erscheint es in vielerlei Gestalt. Als stiller See vermittelt es Ruhe. Im klaren Wasser erkennen wir unser eigenes Spiegelbild und versinken in Träume. Auch das Rauschen des Meeres mit seinem stetigen Wellenschlag oder eines gleichmäßig dahinfließenden Stromes nehmen wir in uns auf. Belebend, fröhlich und voll ansteckender Frische ist das glasklare Wasser eines plätschernden Gebirgsbaches; bedrohlich wirken die tosenden Massen eines Wasserfalls. Ganz gleich, um welches Gewässer es sich handelt, die Menschen fühlen sich immer zum Wasser hingezogen. Das Ufer ist nicht nur ein Ort der Ruhe, sondern auch ein Treffpunkt, ein Ort der Kommunikation. Früher teilten sich die Waschfrauen am Dorfbrunnen Neuigkeiten mit. Am Wasser fand man von jeher zusammen.

Deshalb hat man sich seit Menschengedenken das Wasser in die unmittelbare Nähe der eigenen Behausung geholt. Schon im alten Ägypten zierten Seerosenteiche die Gärten der Herrschenden. Und es gibt keinen französischen, englischen, italienischen und deutschen historischen Garten, in dem nicht das Wasser eine große Rolle spielt. Je nach Epoche änderten sich die Beckenformen von streng geometrisch bis liebevoll verspielt. Und es gab Springbrunnen, ganz ohne elektrischen Strom.

6

Wasser wurde auch bald in die Hausgärten weniger wohlhabender Leute, in bürgerliche Gärten, einbezogen und wenn es nur eine Vogeltränke war. Dennoch hatte man sich derart ans Wasser gewöhnt, daß es als selbstverständlich hingenommen wurde und manches, was das Wasser an Lebewesen mit sich brachte, in Vergessenheit geriet. Bis das Ticken der Wanduhr aufhörte ...

Viele Gewässer wurden zerstört, zugeschüttet, begradigt, kanalisiert, ihrer natürlichen Flora und Fauna beraubt, zur Kloake gemacht. Erst dann merkten wir, daß etwas, das uns Freude bereitet hatte, nicht mehr existierte. Vielleicht legen sich deshalb so viele Gartenbesitzer einen Teich an, nicht nur für die Seerosen und Goldfische, nicht nur in Verbindung mit einem Springbrunnen, sondern auch in der Hoffnung, er möge all die Lebewesen anlocken, die ihnen in der Kindheit noch vertraut waren. So ist bei vielen Gartenfreunden das Teichfieber ausgebrochen und es steckt – erfreulicherweise – immer mehr an. Wer einen Teich anlegen will, muß nicht nur wissen, wie man die Folie und das Fertigbecken genau einbaut, sondern braucht auch ein wenig Einfühlungsvermögen in natürliche Vorgänge. Dieses kann ein Buch allein nicht vermitteln, sondern es entsteht durch eigenes Beobachten, durch Erleben, durch Erfahrungen, die man als Teichliebhaber im Laufe der Jahre sammelt. Dazu gehört aber auch das Verstehen der Zusammenhänge in der Natur, in der nichts ohne Ursachen und Folgen geschieht. Hier soll dieses Buch eine Hilfe sein. Ein Gartenbuch kann man nun einmal nicht so schreiben wie die Reparaturanleitung für ein Auto. Wer jedoch ökologische Zusammenhänge versteht, wird sich in die Lebensgemeinschaft des Teiches einfühlen können und oft intuitiv das Richtige für sein kleines Wasserparadies tun.

Ein natürlicher Waldsee, mit Wasserknöterich und einem ausgedehnten Schilfgürtel.

Kein Tropfen ist vergebens

Der Kreislauf des Wassers

Die Weltmeere sind die großen Wasserreservoire unseres Planeten. Das Wasser eines jeden Baches und Flusses strebt dorthin. Auch das Grundwasser strömt, unseren Augen verborgen, dem Meer entgegen. Würden diese Wassermassen im Meer verbleiben, so wären Gräser und Kräuter, Blumen, Bäume und Sträucher auf dem Festland längst verdorrt. Mit ihnen wären auch alle Landtiere ausgestorben und Menschen gäbe es schon lange nicht mehr. Ohne Wasser ist auf unserem Planeten kein Leben möglich. Deshalb muß es eine Energiequelle geben, die das Wasser aus den großen Reservoiren über dem Planeten verteilt: die Sonne. Die Sonne erwärmt den Meeresspiegel und löst ein Wassermolekül nach dem anderen ab. Sie verwandelt flüssiges Wasser in Wasserdampf und läßt diesen zum Himmel aufsteigen. Ebenso erwärmt die Sonne die Luft. Je höher die Temperatur, desto mehr Wasserdampf kann die Luft aufnehmen. Wenn die Höchstmenge an Wasserdampf in Abhängigkeit der jeweiligen Lufttemperatur erreicht ist, sprechen wir von gesättigter Luft. Im übertragenen Sinn: die Luft hat ihren Durst gestillt.

Bei einer Lufttemperatur von 0°C genügen ungefähr 5 g Wasser, um einen Kubikmeter Luft zu sättigen. Bei einer Temperatur von 30°C ist der Durst der Luft erst gestillt, wenn sie 30 g pro Kubikmeter aufgenommen hat. Warme Luft steigt nach oben; mit ihr auch der Wasserdampf. In Höhen bis zu 17 000 m kühlt die Luft ab. Der Wasserdampf sammelt sich, er kondensiert und bildet Wolken. Ebenfalls von der Sonne verursacht, durch ungleiche Erwärmung der Luftschichten über dem Meer und dem Festland, entsteht Wind. Er trägt die Wolken über das Land und je mehr sich der Wasserdampf abkühlt, desto größer werden die Wassertropfen, bis sie schließlich als Tau, Nebel, Regen oder Schnee zur Erde fallen. Spätestens auf dem Boden hat das Wasser wieder seinen flüssigen Zustand angenommen. Und dort steht es nicht still, sondern ist ständig in Bewegung. Bei einem starken Wolkenbruch fließt das Wasser an der Oberfläche weiter: über Dächer, Straßen, Wege oder den nackten Boden, in die Kanalisation, in Wassergräben, Bäche, Flüsse und Seen.

Ein weiterer Teil des Regenwassers versickert in den Boden und geht auch dort unterschiedliche Wege. Guter Acker-, Wald-, Wiesen- oder Gartenboden besteht aus einer Vielzahl von locker angeordneten Bodenkrümeln, sogenannten Ton-Humus-Komplexen, die in der Lage sind, einen großen Teil des Wassers zu speichern. Wissenschaftler bezeichnen das auf diese Weise festgehaltene Wasser als Haftwasser. Überschüssiges Wasser, das von den Bodenkrümeln nicht mehr festgehalten werden kann, versickert in tiefere Bodenregionen (Sickerwasser), bis es auf eine Schicht stößt, die es nicht mehr durchdringen kann. Dort sammelt sich das Wasser an und bildet das Grundwasser. Unterirdisch fließt es weiter und versorgt Quellen, Bäche, Wassergräben, Tümpel,

Teiche und Seen. Über die fließenden Gewässer gelangt es zurück ins Meer.

Das Wasser aus den Tümpeln, Teichen und Seen verdunstet zum Teil direkt oder wird von dem umliegenden Boden aufgesaugt, sobald dieser trockener geworden ist. Auch das Haftwasser verdunstet aus der oberen Bodenkrume direkt. Vor allem steht es aber den Pflanzen zur Verfügung, von deren Wurzeln es, angereichert mit Nährstoffen, aufgenommen wird und alle Pflanzenteile erobert. In den grünen Pflanzenteilen, vor allem in den Blättern, wäre der dort stattfindende wichtigste Vorgang für das Leben, die Photosynthese, ohne Wasser überhaupt nicht möglich. Denn im Blattgrün, von den Wissenschaftlern Chlorophyll genannt, wird das Wasser unter dem Einfluß des Sonnenlichts in seine Bestandteile Wasserstoff und Sauerstoff gespalten. Den abgespaltenen Wasserstoff verwenden die Pflanzen wiederum, um im zweiten Schritt der Photosynthese zusammen mit Kohlenstoff Traubenzucker aufzubauen. Doch die Pflanzen nehmen weitaus mehr Wasser auf, als sie

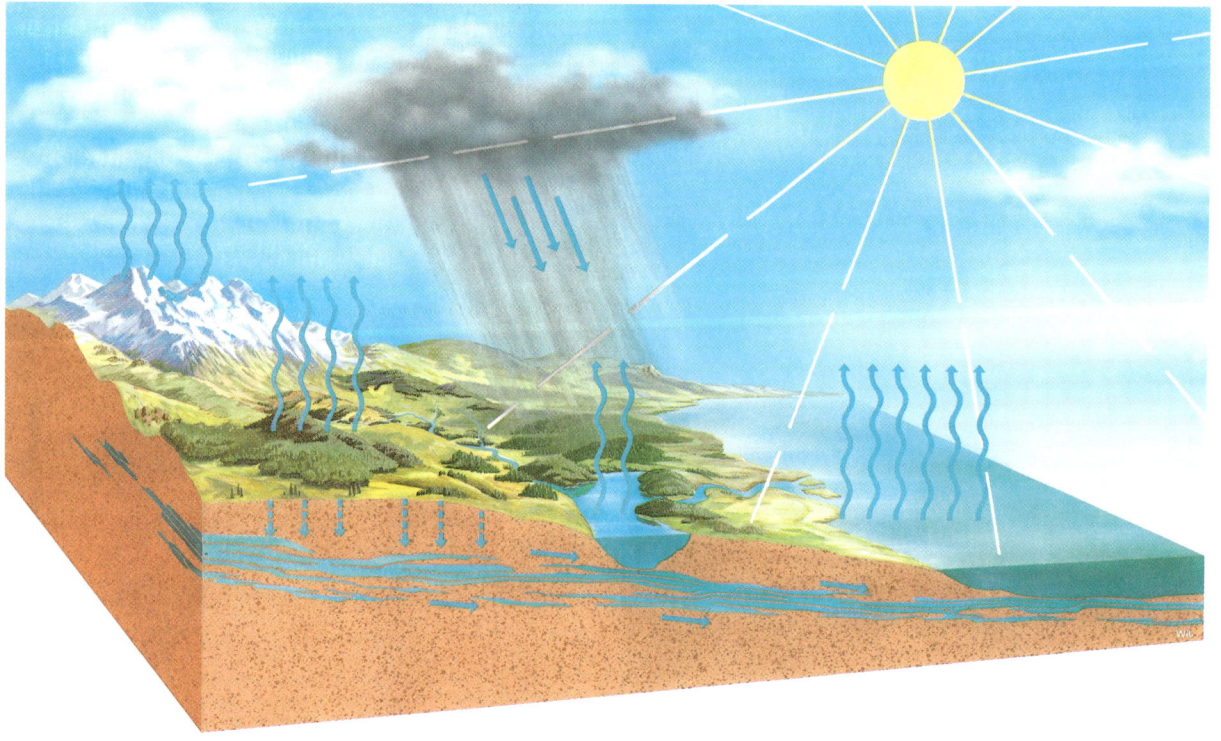

Der Wasserkreislauf: Meere, Binnengewässer, Wiesen, Wälder und der nackte Boden verdunsten Wasser. Als Niederschlag kommt es zur Erde zurück. Oberflächlich fließt es direkt in die Meere. Als Sickerwasser dringt es in den Boden ein, wird als Haftwasser vorübergehend gebunden und fließt als Grundwasser unterirdisch den Seen, Flüssen und Meeren zu.

10

zur Photosynthese brauchen. Sie verdunsten es als Wasserdampf.

Wasser geht wundersame Wege. Und es ist bemerkenswert, wie sorgsam die Natur mit diesem Lebenselexier umgeht, wie sorgfältig sie jeden Tropfen Wasser nutzt. Deshalb ist kein Tropfen vergebens. Auch nicht der sprichwörtliche Tropfen auf dem heißen Stein. Denn jeder Tropfen höhlt den Stein, bevor er als Wasserdampf zum Himmel aufsteigt.

Mehr noch: Mit jedem Wassertropfen wird etwas aus dem Stein herausgelöst. Atome, die kleinsten Teile chemisch nicht weiter zerlegbarer Grundstoffe, treten über die Pflanzenwelt den Weg in verschiedenen Verbindungen durch alle Lebewesen an. Aus ihnen bestehen letztendlich alle Lebewesen. Immer ist es das Wasser, das die Nährsalze in die Pflanzen transportiert, von wo sie schließlich in jeweils anderer Zusammensetzung als Eiweiße und Kohlenhydrate in tierische und menschliche Körper gelangen. Ohne Wasser läuft nichts. Wir Menschen bestehen bis zu 70% aus Wasser. Das sagt eigentlich schon alles.

Hartes Wasser und der pH-Wert

Wasser ist immer in Bewegung. Auf seinem langen Weg nimmt es organische wie mineralische Stoffe mit und transportiert sie, bis es selbst in einem anderen Medium aufgeht. Wasser ist mehr als H_2O. Diese chemische Formel bedeutet, daß 2 Atome Wasserstoff (Hydrogenium) mit 1 Atom Sauerstoff (Oxygenium) verbunden sind. Sie trifft jedoch nur auf destilliertes Wasser zu. Im Wasser, das mit den Mineralien des Bodens in Berührung gekommen ist, befindet sich ein mehr oder weniger hoher Anteil Kalk. Dieser Grundstoff ist nicht nur ein Nährstoff für die Pflanzen, sondern spielt bei der chemischen Beschaffenheit des Wassers eine entscheidende Rolle. Vor allem Hausfrauen wissen ein Lied davon zu singen, wie »hartes« Wasser den Kaffee-, Geschirrspül- und Waschmaschinen zuset-

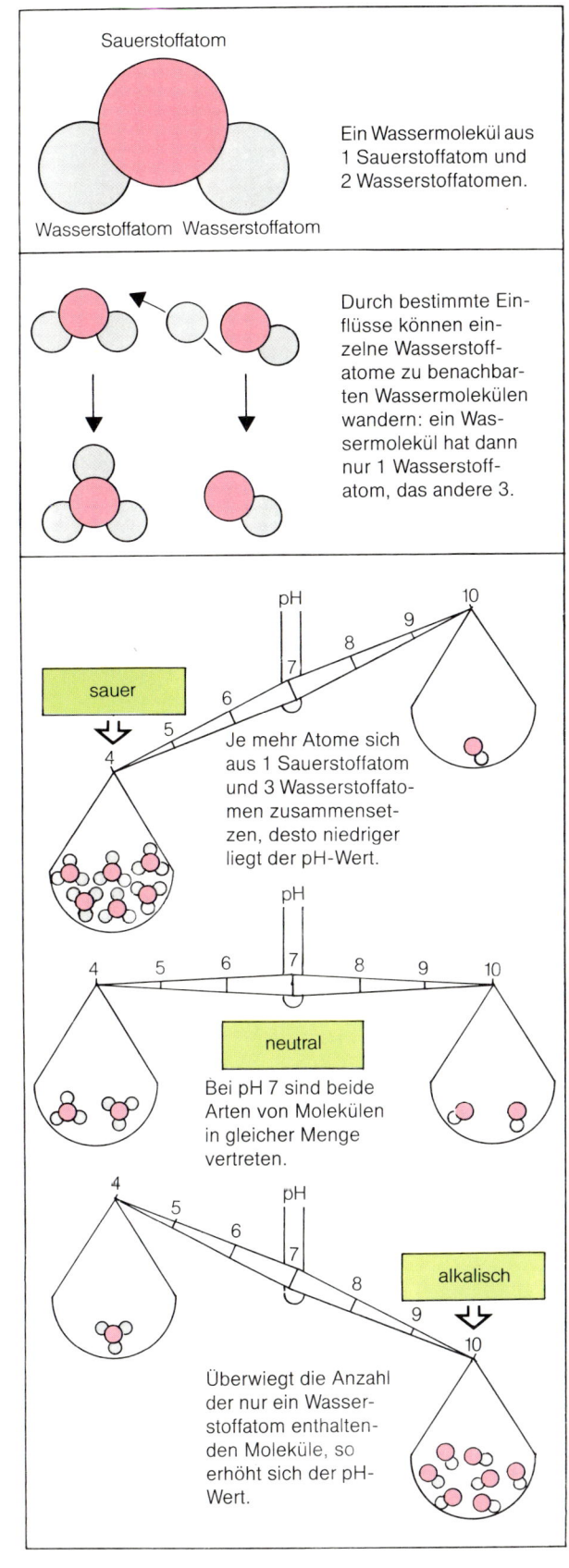

Ein Wassermolekül aus 1 Sauerstoffatom und 2 Wasserstoffatomen.

Durch bestimmte Einflüsse können einzelne Wasserstoffatome zu benachbarten Wassermolekülen wandern: ein Wassermolekül hat dann nur 1 Wasserstoffatom, das andere 3.

Je mehr Atome sich aus 1 Sauerstoffatom und 3 Wasserstoffatomen zusammensetzen, desto niedriger liegt der pH-Wert.

Bei pH 7 sind beide Arten von Molekülen in gleicher Menge vertreten.

Überwiegt die Anzahl der nur ein Wasserstoffatom enthaltenden Moleküle, so erhöht sich der pH-Wert.

zen kann. Als »hart« bezeichnet man Wasser mit einem hohen Kalkanteil. Gemessen wird der Kalkgehalt in deutschen Härtegraden, abgekürzt °dH. Kalk ist eine Verbindung aus dem chemischen Grundstoff Kalzium und Sauerstoff. Meistens ist er aber mit noch anderen Stoffen verbunden, zum Beispiel Kohlendioxid. Diese Verbindung nennen Chemiker Kalziumkarbonat. Sie ist ohne den Einfluß weiterer Stoffe im Wasser nicht löslich und hat so auch keinen Einfluß auf die Härte des Wassers. Erst wenn Kohlendioxid aus der Luft hinzukommt, entsteht Kalziumbikarbonat, das im Wasser löslich ist. Je mehr Kalziumbikarbonat im Wasser gelöst ist, desto härter ist das Wasser.

Gemessen wird die Härte des Wassers jedoch am Ausgangsstoff, der Verbindung aus Kalzium und Sauerstoff, auch Kalziumoxid genannt. Ein Grad deutscher Härte entspricht 0,01 g Kalziumoxid pro Liter Wasser. Die Meßskala des dH-Wertes reicht von 0°–30°, wobei man Wasser von 0°–8°dH als weich, von 8–12°dH als mittelhart, von 12–18°dH als ziemlich hart und von 18–30°dH als sehr hart bezeichnet. Den dH°-Wert des Leitungs- oder Brunnenwassers kann man beim zuständigen Wasserwirtschaftsamt erfragen oder mit Indikatoren, die man im Aquarienfachhandel bekommt, selbst prüfen.

Die Härte des Wassers wird also durch seinen Kalkgehalt bestimmt. Gut informierte Gartenfreunde kennen einen anderen Meßwert, der nicht nur für den Boden, sondern ebenso für das Wasser gilt: den pH-Wert. Ihn kann man erhöhen, indem man dem Boden oder Wasser Kalk hinzugibt oder heruntersetzen, indem man überschüssigen Kalk durch sauren Humus, zum Beispiel Torf bindet. Vom pH-Wert hängt die erfolgreiche Ernährung aller Pflanzen ab, auch die der Wasserpflanzen. Für das Wasser gibt es also zwei Meßwerte, die beide durch den Kalkanteil beeinflußt werden. Ein Verwirrspiel für viele Gartenfreunde!

Zwei Atome Wasserstoff und ein Atom Sauerstoff bilden ein Wassermolekül (Molekül = kleinster

Teil einer chemischen Verbindung). Diese Atome sind nicht zufällig miteinander verbunden, sondern weil sie unterschiedliche elektrische Ladungen besitzen. Gegensätzlich geladene Atome und Moleküle ziehen sich an und bilden ein neues Molekül. Gleichartig geladene Atome und Moleküle stoßen sich ab. Man könnte sich die Atome unserer Grundstoffe als Vielzahl winziger Magnete vorstellen, die auf Grund ihrer anziehenden und abstoßenden Kräfte ständig in Bewegung sind und immer wieder neue Verbindungen eingehen. Im Wasser bewegen sich die Atome emsiger als in Festkörpern.

Nur destilliertes Wasser besteht ausschließlich aus Molekülen, bei denen zwei Wasserstoffatome mit einem Sauerstoffatom verbunden sind. Im Regenwasser, Leitungswasser, im Wasser unserer Meere, Seen, Flüsse und Teiche sind außerdem noch andere chemische Verbindungen enthalten, die unter anderem bewirken können, daß der Anteil an Wasserstoffatomen überwiegt. Diese Atome verbinden sich mit Wassermolekülen, welche sich nunmehr aus drei Atomen Wasserstoff und einem Atom Sauerstoff zusammensetzen. Von dem Verhältnis dieser Moleküle zu den »normalen« (zwei Wasserstoffatome enthaltenden) Wassermolekülen wird der pH-Wert des Wassers bestimmt. Je geringer der Anteil von drei Wasserstoffatomen enthaltenden Molekülen ist, desto höher, je größer der Anteil dieser Moleküle im Wasser ist, desto niedriger liegt der pH-Wert. Bei einem pH-Wert von 7 ist das Verhältnis dieser Moleküle zu anderen Wassermolekülen optimal. Deshalb bezeichnet man diesen Wert auch als Neutralpunkt. Die meisten Pflanzen und Tiere gedeihen am besten bei einem pH-Wert zwischen 6 und 7. Als sauer bezeichnet man Wasser (oder Boden) mit pH 3, als alkalisch Wasser mit pH 10. Die dazwischenliegenden Werte werden jeweils als schwach sauer oder schwach alkalisch bezeichnet.

Der pH-Wert wird unter anderem von Kalziumkarbonat, der gleichen Verbindung also, von der die Härte des Wassers abhängt, beeinflußt. Ein Teil des

Kalziumbikarbonatmoleküls, nämlich das Hydrogenkarbonatmolekül, verbindet sich mit Wasserstoffatomen. Aus diesem chemischen Vorgang entstehen wiederum Wassermoleküle und Kohlendioxid, das in die Atmosphäre entweicht. Der Anteil der drei Wasserstoffatome enthaltenden Moleküle wird verringert und der pH-Wert erhöht. Auf diese Weise ist der pH-Wert auch von der Härte des Wassers abhängig. Bei hartem Wasser wird er im alkalischen Bereich, also über 7, bei »weichem« Regenwasser im schwach sauren bis sauren Bereich unter dem Neutralpunkt liegen.

Im Boden wird der pH-Wert vor allem durch den Kalkgehalt des Gesteins beeinflußt, aus dem er entstanden ist. Er bleibt, sofern nicht von Menschenhand beeinflußt, ziemlich gleich. Nur bei intensiv bewirtschafteten Acker- und Gartenböden kommt es allmählich zur Versauerung, weil die abgeernteten Pflanzen dem Boden Kalk entziehen. Diesen Mangel muß man von Zeit zu Zeit und je nach Beschaffenheit des Bodens durch eine Kalkdüngung ersetzen, um den für die meisten Pflanzen günstigen pH-Wert um 7 zu erhalten.
In einem Gewässer ist der pH-Wert vom Wasser selber, also von seiner Härte und damit dem Anteil von Kalziumkarbonat abhängig. Der Kalkgehalt hängt wiederum von dem Gehalt an löslichem Kalk aus den Mineralien ab, mit denen das Wasser in Berührung gekommen ist. Entscheidend ist, daß der Kalk in Kalziumkarbonat umgewandelt wird. Es gibt zum Beispiel alpine Gewässer auf kalkhaltigem Untergrund, deren Wasser keineswegs hart, keineswegs alkalisch, sondern weich und sauer ist, weil sich der Kalk aus dem Gestein nicht oder nur geringfügig löst. Löslicher Kalk aus einem Gewässerboden kann den pH-Wert erheblich ansteigen lassen. Ebenso tragen Mikroorganismen und Kleintiere, die Kalk in ihre Körpersubstanz oder ihren Panzer eingelagert haben (zum Beispiel Gehäuseschnecken), wenn sie absterben zum Ansteigen des pH-Wertes bei. Umgekehrt zersetzen zahlreiche Bakterien abgestorbene Pflanzenteile, die sich auf dem Boden des Gewässers ansammeln. Dabei werden Huminsäuren frei, ein hoher Anteil von Molekülen mit drei Wasserstoffatomen, die alkalisches Wasser in den neutralen Bereich bringen, ebenso aber neutrales Wasser versauern können. Da in einem Gewässer unter dem Einfluß der Sonne und im Rhythmus der Jahreszeiten immer aufs neue etwas heranwächst und etwas anderes abstirbt, ist es nicht verwunderlich, wenn sich der pH-Wert im Laufe eines Jahres, eines Monats, einer Woche, oft sogar innerhalb eines Tages vom schwachsauren bis in den alkalischen Bereich hinein verändert. Diese Schwankungen sind unbedenklich, sofern sich der pH-Wert immer auf den schwach sauren (pH 6) bis neutralen (pH 7) Bereich einpendelt. Es gibt aber auch andere Verbindungen, die den pH-Wert des Wassers beeinflussen. Hierzu gehören Schwefelverbindungen, die ihn senken. Sie sind als Rückstände aus Industrieabgasen in der Luft enthalten, wo sie sich mit dem Regenwasser verbinden. Deshalb spricht man vom »sauren Regen«. Alle Verbindungen, in denen die Atome der Haupt- und Spurennährstoffe enthalten sind, so zum Beispiel Stickstoff, Phosphor, Kalium, wirken sich auf den pH-Wert des Bodens und des Wassers aus.

Nährstoffe im Wasser

Stickstoff ist als zweiatomiges Gas in der Atmosphäre enthalten. Mit einem Anteil von 78% bildet es den Hauptbestandteil der Luft. In der Luft verbinden sich die Stickstoffmoleküle mit anderen Stoffen. Diese Verbindungen werden unter anderem von den Knöllchenbakterien, die in Symbiose mit Leguminosen leben, aufgenommen. Die Knöllchenbakterien sitzen an den Wurzeln der Pflanzen und verwandeln den aufgenommenen Stickstoff in Eiweiß, das sie an die Wirtspflanze weitergeben. Wenn die Leguminosen absterben und verrotten, wird der darin enthaltene Stickstoff als Ammoniak frei. In dieser Form ist der Stickstoff für andere Pflanzen nicht aufnehmbar. Er verbindet sich jedoch mit Wasser zu Ammonium. Dies ist eine für

Pflanzen aufnehmbare Form des Stickstoffs. Bei diesem Vorgang werden aber auch Wasserstoffatome gebunden, was eine Erhöhung des pH-Wertes zur Folge hat.

Das Ammoniummolekül ist jedoch sehr unbeständig. Sofern es nicht von den Pflanzen aufgenommen wird, geht es andere Verbindungen ein, zum Beispiel mit Sauerstoff. Es entsteht zunächst für Pflanzen nicht aufnehmbares Nitrit und durch weitere Anlagerungen von Sauerstoff Nitrat, welches wiederum ein wichtiger pflanzenverfügbarer Nährstoff ist. Wo reichlich Nitrat im Wasser vorhanden ist, kann es bei gleichzeitiger Erwärmung des Wassers zu einem explosionsartigen Wachstum von Algen beitragen. Die Algen sterben jedoch ebenso schnell wieder ab. Die Bakterien im Wasser zersetzen sie und setzen den darin enthaltenen Stickstoff wieder frei, der über die Verbindungen Ammoniak in Ammonium, in Nitrit und Nitrat umgewandelt wird. Bei diesem Prozeß kann es zur vorübergehenden Bindung eines großen Teils des Sauerstoffs im Wasser kommen, was zum schlagartigen Absterben aller Lebewesen im Gewässer, zum sogenannten »Umkippen« beitragen kann. An diesem Vorgang sind aber vor allem auch die Phosphate beteiligt. Auf Seite 148 gehe ich näher darauf ein.

Im Wasser, das in den Boden und durch seine unterschiedlichen, mit Mineralien angereicherten Horizonte fließt, um als Quelle wieder ans Tageslicht zu treten, hat neben Stickstoffverbindungen auch Phosphate, Kalium, Kalk und viele andere, für das Pflanzenleben wichtige Grundstoffe aufgenommen. Die Konzentration dieser Stoffe ist unterschiedlich hoch und variiert ständig. Die Pflanzen nehmen aus dieser Nährlösung, die wir ganz einfach als Wasser bezeichnen, was sie brauchen.

Nicht jeder Regentropfen, der zur Erde fällt, versickert im Boden. Wo der Untergrund aus Lehm oder Ton besteht und verdichtet ist, sammelt sich das Wasser in flachen Mulden und bleibt manchmal noch einige Tage nach einem Regenguß darin stehen. Ein kleines Gewässer ist entstanden. Wir bezeichnen es als Pfütze. Sie ist nur wenige Zentimeter tief und meistens ist das angesammelte Wasser nach wenigen Tagen restlos verdunstet. Aufgrund der geringen Wassertiefe erwärmt sich das Wasser sehr schnell. Ein solches Kleinstgewässer enthält auch schon in geringen Mengen durchs Regenwasser eingebrachte oder vom Boden gelöste Nährstoffe. Es bietet also einen idealen Lebensraum für Algen. Diese Algen sind oftmals nur als grünlichbraune Wassertrübung zu erkennen. Bald tanzen die ersten Mücken über dieser kleinen Wasserfläche und legen ihre Eier ins Wasser ab. Die darin befindlichen Schwebalgen sind für die Mückenlarven eine ideale Nahrung. Doch da die Lebensdauer eines solchen flachen und kleinen Gewässers nur auf wenige Tage beschränkt ist, bleibt die Entwicklung der Pflanzen- und Tierwelt bei den Mückenlarven stehen. Bemerkenswert ist allerdings, was eine Pfütze schon wenige Stunden, nachdem sie entstanden ist, an Vögeln und kleinen Säugetieren anzieht, die kommen, um ihren Durst zu löschen oder darin ein Bad zu nehmen. Dies ist eigentlich der größere, für uns wahrnehmbare Effekt eines derartig winzigen Gewässers.

Künstliche Pfützen für Vogel & Co.

So mag es die Pfütze gewesen sein, die Menschen inspirierte, Vogeltränken zu bauen. Man kann die Vögel beim Trinken beobachten, und das fröhliche Schauspiel eines Vogelbades genießen. Somit ist die Vogeltränke eine künstlich angelegte Pfütze und die kleinste Form eines Gartenteichs. Pfützen in der Natur liegen oft an freien Stellen mit wenig Pflanzenbewuchs. Nicht zuletzt deshalb werden sie gern von Vögeln angenommen, denn solche Wasserstellen sind übersichtlich. Eine heranschleichende Katze wird von den Vögeln rechtzeitig bemerkt, so daß sie die Flucht ergreifen und davonfliegen können. Deshalb sollte auch die künstliche Pfütze, die Vogeltränke im Garten, einen freien, übersichtlichen Platz bekommen. Außerdem wollen die Vögel einen Zufluchtsort haben, von dem aus sie ihre Wasserstelle beobachten können und wo sie vorübergehend vor Katzen sicher sind. Ideal ist ein großer Baum in der Nähe der Tränke. Am besten plaziert man sie so, daß der Baum um die Mittagszeit seinen Schatten darauf wirft. So verdunstet das Wasser dieser künstlichen

Pfütze nicht so schnell und der Algenwuchs wird weitgehend unterbunden.

Der Boden der Vogeltränke muß so modelliert sein, daß die Vögel darin baden können. Die Tiefe sollte 5 cm nicht überschreiten und das Gefälle vom Rand zur Mitte sehr sachte verlaufen. So stehen auch kleine Vögel, wie zum Beispiel Meisen oder Rotschwänzchen, nicht sofort im tiefsten Wasser und können leicht auffliegen, sobald sie eine herannahende Katze erblicken.

Kleinstgewässer, kaum 2 m² groß. Die darin wachsenden Algen sind keine Plage, sondern wichtige Regulatoren des Nährstoffhaushalts.

Zum Bau einer Vogeltränke eignen sich alle Materialien, die auch zum Teichbau verwendet werden. So können wir die Anlage einer Vogeltränke als kleine Vorübung für einen Gartenteich betrachten. Im Gegensatz zum Teich legt man aber den Rand einer Vogeltränke etwas überhöht an, damit Gras oder niedrige Stauden nicht so leicht hineinwuchern können. Man hebt wie für einen Teich eine flache Mulde in gewünschter Größe und Tiefe aus, wobei die Dicke von dem Aufbau der Bodenabdichtung berücksichtigt werden muß. Abdichtungen aus Folie, Dachpappe oder Ton bekommen eine dünne Schutzschicht aus kleinen Kieselsteinen. Wer eine Vogeltränke aus Beton bauen will, vermischt 2 Teile Kies mit 1 Teil Zement und gibt vorsichtig soviel Wasser hinzu, daß die Mischung etwas mehr als erdfeucht ist. Man bringt sie mindestens 5 cm dick auf dem Boden der Mulde aus. Haltbarer wird die Vogeltränke, wenn man ein Kükendrahtgewebe in den Beton legt. In diesem Fall trägt man ihn zunächst nur 2,5–3 cm dick auf, legt den Kükendraht auf und bedeckt ihn anschließend mit dem restlichen Beton. Schließlich rührt man Zement und Flußsand im Verhältnis 1:1 mit etwas Wasser an und streicht diese Mischung 1 cm dick auf den Unterbau. Um den Vögeln etwas mehr Halt zu bieten, werden einige Kieselsteine in diese obere Betonschicht gedrückt. Bei heißem sonnigen Wetter empfiehlt es sich, die frischbetonierte Vogeltränke mit feuchten Tüchern abzudecken, damit der Beton langsam trocknet und keine Risse entstehen.

Wer eine Vogeltränke aus Folie bauen will, kann auf die sonst übliche 15–20 cm dicke Sandschicht als Unterbau verzichten. Empfehlenswert ist eine dünne Schicht Sand von 3–5 cm Dicke, um Unebenheiten in der ausgehobenen Mulde auszugleichen. Außerdem können zweckentfremdete Schüsseln, Schalen oder Tröge, die man auch erhöht aufstellen kann, als Vogeltränken dienen. Diese Gefäße müssen gegebenenfalls so mit Steinen ausgelegt werden, daß die für unsere Piepmätze ideale Wassertiefe erreicht wird.

Tümpel im Wald —
ein wertvoller
Lebensraum für
Amphibien.

Vogeltränken sollte man täglich mit frischem Wasser füllen. So können nicht so leicht Krankheiten übertragen werden. Aus einer Betonvogeltränke läßt sich das Wasser mühelos mit einem Besen herausfegen. Bei anderen, mit Kieselsteinen ausgelegten Vogeltränken läßt es sich nicht vermeiden, daß immer ein wenig altes Wasser darin bleibt. Hier kann man sich behelfen, indem man die Vogeltränke mit einem kräftigen Wasserstrahl aus dem Gartenschlauch von Zeit zu Zeit kräftig durchspült. Vogeltränken gibt es übrigens auch fertig in Gartenfachgeschäften oder Gartencentern zu kaufen. Ganz einfach kann man auch einen großen Blumentopfuntersetzer als Vogeltränke verwenden. Ganz gleich, aus welchen Materialien und mit welchen Hilfsmitteln Vogeltränken gebaut werden; es ist schon erstaunlich, wieviele Vögel so eine kleine Wasserstelle anlocken kann. Eine ökologische Weiterentwicklung im Wasser ist aufgrund des täglichen Wechselns nicht möglich, ähnlich wie bei der Pfütze, in der sich günstigstenfalls gerade noch Mückenlarven ansiedeln können, ehe sie ausgetrocknet ist.

Kleine Tümpel voller Leben

Wenn der Wasserstand deutlich tiefer ist als bei einer Pfütze, und sich das Wasser in der Bodenmulde für Wochen oder Monate hält, sprechen wir von einem Tümpel. Nach dem Krieg hatten sich häufig Bombenlöcher mit Wasser gefüllt. In den Wurzellöchern vom Sturm gestürzter Bäume sammelt sich Wasser, ebenso wie in tief eingegrabenen Lastwagenspuren im Wald oder in Steinbrüchen. Solche Tümpel trocknen nur während sommerlicher Hitzeperioden ganz aus und können deshalb einen Lebensraum für zahlreiche Pflanzen, Insekten und Amphibien bieten. In diesen natürlichen Tümpeln sammelt sich nicht nur Regenwasser, sondern auch einen Hang hinabgeflossenes Oberflächenwasser, sowie Grundwasser, das von unten in die Grube fließt. Das Wasser ist also mit Nährstoffen angereichert, hat einen ganz bestimmten pH-Wert und Härtegrad und ist in der Lage, Pflanzen zu ernähren. Die löslichen Mineralien des Bodens beeinflussen den pH-Wert wie auch den Nährstoffgehalt des Wassers. In einem solchen Kleinstgewässer können schon primitive, anspruchslose und anpassungsfähige Pflanzen gedeihen.

Algen sind einzellige, oder in Verbänden zusammenlebend, auch mehrzellige Pflanzen, die es sowohl an Land als auch im Wasser gibt. Sie vermehren sich durch Sporen, die mit dem Wasser, durch Tiere oder durch die Luft in ein junges Gewässer getragen werden. Wenn sie darin einen hohen Nährstoffgehalt und einen hohen pH-Wert vorfinden, können sie sich explosionsartig vermehren. Bei starker Erwärmung des Wassers durch die Sonne können sie einen kleinen Tümpel innerhalb weniger Tage mit ihrer »grünen Watte« durchziehen. Gleichzeitig zehren sie die im Wasser befindlichen Nährstoffe auf, bis sie nichts mehr haben und schließlich absterben. Die winzigen, nur als Wassertrübung erkennbaren Algen dienten schon lange den Mückenlarven als Nahrung. Mückenlarven sind wiederum Nahrung für einige Käfer, die sehr bald den Teich besiedeln. Wasserschnecken grasen den Algenrasen am Boden ab. So wird das Wasser nach einiger Zeit glasklar. Algen und die Lebewesen, die sich von ihnen ernähren, sterben ab, sobald sie keine Nahrung mehr finden. Die tote pflanzliche und tierische Masse sinkt auf den Boden des Gewässers und wird dort wieder von anderen Kleinlebewesen des Wassers zerkleinert und verarbeitet. Dabei werden die ursprünglich von den Algen aus dem Wasser aufgenommenen Nährstoffe wieder frei. Man bezeichnet diesen Vorgang auch als Mineralisation. So gelangen Kalk, Nitrate und Phosphate wieder ins Wasser und der Kreislauf beginnt von vorn, möchte man glauben.

Doch neben den Algen gibt es noch andere Gewächse, die in der Lage sind, Nährstoffe direkt aus dem Wasser aufzunehmen: die

Schwimmpflanzen. Am bekanntesten ist die kleine Wasserlinse (Lemna minor), auch Entenflott oder Entengrütze genannt. Nährstoffreiche Teiche überzieht diese Pflanze mit einem hellgrünen Teppich und kann sogar zur Plage werden, weil sie andere, unter Wasser wachsende Pflanzen unterdrückt. Nimmt man aus einem Wasserlinsenteppich mal ein einziges Pflänzchen heraus, so wird an der Unterseite der zusammentreffenden Blattstiele ein Bündel faseriger Wurzeln sichtbar. Diese Wurzeln haben keinen Kontakt zum Boden, sondern nehmen Nährstoffe direkt aus dem Wasser auf. Die Wasserlinsen sind bedeutungsvolle Konkurrenten der Algen, denn sie nehmen ihnen nicht nur die Nahrung, sondern auch Licht und halten, weil sie ja den Tümpel beschatten, das Wasser kühl. Sobald der Nährstoffreichtum nachläßt, wird auch der Teppich der Wasserlinse dünner. Die Wasserlinse ist ein typisches Beispiel für eine Schwimmpflanze, die auch an natürlichen Gewässern in unserer Landschaft vorkommt. Es gibt noch einige andere, weitaus reizvollere Schwimmpflanzen für Gartenteiche, die wir auf Seite 52 besprechen.

Auch die Wasserlinse stirbt einmal ab und sinkt auf den Boden des Gewässers. Dort hat sich inzwischen manches andere an organischer Masse angesammelt, zum Beispiel Herbstlaub von benachbarten Bäumen, das der Wind ins Wasser geweht hat. Zahlreiche Mikroorganismen auf dem Boden des Gewässers sind an der Mineralisierung dieser toten pflanzlichen Substanz beteiligt. Ähnlich wie es auf dem Waldboden die Regenwürmer tun, arbeiten die Schlammröhrenwürmer, Tubifex genannt, den Mulm in die obere Schicht des Tümpelbodens ein. Dort können nun auch andere Pflanzen wachsen, vornehmlich solche, die es vertragen, vorübergehend auch mal nicht im Wasser zu stehen. Hierzu gehören Sumpfdotterblumen, Sumpfvergißmeinnicht, Sumpfschwertlilien oder auch der Blutweiderich, Binsen nicht zu vergessen. Sie breiten sich rapide aus, wo sie sich einmal angesiedelt haben. Von Menschen unbeeinflußt verlanden solche Kleinstgewässer mit den Jahren, so daß nur noch ein Sumpf bestehen bleibt. Ihre Bedeutung für zahlreiche Käfer und Insekten oder als Laichgewässer für einige Amphibienarten ist jedoch nicht zu unterschätzen.

Alte Bauweise für Tümpel

Der Tümpel in der Natur bietet sich als Vorbild für kleine Gartenteiche an, wobei wir das, für diese Gewässerart typische zeitweilige Austrocknen unterbinden, indem wir rechtzeitig Wasser nachfüllen. Andererseits kann es geduldet werden, denn viele Wasserpflanzen können sowohl im seichten Wasser als auch auf feuchtem Boden außerhalb des Wassers gedeihen. Wer das zeitweilige Austrocknen seines Tümpels in Kauf nehmen will und einen stark lehmigen bis tonigen Boden in seinem Garten hat, könnte sogar versuchen, einfach eine Mulde mit einer maximalen Tiefe von 20–30 cm auszuheben und diese zu bepflanzen und mit Wasser zu füllen. Dies ist zumindest einen Versuch wert. Wenn sich das Wasser darin für einige Wochen hält, kann man auf teure Abdichtungsmaterialien getrost verzichten.

Lehm und Ton sind sicherlich die ältesten Materialien, die Menschen zur Abdichtung künstlich angelegter Teiche verwendet haben. In Vergessenheit geraten sind zum Beispiel die mit Ton abgedichteten Himmelsteiche, die es in Schleswig-Holstein noch vor dem Zweiten Weltkrieg gegeben haben soll. Mit einem Durchmesser von bis zu 20 m, Mannstiefe und einem Fassungsvermögen von ungefähr 1000 m³ Wasser ging ihre Größe über die kleiner natürlicher Tümpel und unserer Gartenteiche hinaus. Wie ein Tümpel trockneten sie gelegentlich ganz aus, füllten sich jedoch über Nacht von selbst. Sie brauchten, nachdem man sie angelegt hatte, noch nicht einmal mit Wasser gefüllt zu werden, sondern zogen es über Nacht aus der Luft an, auch wenn es nicht regnete. Das Geheimnis dieses wie Magie anmutenden Vorgangs liegt im buchstäblich doppelten Boden dieser Himmelsteiche. Die norddeutschen Bauern hoben eine Mulde in gewünschter Größe und entsprechender Tiefe aus und bedeckten sie mit einer Schicht aus trockenem Schilfrohr oder Stroh. Darüber kam eine Schicht aus qualitativ guten und sorgfältig durchgekneteten Ton von 20 cm Dicke, die vor allem an den Rändern dicht schließen mußte. Zum Schluß wurde der Boden mit nicht zu großen Kieselsteinen abgedeckt. War man bei der Anlage des Teiches sorgfältig genug vorgegangen und wurde ein günstiger Standort dafür gewählt, so füllte sich die Mulde über Nacht mit Wasser, auch wenn es nicht regnete. Das Prinzip ist einfach und genial

Schema eines »Himmelsteiches«

Tonschicht

Stroh und trockenes Schilf

19

zugleich. Tagsüber erwärmt die Sonne den Boden
rings um den Teich. Die Tonschicht in der Mulde
bleibt jedoch kühl, zumal das darunterliegende
Stroh ein äußerst schlechter Wärmeleiter ist. Allein
schon durch die Verdunstungskälte der feuchten
Tonschicht bleibt die Mulde immer kühl. Bei Nacht
zieht diese kühle Tonschicht alles, was an Feuchtigkeit, an Nebel und Tau in der Luft liegt, an. Der
Teichboden beschlägt und nach und nach sammelt
sich das Wasser in der Mulde. Die Bauern in
Schleswig-Holstein und Jütland konnten so den
nächtlichen Tau fürs liebe Vieh auf der Weide nutzen. Leider sind diese Himmelsteiche alle versiegt,
denn eine geringfügige Beschädigung genügt, um
dieses Prinzip zu zerstören. Wenn die Tonschicht
einmal durchstoßen ist, läßt sich nichts mehr repa-
rieren. Das Stroh wird naß und die Wirkung ist
dahin. Schade, daß die Himmelsteiche in Vergessenheit geraten sind. Denn sie machen deutlich,
welche verblüffende Wirkung Menschen, aufgrund
guter und sorgfältiger Beobachtung von natürlichen Vorgängen, ganz ohne moderne und damit
energieaufwendige Technik erzielen konnten. Die
Informationen über den Himmelsteich habe ich
aus einem 1957 im Hamburger Abendblatt erschie-
nenen Artikel, den mir ein Leser der Zeitschrift
»mein schöner Garten« zugeschickt hatte. Dieser
Leser ist in einem holsteinischen Dorf aufgewachsen und konnte sich selber noch an zwei dieser
Himmelsteiche erinnern. Sie wurden ebenfalls
durch Achtlosigkeit zerstört. Bei verschiedenen
Museumsdirektoren, Wassergärtnern und einem
Professor in Schleswig-Holstein erkundigte ich
mich nach den Himmelsteichen, aber niemand
konnte mir dazu etwas sagen. Schade! – Dennoch
kann dieser kleine historische Exkurs vielleicht
manchem experimentierfreudigen Leser als An-
regung dienen.

Ton ist seit alters her ein gebräuchlicher
Baustoff zur Abdichtung von Teichen und gewinnt
heute zunehmend an Bedeutung. Gegenüber der
am häufigsten verwendeten Teichfolie ist Ton ein
natürliches, umweltfreundliches Material. Man

Bau eines Tonteiches

Die Ränder der industriell herge-
stellten Tonelemente sind stufenför-
mig ausgebildet. Somit werden sie
beim Verlegen ineinander verzahnt
(oben). Die Böschungen innerhalb
der Teichgrube dürfen nicht zu steil
angelegt werden. Ebenso müssen
die Übergänge von einer Tiefenzone zur anderen so modelliert
sein, daß zwischen den Elementen
keine zu großen Spalten entstehen.
Zum Schluß wird die fertig ver-
legte Schicht mit einem Stampfer
verdichtet (links).

kann Ton trocken und locker in mehreren Lagen
auf die Teichsohle aufbringen, wobei jede Lage für
sich sorgfältig festgestampft oder mit einer Rüttel-
platte verdichtet wird. Eine Schicht von 30 cm
Dicke reicht zur Abdichtung aus.
Ton kann man vor allem bekommen, wo es Ziegeleien oder keramische Industrie gibt. Nur in der
Nähe einer solchen Tongrube ist der Bau eines mit
Ton abgedichteten Teiches auch wirklich billig. Es
sollte sich auf jeden Fall um einwandfreien fetten
Ton (Lette) handeln, der frei von eingeschlossenen
Steinen oder anderen Fremdkörpern ist.
In manchen Ziegeleien kann man ungebrannte Ton-
ziegel (Ziegelrohlinge) bekommen. Man verlegt sie
in 3 Schichten übereinander, wobei jede Schicht für
sich verdichtet wird. Mit jeder Schicht wird auch die
Verlegerichtung der Tonziegel geändert.
Seit einigen Jahren gibt es für den Teichbau eigens
hergestellte Tonelemente. Sie haben ineinander-
greifende Verzahnungen oder einen trapezförmi-

gen Querschnitt, so daß es keine von oben nach unten durchgehenden Fugen mehr gibt. Deshalb genügt nur eine Schicht zur Teichabdichtung. Allerdings ist das Verlegen dieser Elemente nicht so ganz einfach, wie man es sich vorstellen mag. Vor allem an den Übergängen von einer Tiefenzone zur anderen gibt es Probleme. Dort müssen die Elemente zurechtgeschnitten und sorgfältig aufeinander eingepaßt werden.

Die Ränder eines mit Ton abgedichteten Teichs können im Sommer leicht austrocknen und damit rissig und undicht werden. Deshalb empfehlen manche Experten eine Folie in den Randbereich mit einzulegen. Der fertig mit Ton ausgekleidete Teich wird schließlich mit Tonschlamm versiegelt und mit einer dünnen Schicht Kieselsteinen abgedeckt. Diese Arbeiten, vom ersten Ausbringen des Tons oder Verlegen der Tonziegel bis zum Einlassen des Wassers sollte man, vor allem bei sonnigwarmem Wetter zügig vorantreiben. Je trockener der Ton verarbeitet wird, desto mehr Wasser wird er in den ersten Tagen und Wochen durchsickern lassen. Die Poren werden sich aber nach und nach schließen, bis sie kein Wasser mehr hindurchlassen.
Eines geht mit Ton jedoch nicht: die Abdichtung

von Teichen und Wasserläufen, deren Wasser durch eine Umwälzpumpe bewegt wird. Durch die ständige oder auch zeitweilige Umwälzung des Wassers kommen die plättchenartigen Tonpartikel nicht zur Ruhe, das heißt sie können sich nicht auf dem Teichboden absetzen und somit auch den Teich nicht abdichten. Die Tonschicht, die zäh wie Knete sein müßte, ist bei einem Teich mit bewegtem Wasser so weich wie Kartoffelsuppe. Das Teichwasser versickert in den darunterliegenden Boden.

Gelegentlich bleibt von der Abdichtung des Schuppendaches etwas Dachpappe übrig. Ein Material, mit dem man früher sehr häufig Gartenteiche angelegt hat. Für einen Tümpel kann je nach geplanter Größe eine angebrochene Rolle Dachpappe ausreichen. Wichtig ist hier, daß die Böschungen und Übergänge auf dem Teichboden möglichst sanft verlaufen, so daß sich die Dachpappe dem Bodenprofil gut anpassen kann. Man sollte Dachpappe nicht bei zu kühlem Wetter verarbeiten, weil sie dann sehr spröde ist und leicht reißt. Auch heiße Sommertage sind ungünstig, weil sich dann der Bitumen erhitzt und die Dachpappe weich wird und ebenfalls reißen kann. Die Dachpappebahnen verlegt man mit 20 cm Überlappung in eine 15–20 cm dicke Sandschicht und verklebt sie mit heißem Bitumen. Quer über die erste Schicht wird eine zweite Lage in gleicher Weise aufgebracht. Abschließend wird die ganze Fläche noch einmal mit heißem Bitumen überstrichen und mit Sand abgestreut. Wichtig: Dachpappe und Bitumen müssen lösungsmittelfrei sein, weil sonst sogenannte Fluxöle das Wasser vergiften.

Für einen ersten kleinen Tümpel, den man anlegt, um ganz einfach einige erste Erfahrungen mit der wunderbaren Welt des Wassergartens zu sammeln, eignen sich auch zahlreiche und vielgestaltige diverse Gefäße, die man leicht zweckentfremden kann. Die meisten davon sollte man zweckmäßigerweise bis zu ihrem Rand in den

Abdichtung aus Dachpappe: Die zweite Lage wird quer zur ersten verlegt und die einzelnen Bahnen mit 20 cm Überlappung verbunden.

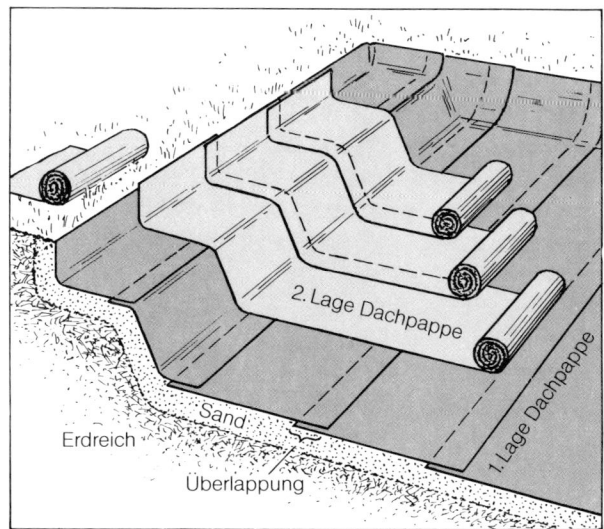

2. Lage Dachpappe

1. Lage Dachpappe

Sand

Erdreich

Überlappung

21

Zwei Mörteltröge als Miniteiche mit Wasserschwaden, Hechtkraut und Wasserlinse.

Weiher, Dorfteich und wie es zu den Gartenteichen kam

Wer die kleine vielfältige und lebendige Welt des Wassergartens erleben will, wird sich auf Dauer mit einer Pfütze oder einem nur zeitweise mit Wasser gefüllten Tümpel nicht zufriedengeben. Selbst wenn nur wenig Platz für einen Gartenteich zur Verfügung steht, so wünscht man sich, daß er rund ums Jahr mit Wasser gefüllt ist und nicht gerade im Sommer austrocknet, wo er doch um diese Jahreszeit die reizvollsten Blüten hervorbringen kann. Ein Tümpel kann da nur noch eine Ergänzung zum Gartenteich sein, den man angliedert, um überlaufendes Wasser aufzufangen.

Wenn ein kleines Gewässer das ganze Jahr hindurch nicht austrocknet, sprechen wir von einem Weiher. Als Weiher bezeichnet man zunächst einmal ein natürliches Gewässer mit keiner allzugroßen Oberfläche und einer Tiefe, die 2 m nicht überschreitet. Ein solches Gewässer hat weder einen Zufluß noch kann man es leerlaufen lassen. Es wird in der Natur vom Grund- und Regenwasser gespeist.

Bei einem Teich handelt es sich auf jeden Fall um ein von Menschenhand angelegtes Gewässer, das ursprünglich weniger der Zierde diente, sondern wirtschaftliche Zwecke zu erfüllen hatte. So definierte Teiche haben heute vor allem für die gewerbliche Fischzucht Bedeutung. Ebenso gibt es noch an vielen Orten Feuerlöschteiche, als Wasserreservoir, auf das die Feuerwehr zurückgreifen kann, wenn es brennt.

Boden eingraben, dekorative Holzzuber oder Steintröge ausgenommen. In einem Plastikeimer kann schon ein Zwergrohrkolben gedeihen. In einer Regentonne ist es sogar tief genug für eine Seerose. Sumpfdotterblumen blühen auch in einem Mörtelkübel, den man billig im Baumarkt bekommt. Und in einer ausgedienten und gut abgedichteten Badewanne läßt sich schon eine ganz hübsche Tümpelvegetation gestalten. Wichtig ist, daß kleine Landtiere, wie zum Beispiel der Igel aus diesen Minitümpeln wieder herauskönnen, wenn sie hineingefallen sind. Einen geeigneten Ausstieg kann man mit Steinen oder einem Ast oder einer dekorativen Wurzel anbringen. Der Neuling unter den Wassergärtnern wird staunen, was sich selbst in diesen winzigen Wasserlöchern mitunter an Lebewesen einfindet.

Diesen Definitionen zufolge handelt es sich bei unseren Gartenteichen eigentlich um Weiher, denn auch sie haben keine Vorrichtung, mit deren Hilfe man das Wasser ablassen könnte. Und unsere Gartengewässer erfüllen keinen wirtschaftlichen Zweck. Dennoch hat sich die Bezeichnung »Gartenteich« durchgesetzt. Das liegt sicher auch daran, daß sie trotz anderslautenden gewässerkundlichen Definitionen vieles mit den alten

Ländlicher kleiner See mit Blutweiderich und Rohrkolben im Vordergrund.

22

Dorfteichen gemeinsam haben, wenngleich diese auch wesentlich größer waren und sind, wo es sie heute noch gibt. Die Dorfteiche hatten mehrere Zwecke zu erfüllen. Sie waren eine Wasserstelle, in der man sich die Gießkanne für den Garten füllte. Vor zweihundert Jahren haben die Hausfrauen darin noch ihre Wäsche gewaschen. Wenn eine Scheune brannte, holte die Feuerwehr aus dem Dorfteich das Wasser zum Löschen. Und trotz aller wirtschaftlicher Nutzung des Dorfteiches wuchsen darin Seerosen, Teichmummeln mit ihren buttergelben Blüten, Rohrkolben und Schilf. Im Dorfteich gab es Frösche, über die sich der Storch auf dem Scheunendach besonders freute. Auf dem Wasser schwammen Enten und im Wasser gab es kapitale Karpfen. Und nicht zuletzt badeten die Kinder im Dorfteich, fingen Kaulquappen und schauten dem Liebesspiel schillernder Libellen zu. Im Winter verwandelte sich die Wasserfläche des Dorfes in eine Eislaufbahn. Am Wasser, am Dorfteich war immer etwas los. Man begegnete sich, um gemeinsam etwas zu tun oder zu erleben. Eine Stätte, an der man einfach miteinander redete.

Viele Dorfteiche sind aus unserer Landschaft verschwunden. Sie wurden mehr und mehr mit Abwässern verunreinigt und mit Unrat gefüllt und schließlich ganz zugeschüttet. An ihre Stelle traten Einkaufszentren, riesige Parkplatzflächen oder öde Grünanlagen aus Rasen, den man nicht betreten darf, Blaufichten und Cotoneaster, ganz im Stil der späten sechziger und siebziger Jahre. Doch das Wasser fehlte vielen Menschen. Nach und nach versuchte mancher Häuslebauer ein Stück vom alten Dorfteich im eigenen Garten nachzubilden. In Form einer Vogeltränke oder eines gräßlich türkisfarbenen kleinen Betonbeckens vor einer modellierten Felsgrotte, in der und um die herum es von Gartenzwergen nur so wimmelte. Viel Kitsch wurde in unseren Gärten verwendet, um die trostlose Kombination von Cotoneaster und Blaufichten oder Serbischen Fichten etwas farbiger zu gestalten. Von einem Wassergarten oder Gartenteich konnte noch überhaupt keine Rede sein.

Bald sollten jedoch auch die Wasserpflanzen in den Garten einziehen. Allen voran die Seerosen, die Königin des Wassers also, für die man eigens Becken aus Beton baute. Oft waren solche Becken beziehungslos mitten in eine Rasenfläche gesetzt und hatten einen nierenförmigen Grundriß. Oder sie waren rechteckig oder quadratisch und mit Waschbetonplatten umgeben. Nach und nach gesellte man den Seerosen noch weitere Wasserpflanzen zu. Zaghaft zunächst und mancher Gartenteichfreund mußte eine Menge Lehrgeld zahlen, denn es gab kaum Literatur und selbst die Gärtner wußten über Gartenteiche nur Bescheid, wenn sie in einem botanischen Garten beschäftigt waren. Ein Kardinalsfehler aus den Anfängen der Gartenteiche in Hausgärten hat sich bis heute hartnäckig gehalten: Goldfische werden zu früh, in zu großer Zahl und in Teiche eingesetzt, in die sie nicht gehören. Ich komme auf Seite 141 noch auf dieses Problem zu sprechen.

Die im Fachhandel angebotenen Teichfolien und Fertigteiche trugen sicherlich dazu bei, daß sich immer mehr Gartenfreunde entschlossen, ihr kleines Wasserparadies anzulegen. Die technischen Probleme, wie sie beim Bau von Betonbecken auftreten, gibt es bei diesen Bauweisen nicht. In den letzten Jahren gibt es auch immer mehr und bessere Literatur zum Thema Gartenteich. Und so gibt es kaum einen Stadtteil mit Einfamilienhäusern, in deren Gärten es nicht hier und dort einen Gartenteich gibt.
Eine Modeerscheinung? In den letzten Jahren kam ein weiterer Gesichtspunkt hinzu. Durch Entwässerungsmaßnahmen, Straßen- und Hochhausbau wurden viele Wasserflächen beseitigt, mancher Wassergraben und Tümpel trockengelegt. Straßen schnitten nahezu über Nacht den Amphibien auf ihren Laichwanderungen den Weg ab. Zu Tausenden werden Kröten und Frösche im Frühjahr überfahren. Was für Erwachsene, die heute im mittleren Alter sind, noch zu den alltäglichen Überraschungen ihrer Kindheit gehörte, ist nun verschwunden. Unsere Kinder sind um manchen Erlebnisraum

Ein typischer Dorfteich mit Entengrütze, Schilf und Gänsen, wie man ihn heute leider nur noch selten antrifft.

24

ärmer. Auch diese Erkenntnis hat viele Gartenbesitzer dazu bewogen, in Form eines Gartenteiches einen kleinen Ersatz zu schaffen. Wer jedoch einen Teich anlegt, kann die natürliche Entwicklung in einem künstlichen Gewässer im eigenen Garten verfolgen. Er ist mit der vielgestaltigen Welt der Lebewesen des Wassers so eng verbunden, wie man es in unserer Kulturlandschaft außerhalb des häuslichen Gartens kaum noch geboten bekommt. Schon in der Anfangsphase, oft schon wenige Tage nachdem die Teichgrube mit Wasser gefüllt wurde, bietet dieser Lebensraum aus zweiter Hand mitunter täglich neue Überraschungen. Da gibt es Wasserflöhe und Wasserläufer. Eine farbenprächtige Libelle zieht plötzlich ihre Bahnen über dem Teich. Kein Mensch weiß, woher sie so schnell gekommen ist. Einen Frosch kennen viele fast nur noch aus dem Märchenbuch. Doch wer kennt schon einen Molch? Naturschützer, die sich im Rahmen ihrer Amphibienrettungsaktionen alljähr-

lich mit diesen Tieren beschäftigen, treffen diese Tiere auch »draußen« noch an. Doch kaum ein anderer hat in einem Gewässer am Waldrand oder im Steinbruch jemals Molche beobachtet. Im Teich hinter dem Haus entdeckt er sie plötzlich und freut sich über diese Tierchen, die ihm bislang kaum namentlich bekannt waren. Es ist tröstlich beim Beobachten des selbst geschaffenen Lebensraums »Teich« zu erfahren, daß es trotz aller Umweltzerstörung auch immer eine Vielzahl und eine Vielfalt kleiner Tiere gibt, zu deren Gedeihen und Entwicklung man selbst beitragen kann. Ein Gartenteich voller Leben läßt sogar das Fernsehen vergessen. Die Familienmitglieder haben eine gemeinsame Leidenschaft. Jeder Besuch wird sofort an den Teich geführt und nicht selten von dieser Leidenschaft angesteckt. So entsteht ein Wassergarten nach dem anderen. Und manchem Teichbesitzer ist in puncto Lebewesen schon Erstaunliches gelungen.

Gartenteiche und ihre Anlage

Einen Wassergarten so anzulegen, daß er später lebendig ist und Freude wie auch einige schöne Überraschungen bietet, ist nicht so schwer, wie es auf den ersten Blick scheinen mag. Allerdings sind schon bei der Planung einige grundlegende Gesichtspunkte zu beachten. Man sollte nicht von vornherein eine gestalterisch und bautechnisch komplizierte Anlage erstellen wollen, selbst wenn man mit Tümpeln und Miniteichen schon einige Erfahrungen gesammelt hat. Das Schöne am Gartenteich ist, daß man ihn in nahezu jeder beliebigen Größe anlegen und an jedem Gartentyp anpassen kann. Die Größe richtet sich nach der des Gartens, nach dem Platz, den der Gartenfreund dafür einräumen will und nicht zuletzt nach dem Geldbeutel. Denn ein größerer Teich ist nun mal teurer, als ein kleinerer, ganz gleich, welche Materialien zur Abdichtung verwendet werden.

Die Größe des Gartenteichs kann auch von dem Platz im Garten abhängig sein, bei dessen Wahl Sie besonders sorgfältig vorgehen müssen. Denn im Teich sollen ja Pflanzen gedeihen und blühen, von der Seerose zur Sumpfiris, von der Sumpfdotterblume bis zum Igelkolben. Die meisten Wasserpflanzen gedeihen in voller Sonne, zumal diese das Teichwasser auch im Frühjahr zeitig genug erwärmt, um die Frühlingsboten des Teiches wie Sumpfdotterblumen rechtzeitig zum Blühen zu bringen, um die Blätter der Seerosen zeitig an die Oberfläche zu treiben. Sonne ist jedoch nicht alles. Während anhaltender Hitzeperioden im Sommer kann sie sich auch schädlich auf den Teich auswirken. Die Sonne begünstigt nämlich auch das Algenwachstum, vor allem, wenn das Wasser kalkhaltig und nährstoffreich ist. Das von der Sonne stark erwärmte Wasser verliert Sauerstoff. Zusätzlich wird Sauerstoff von den Bakterien beim Abbau von toter organischer Masse verbraucht, der dann den Pflanzen und Tieren im Teich fehlt. So kann es schließlich zum »Umkippen« des Teiches kommen. Deshalb ist es ratsam, den Gartenteich so in den Garten einzufügen, daß er im Sommer um die Mittagszeit für etwa 2–3 Stunden beschattet wird. Vielleicht gibt es ohnehin schon einen großen, schattenspendenden Baum an geeigneter Stelle im Garten, oder man pflanzt ein zum Wasser passendes Gehölz an die Südseite des Teiches. Der schattenspendende Baum oder Strauch sollte allerdings nicht zu dicht am Ufer des Gartenteiches stehen, denn die Wurzeln mancher Gehölze könnten die Folienabdichtung angreifen. Wer ganz vorsichtig sein will, legt zwischen Teich und Gehölz einen Wurzelvorhang aus Sackleinen an oder legt die gesamte Teichmulde mit einer Wurzelschutzmatte aus. Auch senkrecht in den Boden gestellte Betonplatten mit einer Tiefe von 50–75 cm, die man noch zusätzlich mit Dachpappe abdichtet, können den wuchsfreudigen Wurzeln einiger Gehölze und Ziergräser Einhalt gebieten.

Einen Garten und den darin befindlichen Teich legen wir ja vor allem für uns selbst und zu unserer eigenen Freude an. Deshalb bekommt der Wassergarten einen Platz, wo man die Seerosen und das Hechtkraut, die Wassernuß und den Rohrkolben in Ruhe betrachten, wo man Frösche und Molche, Wasserläufer und Ruderwanze bequem bei ihrem Treiben im und auf dem Wasser beobachten kann. Naheliegend ist es deshalb, den Gartenteich direkt an die Terrasse des Hauses anzugliedern oder an einer anderen Stelle des Gartens dem Teich einen Sitzplatz zuzuordnen. In einem Garten mit abschüssigem Gelände sollte ein Platz mit einer möglichst geringen Hangneigung gewählt werden. Die Teichgrube muß so ausgeschachtet werden, daß sie in Talrichtung nicht durch einen aufgeschütteten Wall begrenzt wird, sondern ganz in gewachsenem Boden eingebettet wird. So ist der Teich vor einem Dammbruch sicher. Man sollte auch hangseitig von vornherein ein wenig Umfeld einplanen, damit durch den Teich kein unnatürlich schroffer Einschnitt in den

Hang entsteht. Vor allem am Abang muß an das überlaufende Wasser nach einem Regenguß oder der Schneeschmelze gedacht werden. Bei einem kleinen Teich läuft es über den Rand und versickert in den angrenzenden Sumpf- und Staudenbeeten. Bei einem größeren Teich fallen mitunter größere Wassermengen an, die so abgeleitet werden müssen, daß sie weder zum eigenen Haus fließen noch die Nachbarn in irgendeiner Weise beeinträchtigt werden. Es ist also eine Überlegung wert, einen Überlauf am Rand zu schaffen, durch den man das Wasser in eine Sickergrube, ein Sumpfbeet oder eine andere vertretbare Stelle im Garten leiten kann. Ein solches Überlaufsystem läßt sich gestalterisch reizvoll mit einem zeitweise gefüllten Tümpel oder Wassergraben mit Auskolkungen kombinieren. Derartige Wasserstellen können schon manchen Amphibienarten im Frühjahr einen Laichplatz bieten.

Die ökologische Bedeutung eines künstlichen Gewässers im Garten kann gering bis sehr groß sein. Sie hängt nicht nur von der richtigen Gestaltung einer solchen Anlage, sondern vor allem auch von der näheren und weiteren Umgebung des Gartens ab. Die Umgebung spielt bei der Zuwanderung von Amphibien eine wesentliche Rolle. Diese Tiere, auch Lurche genannt, leben einerseits auf dem Land, brauchen zu ihrer Fortpflanzung, also zur Paarung und zum Ablaichen, ein geeignetes Gewässer, in dem die Larven – man nennt sie Kaulquappen – der Frösche, Kröten, Molche, manchmal sogar Unken heranwachsen, bis sie schließlich alle Gliedmaßen ausgebildet haben und an Land gehen können. Je nach Art entfernen sich die Amphibien einige Meter bis zu mehr als 3 km vom Laichgewässer, kehren jedoch immer wieder dorthin zurück. Auf diesen Laichwanderungen sind die Amphibien bedroht, durch den Kraftfahrzeugverkehr einer Straße oder giftige Pflanzenschutzmittel, die in benachbarten Gärten oder auf Äckern ausgebracht werden. Auf die Umgebung des Grundstücks hat man keinen Einfluß. Für den Teich läßt sich jedoch ein Platz aussuchen, der

Der Gartenteich ist hier sowohl der Terrasse als auch der Gehölz- und Staudenpflanzen zugeordnet: zur Freude der Familie und der Tiere, die am Wasser leben.

einen möglichst günstigen Übergang in Buschwerk, eine Wiese oder sogar einen Wald gewährleistet. Außerdem kann man durch eine dichte Pflanzung von Laubgehölzen, unter denen das Laub liegen bleibt, durch aufgeschichtete Reisighaufen, durch Trockenmauern mit großen offenen Fugen und Steinhaufen einige Schlupfwinkel für Amphibien schaffen. Vor allem sollte der Teich nicht beziehungslos mitten in einer Rasenfläche liegen, sondern an ein mit passenden Stauden und Gräsern bepflanztes Beet und dahinterliegendem Gehölzgürtel angrenzen. Landschaftsarchitekten nehmen gern einen natürlichen Waldrand für die Gartengestaltung zum Vorbild. Vor hohen Bäumen mit schirmartigen Kronen stehen höhere Sträucher, davor wachsen niedrige Sträucher und höhere Stauden, dann kommen niedrige Stauden und Gräser, in der Natur die Wiese. Am tiefsten Punkt eines solchen Wiesentals befindet sich in aller Regel ein Gewässer, ein Bach oder Weiher oder See oder auch nur ein Tümpel oder Wassergraben. Im Garten läßt sich dieses Schema aufgrund des wenigen zur Verfügung stehenden Platzes nur andeutungsweise nachvollziehen. Ein einziger Laubbaum kann stellvertretend für den ganzen Wald stehen, der Strauchgürtel durch einige Blütensträucher angedeutet sein und ein Staudenbeet leitet mittels einer Sumpfzone schließlich zum Gartenteich über.

Wichtig ist vor allem aber auch, was der Gartenfreund mit seiner Familie von dem gewünschten Teich erwartet. Alle Funktionen, etwa wie ein Dorfteich kann das künstliche Gewässer allein aufgrund seiner geringen Größe nicht erfüllen. Soll der Teich ein Becken für Fische sein oder sollen sich Amphibien ansiedeln, also ein Stück in der Natur verlorengegangenen Lebensraumes wieder hergestellt werden? Sollen vor allem die Seerosen zur Geltung kommen oder wünscht man sich ein fließendes, sprudelndes und plätscherndes Gewässer? Fragen, die man sich vor der Planung genau beantworten sollte. Denn Goldfische und Amphibien vertragen sich ebenso wenig miteinan-

der wie Seerosen mit bewegtem Wasser. Für den Umgang mit einem Wassergarten sind vor allem Einfühlungsvermögen und Geduld erforderlich. Beides kann man nur durch sorgfältiges Beobachten aller Vorgänge im und um den Teich und der damit verbundenen Erfahrung im Laufe der Zeit erwerben. Deshalb sollte der Gartenfreund ruhig klein anfangen, mit einer ausrangierten Badewanne oder einem Mörteltrog. Auch ein mit Folie abgedichteter Teich muß nicht gleich riesig angelegt werden, sondern kann später auch noch erweitert werden. Sogar an einen Fertigteich läßt sich mühelos eine Sumpfzone angliedern.

Die meisten Teichgartenfreunde wünschen sich eine vielgestaltige Vegetation. Verschiedene Wasserpflanzen sollen zu unterschiedlichen Zeiten blühen oder einen anderen Reiz bieten. Von selber zugewanderte Libellen, Wasserkäfer, Frösche, Kröten oder Molche sollen zur naturgemäßen Lebendigkeit dieses Gewässers beitragen. Wenn dies gelingt, ist es immer noch nicht ganz richtig, einen solchen Teich als Naturteich zu bezeichnen. Denn dort wo wir ihn angelegt haben, hätte sich von Natur aus vielleicht nicht einmal ein Tümpel gebildet. Nicht alle Pflanzen, die in unserem Gartenteich wachsen, sind in unserer Umgebung beheimatet und schließlich werden heute meistens Materialien aus der chemischen Industrie zur Abdichtung künstlicher Kleingewässer verwendet. Da sich aber die Lebensgemeinschaft eines Gartenteichs durch eine darauf ausgerichtete Anlage selbständig und wie in von Menschen weitgehend unbeeinflußten Landschaftselementen entwickeln kann, ist es berechtigt, einen solchen Gartenteich als naturnah zu bezeichnen. Vorausgesetzt, wir lassen der Entwicklung kurz nach der Anlage freien Lauf. Wer einen naturnahen Teich anlegen will, ist auf jeden Fall gut beraten, wenn er einen Naturschützer aus der näheren Umgebung zu Rate zieht. Der weiß über die dort vorkommenden Amphibienarten Bescheid und kann auf die Garten- und Umweltsituation an Ort und Stelle bezogen Tips für die Anlage des Teiches geben.

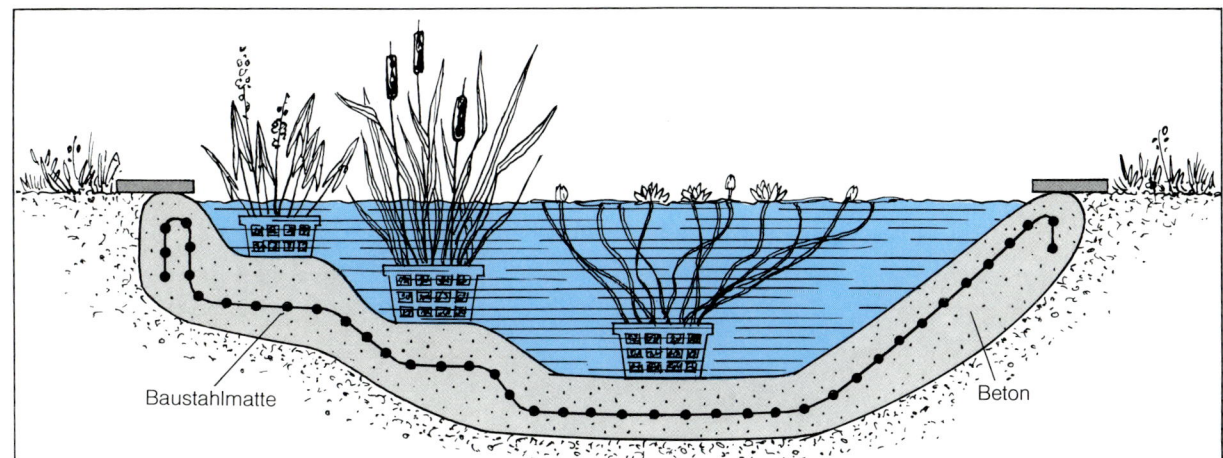

Die Baustahlmatte in der Mitte hält die Betonschicht zusammen. Eine Dicke der Betonabbdichtung von 20 cm reicht aus.

Baustahlmatte

Beton

Betonteich

Nach all diesen planerischen Vorüberlegungen muß eine Abdichtung für den Teich gewählt werden. Eigentlich läßt sich jede Methode für jede Art von Teich anwenden und jede Methode hat gleichermaßen ihre Vor- und Nachteile.

Früher wurden Wasserbecken vor allem in Beton gegossen. Für Seerosenbecken mit steilen Wänden ist diese Methode heute nicht mehr empfehlenswert. Denn ein solches Becken kann nur durch eine aufwendige Verschalung hergestellt werden. Dieses kann nur, wer über gute handwerkliche Fähigkeiten im Betonbau verfügt. Ein Fertigbecken aus glasfaserverstärktem Polyester ist ebenso haltbar und kann von jedermann ohne besondere handwerkliche Kenntnisse eingebaut werden. Empfehlenswert ist Beton, wenn überhaupt, für Teiche mit sachte abfallendem Boden und unregelmäßiger Grundrißform. Denn Beton ist ein plastisches Material. Jede beliebige Teichform läßt sich in beliebiger Größe damit gestalten. Man rechnet beim Ausheben der Teichmulde etwa 15–20 cm für die Betonschicht hinzu und modelliert die Grube in dem gewünschten Profil des Teichbodens vor. Dabei dürfen keine zu steilen Böschungen entstehen. Steiler als im Verhältnis 1:2 (= 1 m Höhenunterschied auf 2 m Länge oder 10 cm auf 20 cm Länge) sollten die Böschungen nicht angelegt werden.

Beton ist eine Mischung aus Zement und Kies oder Sand, der soviel Wasser hinzugemischt wird, daß sie etwas feuchter als Erde, jedoch nicht flüssig ist. Um den Beton zusammenzuhalten, wird eine Baustahlmatte eingelegt. Das Verhältnis Zement zu Kies richtet sich nach der Belastung des Betons. Für Wasserbecken ist eine Mischung von 1 Teil Zement auf 3 Teile Kies erforderlich. Die für einen Teich benötigten Mengen Beton sind so groß, daß sie in einem Mörteltrog oder auf dem Boden mit der Schaufel nicht gemischt werden können. Selbst wenn man eine Betonmischmaschine hat, sollte man mindestens zu zweit arbeiten. Sonst kann es passieren, daß ein Teil der Betonabdichtung bereits erhärtet ist, während ein anderer Teil frisch eingebracht wird. Auf diese Weise entstehen Arbeitsfugen, die die Haltbarkeit des Teiches erheblich beeinträchtigen. Vertretbar sind sie nur, wenn die Teichmulde anschließend mit Folie ausgelegt wird. In diesem Fall kann auch auf die Baustahlmatte verzichtet werden und die Mischung kann aus 1 Teil Zement auf 10 Teile Kies bestehen, man spricht dann von Magerbeton. Er bietet der Folie einen festeren Untergrund (bei Sandboden) und zusätzlichen Schutz vor Wühlmäusen sowie Wurzeln von Gräsern und Bäumen. Ein Teich, der ausschließlich mit Beton abgedichtet werden soll, muß aus einem Guß sein.

Am besten schüttet man zunächst rasterartig auf dem Boden der ausgehobenen Mulde verteilt einige Haufen Beton von jeweils einer Schaufel voll. Auf ihnen soll die Baustahlmatte ruhen. Sie muß später in der Mitte der Betonschicht liegen und wird an den Rändern der Teichmulde nach außen umgebogen.

Dem Beton sollte man auch ein Dichtungsmittel hinzumischen, damit das Becken auch wirklich wasserdicht wird. Am besten arbeiten drei Personen Hand in Hand miteinander. Die erste Person mischt den Beton in der Betonmischmaschine, die zweite karrt ihn zur Teichmulde und die dritte verteilt ihn dort und streicht ihn glatt. Wenn es möglich ist, die Betonmischmaschine direkt an der Mulde aufzustellen, kann man sich das mühsame Karren ersparen. Wenn die Teichmulde in 15–20 cm Höhe gleichmäßig mit Beton bedeckt ist, mischt man Zement und Sand im Verhältnis 1:1, gibt nach Gebrauchsanweisung Dichtungsmittel und soviel Wasser hinzu, daß diese Mischung gut streichfähig ist. Diese Feinschicht wird 2–3 cm dick aufgetragen.

Selbst mit der Betonmischmaschine läßt sich die Abdichtung nur für begrenzt große Gartenteiche herstellen. Denn dieses immer wieder neue Mischen des Betons ist eine zeitraubende Angelegenheit. Außerdem ist dieser selbsthergestellte Beton nicht durchgehend von gleicher Qualität. Wer es bequemer und einen garantiert einwandfreien Beton haben will, läßt sich vom Betonwerk Fertigbeton anfahren. Auf Nummer sicher geht man mit Beton, der die Bezeichnung B 15 trägt. Außerdem sollte man ein Dichtungsmittel mit einmischen lassen. Fertigbeton wird mit Speziallastwagen in einer sich ständig drehenden Trommel angefahren. Er ist also gut durchgemischt und die gesamte Mischung nach DIN genormt. Wenn Sie den Beton so ab Werk beziehen wollen, müssen Sie alles gut vorbereiten. Sie sollten zunächst die benötigte Menge möglichst genau berechnen. Der Lkw sollte so dicht wie möglich an die Teichmulde heranfahren. Bei feuchtem Boden müssen Bohlen für Schubkarren ausgelegt werden. Die Baustahlmatte sollte in der Mulde liegen und Sie brauchen jede Menge Helfer. Damit der Beton nicht erst auf einen großen Haufen in den Garten gekippt wird, sollten 2–3 kräftige Helfer mit Schubkarren bereitstehen. Sie karren den Beton im Pendelverkehr vom Lastwagen zur Teichmulde. Dort müssen ebenfalls zwei Leute bereitstehen, um den Beton zu verteilen. Der Fahrer eines Betonwagens hat nicht viel Zeit. Deshalb muß der Beton ruckzuck verarbeitet sein.

Wird der Beton in den Garten abgekippt, so muß er ebenfalls schnell verarbeitet werden. Hier kommt ein weiterer Arbeitsgang, das Einschaufeln in die Schubkarre, hinzu. Bei heißem Sommerwetter kann das Material vorzeitig erhärten und bildet einen harten Klumpen, der sich nur mühsam wieder entfernen läßt. Ein Mittel dagegen: Vom Betonwerk Verzögerer einarbeiten lassen, so daß der Beton je nach Wunsch erst nach vier, sechs oder acht Stunden abbindet. Doch denken Sie daran: mit Beton zu arbeiten ist Knochenarbeit. Karren Sie sechs oder acht Stunden Beton? Kalkulieren Sie gut Ihre Leistungsfähigkeit und die Ihrer Helfer ein!

Vor allem im Sommer bei anhaltend sonnigheißem Wetter besteht die Gefahr, daß der Beton zu schnell abbindet und sich deshalb feine Haarrisse bilden. Bei diesem Wetter sollte er von Zeit zu Zeit mit Wasser benetzt oder mit feuchten Tüchern abgedeckt werden. Nach etwa 3–5 Tagen hat der Beton abgebunden und man kann mit der Ausgestaltung des Teiches beginnen. Mit entsprechender Sachkenntnis und Sorgfalt hergestellt kann ein Betonteich nahezu ewig halten.

Glasfaser und Polyesterharz

Wenig bekannt ist die Methode, Teiche mit Glasfasermatten und Polyesterharz abzudichten. Autobastler können in gleicher Weise die Löcher ihrer rostigen Karosse stopfen. In den großen Kaufhäusern sind solche Reparatursets zu haben. Für die Teiche gibt es Glasfasermatten und Polyesterharz in größeren Mengen. Auch bei dieser Methode wird die Teichgrube beim Aushub vormodelliert. Der Boden wird festgestampft und mit Jutestücken oder Bitumenpapier belegt. Das Jutegewebe tränkt man mit Gips, der mit Tapetenkleister verdünnt wurde, damit er nicht zu schnell abbindet. Zunächst bringt man die Jutestücke am Rand auf und glättet sie mit einer Tapetenbürste. Anschließend wird der gesamte Boden der Teichgrube mit

Ein großer Gartenteich mit Beton abgedichtet und mit eingebauten Inseln.

32

Jute oder Bitumenpapier ausgelegt. Am besten legt man ein Brett in die Teichmulde, um darauf treten zu können, ohne den ausgelegten Boden zu beschädigen. Dann wird die gesamte mit Jute bedeckte Fläche noch einmal mit Gips bestrichen. Diese Gips-Juteschicht muß gut antrocknen, bevor man den Haftgrund für den weiteren Aufbau aufbringt. Innerhalb von einer halben bis drei Stunden wird die erste Glasfaser-Polyesterharzschicht aufgebracht. Die Glasfasermatten reißt man über einer Tischkante zurecht, damit die Übergänge von einer Matte zur anderen später nicht mehr sichtbar sind. Auch die geschnittenen Kanten der Matte werden aus demselben Grund mit den Fingern ausgezupft.

Dem Polyesterharz wird nach Anleitung ein Härter beigemischt, der bewirkt, daß das aufgetragene Harz bei einer Temperatur von 18°C in ungefähr 40 Minuten erhärtet ist. Man sollte das Polyesterharz übrigens nicht bei Außentemperaturen unter 15°C verarbeiten. Es wird nun mit einer Lammfellrolle, wie man sie zum Streichen von Wänden verwendet, aufgetragen. Dann legt man die zurechtgerissenen Glasfasermatten auf den Polyesterharz und walzt ihn mit der Fellrolle glatt. Anschließend wird noch einmal Polyesterharz aufgetragen. Zwischen den Gasfasern entstehen nach dieser Arbeit Luftbläschen, die man mit einer Scheibenrolle langsam, Stück für Stück ausrollt. Diese Arbeit muß pro Lage innerhalb von 40 Minuten abgeschlossen sein.

Am besten läßt man jede Schicht gut härten, vor allem an schrägen Flächen, bevor die neue aufgetragen wird. Die einzelnen Mattenstücke werden so eingelegt, daß sie sich überlappen. Unebenheiten werden mit Schleifpapier ausgeglichen, sobald das Harz der letzten Lage gut angehärtet ist. Schließlich wird die sogenannte Farbversiegelung

Ein kleiner Fertigteich, frisch bepflanzt. Der optisch etwas störende Rand wird mit der Zeit von den Uferstauden überwachsen.

und der Schlußanstrich zwei Stunden später aufgetragen. Beides wird nach Gebrauchsanweisung mit Farbpaste und Härter kurz vor dem Auftragen vermischt. Die Auftragstemperatur sollte hier zwischen 18 und 25 °C betragen und der Schlußanstrich innerhalb von 15 Minuten verarbeitet sein. Bei einer Temperatur von etwa 20 °C kann man den Teich voll Wasser füllen. Ein sehr aufwendiges Verfahren, bei dem man es an handwerklicher Geschicklichkeit nicht fehlen lassen darf. Außerdem dürften die Materialien nicht ganz billig sein. Dennoch sind die auf diese Weise gefertigten Becken haltbar und in jeder beliebigen Teichform und -größe anzulegen.

Fertigteiche

Aus glasfaserverstärktem Polyester, also aus dem gleichen Material, sind auch die überall im Fachhandel erhältlichen Fertigteiche. Vor einigen Jahren konnte man sie nur in geometrischen Grundrißformen bekommen, die immer die gleichen waren, also quadratisch, rechteckig, rund, sechseckig und nierenförmig. Neuerdings gibt es auch andere, mitunter äußerst skurrile Formen zu kaufen. Man sollte sich durch die auch heute noch erhältliche Nierenform und die neuen unregelmäßigen Formen nicht zu der Auffassung verleiten lassen, sie seien natürlicher als geometrisch geformte Teiche. Ein Gewässer in Nierenform mag es in der Natur wohl geben, doch ist es dann wesentlich größer als die Fertigbecken, die man in dieser Form kaufen kann. Ebenso verhält es sich mit ganz unregelmäßigen Beckenformen. Soviele Kurven und Zacken auf kürzester Strecke hat kein Gewässerrand! Vor allem in kleinen Gärten, die zwangsläufig in geometrischen Formen angelegt sind, fügen sich quadratische, runde oder rechteckige Becken viel harmonischer ein, als die skurrilen Teichformen. Die Pflanzen in lockerer und natürlicher Anordnung sorgen schließlich für Harmonie und Lebendigkeit im Wassergarten. Recht

günstig für eine naturnahe Bepflanzung auf kleinem Raum sind auch winkelförmige Becken mit zwei unterschiedlich tiefen Ebenen. Mit diesen Fertigbecken läßt sich einiges anfangen. Sie sind zunächst einmal für das Sammeln von bestimmten Wasserpflanzen, zum Beispiel Seerosen oder auch einigen nicht winterharten Schwimmpflanzen wie die Wasserhyazinthe *(Eichornia)* oder den Wassersalat *(Pistia)* wie geschaffen. Außerdem kann man einem bereits vorhandenen Teich auch nach Jahren noch weitere hinzuordnen und so eine richtige kleine Wasserlandschaft gestalten. Die Becken gibt es in unterschiedlichen Tiefen, so daß man auch auf die von den Pflanzen beanspruchten Tiefenzonen Rücksicht nehmen, ebenso aber auch für einige Amphibien ein Laichgewässer schaffen kann. Schließlich läßt sich ein solches Becken ohne weiteres mit einer PVC-Folie kombinieren, die man heute sogar mit einem speziellen Kleber mit der Beckenwand wasserdicht verbinden kann. Unterschiedliche Tiefenzonen sind in viele der heute angebotenen Fertigteiche bereits eingearbeitet. Somit lassen sich die Wasserpflanzen gemäß ihren Ansprüchen an die Wassertiefe leicht einsetzen. Augenwischerei ist es jedoch, die flache Randzone eines solchen Teiches mit der Vorsilbe »Bio« zu titulieren. Zweifellos brauchen Amphibien wie auch Landtiere, die versehentlich in den Teich geraten sind, einen flachen Ausstieg. Wenn bei einem Teich mit steilen Wänden der Wasserspiegel abgesunken ist, können die Tiere nicht mehr hinaus und müssen elend ertrinken. Natürlich laichen die Amphibien im flachen Wasser in Ufernähe ab; jedoch dürfte diese schmale flache Randzone eines Fertigbeckens kaum dafür ausreichen, vor allem nach einigen Jahren nicht mehr, wenn dieser Rand dicht mit Pflanzen bewachsen ist. Einen Ausstieg aus einem Teich mit steilen Wänden kann man auch mit einer ins Wasser ragenden Baumwurzel oder einem im Becken aufgeschichteten Haufen Kieselsteine schaffen. Mit aufgeschütteten Kieselsteinen läßt sich auch die Flachwasserzone am Ufer eines solchen Beckens vergrößern ebenso die Pflanzfläche für Gewächse, die in dieser Tiefenzone wachsen. Am besten ist es jedoch, außerhalb des Beckens eine flache Zone für entsprechende Pflanzen und Amphibien anzugliedern, entweder durch eine Folie oder Zuordnung eines weiteren Beckens mit geringerer Wassertiefe.

Der nahezu kinderleichte Einbau der Fertigbecken ist ihr besonderer Vorteil, ebenso ihre unbegrenzte Haltbarkeit. Die Fertigteiche haben somit das Betonbecken weitgehend abgelöst. Neben den nicht gerade niedrigen Preisen sind ihre starren Formen der größte Nachteil, auch wenn man sie mit ein wenig Fantasie auflockern kann.

Seit einigen Jahren bieten zwei Spezialfirmen zusammensetzbare Teichelemente als Baukastensystem an. Sie bestehen aus dem gleichen haltbaren Material wie die Fertigteiche, also aus glasfaserverstärktem Polyester. Bei dem System einer Firma handelt es sich um ein Kopfteil, einen Achtelkreis und einen sogenannten Segmentbogen. Diese 3 Teile mit einer Tiefe von 0,80 m, einer Breite von 3,20 m und einer Länge von 0,90 m – 3,20 m lassen sich beliebig und zu erstaunlich vielen Formen aneinandersetzen, wobei das Kopfteil jeweils doppelt verwendet werden muß, um einen geschlossenen Teich zu erhalten.

Das System einer anderen Firma besteht jeweils aus Herzstücken mit dreieckigen oder quadratischem Grundriß und einer Tiefe von 1 m. In dieser Tiefe werden sonst keine Fertigteiche angeboten. Man kann diese Elemente einzeln als Fertigteiche verwenden oder miteinander sowie mit zusätzlichen Teilen verbinden. Dazu wird aus der Wand der Herzstücke an vorgezeichneter Stelle ein Stück herausgesägt. Die Verbindung mit den Anschlußstücken erfolgt durch spezielle Verbindungsstücke, die auf den unterschiedlich hohen Wasserdruck Rücksicht nehmen. Mit diesem Baukastensystem kann man eine richtige kleine Wasserlandschaft gestalten, während das Erstgenannte größere Teichanlagen in verschiedenen Formen ermöglicht. Die Abdichtung dieser Teichelemente erfolgt direkt durch eine an den Verbindungsstellen eingefügte Dichtungsmasse. Beide Systeme basieren auf einer guten Idee und stellen somit brauchbare Alternativen zu allen anderen Abdichtungsmethoden von Gartenteichen dar. So ganz konnten sich diese Systeme dennoch nicht durchsetzen, wobei der hohe Preis sicherlich eine große Rolle spielt. Außerdem sind viele Fachleute gegenüber der Abdichtung noch äußerst skeptisch. Beide Systeme sollten nur vom Fachmann eingebaut werden und müssen noch den Nachweis der Haltbarkeit ihrer Abdichtungen über Jahrzehnte erbringen. Der Einbau in den Boden erfolgt nach dem gleichen Prinzip wie bei den Fertigteichen.

Teichfolie

Als beliebteste Abdichtung hat sich in den letzten Jahren die Teichfolie durchgesetzt. Sie besteht aus Polyvenylchlorid (PVC). Andere mitunter im Handel angebotene Teichfolien aus Polyäthylen (PE) sind für den Teichbau ungeeignet, weil sie weniger UV-beständig sind als PVC, sich also unter dem Einfluß des Sonnenlichts schlichtweg auflösen. Außerdem sind diese Folien dünn und durch einen Stein oder anderen spitzen Gegenstand leicht zerstörbar. Polyäthylenfolien lassen sich zudem nur heiß, mit einem speziellen Gerät zusammenschweißen, während PVC-Folien mit einem Kaltschweißmittel von jedermann selbst aneinandergefügt werden können. Vor allem in dieser leichten Verarbeitungstechnik und der unbegrenzten Möglichkeit, Teiche in jeder beliebigen Form und Größe anzulegen, liegt der große Vorteil der PVC-Folien.

Die Nachteile der in Stärken von 0,5 – 1 mm angebotenen PVC-Folien bestehen darin, daß sie auch trotz guter allgemeiner Haltbarkeit durch Beschädigungen undicht werden können, ja, daß sogar sowohl von außen als auch vom Inneren des Teiches die Wurzeln mancher Gräser, Schilf- oder Rohrkolben durch sie hindurchwachsen können. Oft macht sich eine derartige Beschädigung erst nach einigen Jahren bemerkbar, wenn die Pflanzen und damit die Wurzeln absterben und die Folie nicht mehr dicht anliegt. Außerdem sind auch PVC-

So wird ein Fertig-
teich aus glasfaser-
verstärktem Polyester
im Garten eingesetzt.

Die Grube für das Fertigbecken muß rundum 20 cm größer sein als dieses. Auf der Sohle der Teichgrube breitet man eine 20 cm dicke Schicht Sand aus und stampft sie fest.

Mit geradem Brett, Wasserwaage und Zollstock prüft man die richtige Tiefe der Teichgrube. Erst wenn die Tiefe an jeder Stelle stimmt, wird das Becken eingesetzt.

In gleicher Weise prüft man, ob das Becken rundherum waagerecht auf dem Sandbett ruht (oben). Erst dann läßt man es etwa bis zur Hälfte voll Wasser laufen und füllt die seitlichen Zwischenräume mit Sand. Der Sand wird mit einem Rundholz lagenweise festgestampft oder mit Wasser eingeschlämmt (rechts).

Folien auf Dauer nicht UV-beständig. Sie müssen also vor allem an den Rändern des Teiches durch Erde oder Steine verdeckt werden. Schließlich enthalten diese Folien Weichmacher und Stabilisatoren, zu denen auch das giftige Schwermetall Cadmium gehört. Anders können sie nicht hergestellt werden und selbst sogenannte »Biofolien« enthalten entgegen den Behauptungen der Hersteller Cadmium. Die im Laufe der Jahre abgegebenen Schwermetallmengen an den Boden sind jedoch so gering, daß der Nutzen eines Gartenteiches für unsere Umwelt die geringe Schädigung aufhebt.

Die Umrisse eines Folienteiches werden vor dem Einkauf der PVC-Folie genau geplant und abgesteckt. Man kauft die Teichfolie erst, wenn der Teichboden vormodelliert und das Sandbett aufgebracht ist. Das Ufer muß rundherum in gleicher Höhe angelegt werden. Mit Holzpflöcken, die man leicht aus Dachlatten oder ähnlichem Material anfertigen kann, lassen sich Umriß des Teiches und Uferhöhe gleichzeitig markieren. Zur Modellierung der Uferlinie kann auch ein langer Gartenschlauch oder ein helles Seil gute Dienste leisten. Mit diesem Hilfsmittel kann man verschiedene Teichformen auslegen, bis die ideale Form gefunden ist. Was zu manchen skurrilen Formen der Fertigteiche gesagt wurde, gilt auch für den Folienteich: keine allzu kurvenreiche Uferlinie gestalten, vor allem nicht bei kleinen Teichen. Natürlicher wirken auf jeden Fall sanft geschwungene Uferlinien. Beim Abstecken sollte man rundherum 20–30 cm hinzugeben. In dieser Breite wird später die Folie am Rand eingearbeitet. Die Holzpflöcke werden so weit voneinander entfernt eingeschlagen, daß man hochkant ein Brett von einem Pflock zum anderen legen kann. Auf die obere Kante des Brettes legt man wiederum eine Wasserwaage und kann so die Höhenunterschiede von einem Pflock zum anderen feststellen. Am besten schlägt man die Pflöcke rund um den geplanten Teich so ein, daß sie alle in gleicher Höhe, zum Beispiel 10 cm aus dem Boden ragen. Dann wird das Brett mit der Wasserwaage rundherum von einem Pflock auf den

jeweils nächsten gelegt. So lassen sich leicht Höhenunterschiede im Gelände feststellen, die man mit bloßem Auge nicht bemerkt. Auf diese Weise kann das Ufer einer günstigen Geländehöhe angepaßt werden, bei der Bodenabtrag und Bodenauftrag möglichst gering sind. Man geht also von einem Pflock in geeigneter Höhe aus und korrigiert mit Hilfe des Bretts und der Wasserwaage den nächstliegenden. Ein höher liegender Pflock wird einfach tiefer, bis auf die richtige Höhe in den Boden geschlagen, bei einem tieferliegenden empfiehlt es sich, einen zweiten Pflock daneben in der richtigen Höhe einzuschlagen.

Nun kann mit dem Aushub der Teichgrube begonnen werden. Jede ausgehobene Erdschicht sollte dabei gesondert am Rand gelagert werden. Grassoden schält man mit dem Spaten möglichst dünn über dem Boden ab. Sie können als Kern eines Hügels oder Erdwalls dienen, den man in der Nähe des Teichufers modellieren kann. Dort werden sie je nach Menge in 2–3 Lagen mit dem Grün nach unten dicht aufeinandergepackt. Die oberste Mutterbodenschicht kommt später ebenfalls als oberste Schicht auf den Hügel. Deshalb lagert man sie in dessen unmittelbarer Nähe ab. Beim Aushub der Teichmulde müssen nun jeweils 15–20 cm für das Sandbett hinzugerechnet werden. Am Rand wird die Folie 10–15 cm tief in den Boden oder unter Kieselsteine gelegt. Rechnet man ein 15 cm dickes Sandbett hinzu, so muß die Mulde schon am Rand 30 cm tief ausgehoben werden. Dies entspricht im allgemeinen der Mutterbodenschicht, die man innerhalb der Teichmulde ganz abtragen sollte, bevor man tiefer ausschachtet.

Die später in den Teich gesetzten Wasserpflanzen stellen vor allem unterschiedliche Ansprüche an die Wassertiefe. Die Flachwasserzone am Rand, in der zum Beispiel Sumpfdotterblumen wachsen, hat eine Tiefe von 0–20 cm. Von dort kann man einen Übergang in die sogenannte Seichtwasserzone von etwa 40 cm schaffen. Die tiefste Zone eines Gartenteiches liegt bei etwa 70–80 cm, wenn Fische darin überwintern sollen,

Ein größerer, mit Folie abgedichteter Teich an der tiefsten Stelle des Gartens.

Die Böschungen innerhalb der Teichmulde sollten das Steigungsverhältnis von 1:2 nicht überschreiten. Die Grube wird sorgfältig von Steinen und anderen spitzen Gegenständen befreit und mit einer 15–20 cm dicken Schicht Sand ausgekleidet.

Bau eines Folienteiches

Erst dann wird die Teichmulde ausgemessen und zwar erst in Längsrichtung, dann in gleichmäßigen Abständen in Querrichtung. Alle Meßlinien, deren Endpunkte und Maße werden auf einer Skizze festgehalten. Danach wird die Folienmenge berechnet.

Viele Folienlieferanten schweißen die PVC-Folienbahnen nach den Wünschen des Bestellers zusammen. Sie braucht dann nur noch ausgelegt zu werden. Zur Sicherheit kann man sie zusätzlich mit einer speziellen Schutzmatte unterlegen.

muß der Teich an einer Stelle 1 m tief sein. Aus Platzgründen ist es meistens nicht möglich, diese unterschiedlich tiefen Zonen sachte ineinander übergehen zu lassen. Deshalb legt man die Teichmulde terrassenförmig an. Die böschungsartig ausgebildeten Übergänge dürfen nicht steiler als im Verhältnis 1:2 (= 1 m Steigung auf einer Strecke von 2 m) angelegt werden, weil sonst die auf der Teichfolie ausgebreitete Erde abrutscht. Aus Platzgründen ist es auch nicht immer möglich, alle drei Tiefenzonen nebeneinander anzulegen. So kann man auch die Sumpf- und Flachwasser ans eine, die etwas tiefere Seichtwasserzone ans gegenüberliegende Ufer legen. Dennoch sollten diese beiden Zonen nicht zu knapp bemessen sein, denn dort wachsen die meisten Wasserpflanzenarten. Die tiefste Zone ab 50 cm bleibt außer Seerosen nur wenigen anderen Wasserpflanzen vorbehalten.

Die ausgehobene Erde unterhalb des Mutterbodens bis etwa 50 cm wird als Unterbodenschicht des Hügels direkt auf die Grassoden geschüttet, die unterste Bodenschicht aus der tiefsten Zone wird dagegen gesondert am Teichrand gelagert und kann später als Teicherde eingebracht

werden. Wenn sich darin viele spitze Steine befinden, breitet man sie ein wenig aus, damit sie abtrocknet und später gegebenenfalls durch ein grobmaschiges Erdsieb geworfen werden kann. Die vormodellierte Teichmulde wird nun ebenfalls von spitzen Steinen oder hineinragenden Wurzeln befreit. Anschließend stampft oder klopft man den Boden mit einem Handstampfer oder einer Schaufel fest und bringt Sand ein. Die benötigte Menge Sand läßt sich meistens über den Daumen peilen. Wer die Sandmenge ungefähr errechnen will, mißt die beiden längsten Entfernungen von Ufer zu Ufer über Kreuz auf dem Teichboden entlang, multipliziert sie miteinander und dieses Ergebnis mit 20 cm. Da man die beiden längsten Entfernungen als Länge und Breite angenommen hat, läßt sich das Ergebnis auf eine nächstgeringere Summe herabsetzen. Der Folienunterbau aus Sand sollte allerdings eine Dicke von 15 cm nicht unterschreiten, und zwar im festgestampften Zustand. Am besten breitet man zunächst eine etwa 10 cm dicke Schicht auf, stampft sie fest und schüttet weitere 10 cm auf, die dann ebenfalls festgestampft, festgetreten oder mit der Schaufel festgeklopft und geglättet werden. Diese Sandschicht soll den Druck, den die in den Teich eingebrachte Erde, die Pflanzen in den Kör-

40

Falten lassen sich nie ganz vermeiden. Doch sollte man sie, so gut es geht, ausgleichen, so daß sie nicht röhrenförmig ausgebildet sind. Wichtig: die letzten 10 cm der Folie am Rand müssen als Kapillarsperre senkrecht gestellt werden.

Magere lehmige Erde, noch mit einer dünnen Schicht Kieselsteine überdeckt, braucht nur am Rand eingebracht zu werden. Dann läßt man den Teich voll Wasser laufen. Wer bereits die Pflanzenkörbe hineingestellt hat, läßt es langsam laufen.

Bei großen Teichen ist es nicht immer leicht, Pflanzen einzusetzen, wenn er schon voll Wasser gelaufen ist. Das Wasser sollte auf jeden Fall von der Sonne ein wenig erwärmt sein. Dann entfalten die Pflanzen in Kürze ihr üppiges Wachstum.

ben und nicht zuletzt das Wasser auf die Folie ausüben, ausgleichen und die Folie vor Wurzeln und spitzen Steinen schützen.

Auf dieser Sandschicht wird die Teichfolie ausgebreitet. Wer beim Messen und Berechnen der Folie sicher gehen will, beginnt erst jetzt damit. Dazu fertigt man am besten vorher eine Skizze des Teiches an und zieht durch seine Mitte auf dem Papier eine gestrichelte Messungslinie. Gemäß dieser Linie wird nun die längste Entfernung von einem zum anderen Ufer der Teichmulde gemessen. Am besten eignet sich ein Maßband, das man auf den Boden legen kann. Ersatzweise tut es auch ein Gartenschlauch oder ein Seil, an dem entlang mit dem Zollstock jeweils 2 m abgemessen und mit einem Pflock gekennzeichnet werden. Diese Zwei-Meter-Abstände trägt man auch auf der Skizze ein. Anschließend werden rechtwinklig zu dieser Mittellinie in den vorgezeichneten Zwei-Meter-Abständen die Entfernungen quer durch die Teichmulde gemessen. Wichtig ist, daß der Zollstock möglichst dicht auf das Sandbett gelegt wird.
Mit einer solchen Skizze können Sie zu einem Fachhändler gehen, von denen viele die Teichfolie

komplett zusammenschweißen. Sie können dies aber auch selber tun. Bei der Ermittlung der benötigten Folie müssen die Überlappungen der einzelnen Bahnen um 5 cm mitgerechnet werden. Die Bahnen der PVC-Folie werden im Kaltschweißverfahren aneinandergefügt. Das ist denkbar einfach und erfordert kein großes handwerkliches Geschick. Man muß lediglich auf absolut sauberem, trockenem und staubfreiem Untergrund, zum Beispiel einem Brett arbeiten. Dazu braucht man ein Kaltschweißmittel, Arbeitshandschuhe, Schutzbrille und Atemschutz, einen Sandsack und sogenannte Flüssigfolie, sowie einen Pinsel als einziges Werkzeug. Da die Dämpfe des Kaltschweißmittels gesundheitsschädlich sind, sollte man diese Arbeit unbedingt im Freien durchführen.
Die Bahnen werden zunächst auf die richtige Länge zugeschnitten. Dann legt man zwei Bahnen so nebeneinander, daß sich ihre Ränder um 5 cm überlappen. Nun taucht man den Flachpinsel ein und streicht das Kaltschweißmittel zwischen die beiden Ränder. Dies muß relativ schnell gehen. Mit der freien Hand drückt man die obere Folie sofort fest und legt möglichst bald einen Sandsack darauf. Dieser Sack wird dann bei fortlaufendem Verschweißen nachgezogen. Nach dem Verschweißen

kann man die Nähte zusätzlich mit sogenannter Flüssigfolie versiegeln. Die Temperatur beim Verschweißen sollte übrigens nicht unter 15 °C liegen. Bei zu niedriger Temperatur bindet das Kaltschweißmittel nicht.

Die zusammengeschweißte Folie wird nun in der Teichmulde ausgebreitet. Dabei entstehen Falten in der Teichfolie. Sie beeinträchtigen deren Haltbarkeit nicht, können aber dennoch von Nachteil sein. Manchen starken und spitzen Wurzeln, zum Beispiel von Schilf oder Rohrkolben, können sie eine Angriffsfläche bieten. Außerdem können die Falten, wenn sie rohr- oder schlauchförmig ausgebildet sind, wie Kapillaren wirken und das Wasser aus dem Teich herausleiten. Solche Faltenschläuche sollte man mit einem Kieselstein verstopfen. Durch das unregelmäßige Profil der Teichmulde bedingt wird man die Falten in der Folie nie so ganz wegbekommen.

Diesem naturnahen und vorbildlich an die landschaftliche Umgebung angebundenen Teich sieht man nicht an, daß er mit Folie abgedichtet ist.

Zunächst wird die Folie über die ganze Teichmulde ausgebreitet und an einem Rand mit schweren Steinen befestigt. Dabei sollte sie gleich richtig in die Randzone eingebaut werden. Man verlegt sie auf einer 20–30 cm breiten Fläche waagerecht in den Sand, um sie dann am äußersten Rand 10 cm hoch aufrecht zu stellen. Damit ist der Übergang vom Wasserspiegel zum Erdreich am Ufer unterbrochen. Somit ist auch die Kapillarwirkung der Erde unterbunden, durch die das Wasser aus dem Teich herausgesogen werden kann, was sich vor allem während sommerlicher Trockenzeiten besonders nachteilig bemerkbar macht. Am Rand sollte die Folie möglichst glatt und faltenfrei verlegt werden. Wenn die Teichfolie an einem Ufer befestigt ist, zieht man sie so gut es geht nach allen Seiten auseinander, mit dem Ziel, möglichst wenig und möglichst kleine Falten zu behalten. Nach und nach wird die Folie am Rand befestigt. Wer eine gesonderte Sumpfzone eingeplant hat, zieht die Folie ohne Unterbrechung vom Teich auch durch diese Sumpfzone und stellt die Folie wie beschrieben erst am Rand der Sumpfzone aufrecht. Empfehlenswert ist es, die Folie am Ufer rund-

herum mit Kieselsteinen zu beschweren, denn diese sind überall leicht zu bekommen, manchmal sogar kostenlos, wenn man sie selbst vom Kieselwerk holt, und sie lassen sich leicht auslegen und den Rundungen der Uferzone anpassen. Ebenso kann man auch andere Natursteine, Natursteinplatten wie Betonplatten verwenden, wenn man einen Weg am Teichufer entlangführen will. Auch alte Baumstämme können als Uferbefestigung dienen, sofern sie keine spitzen Aststummel enthalten. Häufig werden auch Eisenbahnschwellen zur Uferbefestigung verwendet. Doch Vorsicht! Die in den Schwellen enthaltenen Teeröle vertragen sich nicht mit der PVC-Folie. Sie können die Folie zerstören. Diese Schwellen müssen also möglichst abgelagert und damit frei von Teerölen sein oder zusätzlich mit einer anderen Folie – hier eignet sich Polyäthylen – geschützt werden. Empfehlenswert ist es, die Teichfolie am Rand erst zu befestigen, wenn der Teich zu zwei Drittel mit Wasser gefüllt ist.

Viel Erde braucht man nicht in der nun mit Folie ausgekleideten Teichmulde auszubreiten. Die Wasserpflanzen werden zweckmäßigerweise in Körbe gesetzt. Durch abgestorbene und herabgesunkene Pflanzenteile sammelt sich im Laufe der Jahre eine dicke Schicht Mulm an, ein guter Nährboden für die Pflanzen. Die eingebrachte Teicherde darf nicht zu viele Nährstoffe enthalten, denn damit würde man nur das Algenwachstum fördern. Deshalb ist die unterste Schicht des Aushubs gerade richtig. Spitze Steine darf es darin nicht geben, notfalls wirft man die Erde durch ein grobes Erdsieb und kann sie mit Sand strecken, wenn die Menge zum Bedecken der Folie nicht ausreicht. Zur Befestigung der Teicherde auf der Folie gibt es seit einiger Zeit sogenannte Krallmatten. Sie bestehen aus einem ungefähr 1 cm dicken Geflecht aus Nylon, neuerdings auch aus Kokosfaser, in dem die Erde haften bleibt, und lassen sich leicht in den Teich einbauen, indem man sie einfach über die Folie legt und am Rand befestigt. Bei richtiger Modellierung der Teichmulde und nicht zu steil angelegten Böschungen sind diese Matten überflüssig.

Vom Leben der Wasserpflanzen

Das Leben auf unserem Planeten hat sich in seiner ganzen Vielfalt vermutlich aus dem Wasser heraus entwickelt. Die ersten primitiven, nur aus einer Zelle bestehenden Lebewesen sind wahrscheinlich im Erdzeitalter Archaikum vor mehr als 3 Milliarden Jahren entstanden. Vor mehr als 2 Milliarden Jahren entwickelten sich die ersten vielzelligen Pflanzen im Wasser. Gegen Ende des Archaikums, vor etwa 1,5 Milliarden Jahren gab es die ersten vielzelligen Wassertiere und daraus entwikkelten sich im Laufe von Millionen von Jahren schließlich die Pflanzen und Tiere auf dem Land, bis hin zu uns Menschen. Es deutet vieles darauf hin, daß es so gewesen ist. Viele Versteinerungen und Abdrücke von Tieren und Pflanzen sind stumme Zeugen dieser Vergangenheit. Hundertprozentig wird dies kein Wissenschaftler behaupten können, denn beweisen läßt sich diese Entwicklung, die Evolution, sicher nicht. Aber man kann sich gut vorstellen, daß es die ersten Lebewesen nur im Wasser gab. Spielt nicht das Wasser bei dem wichtigsten Lebensvorgang der Pflanzen, der Photosynthese, eine unentbehrliche Rolle? Werden nicht mit Hilfe des bei der Photosynthese abgespaltenen Wasserstoffs Traubenzucker und Stärke in der Pflanze aufgebaut? Ist nicht der Grundstoff des Wassers in Kohlehydraten (Hydrat von Hydrogenium = Wasserstoff) ebenso enthalten, wie in Eiweißverbindungen oder Aminosäuren? Ohne Wasser ist kein Leben möglich! Pflanzen können Nährsalze nur aufnehmen, wenn diese in Wasser gelöst sind.

In einem neu angelegten Gartenteich können wir eine Entwicklung beobachten, die der Schöpfungsgeschichte oder, wissenschaftlich ausgedrückt, der Evolution ähnlich ist. Der Unterschied zwischen der Besiedlung unseres Gartenteiches und der Entwicklung der Lebewesen vor Millionen von Jahren besteht nur darin, daß die Pflanzen und Tiere, die den Teich besiedeln bereits in dessen Umgebung vorhanden sind. Sie brauchen lediglich ein geeig-

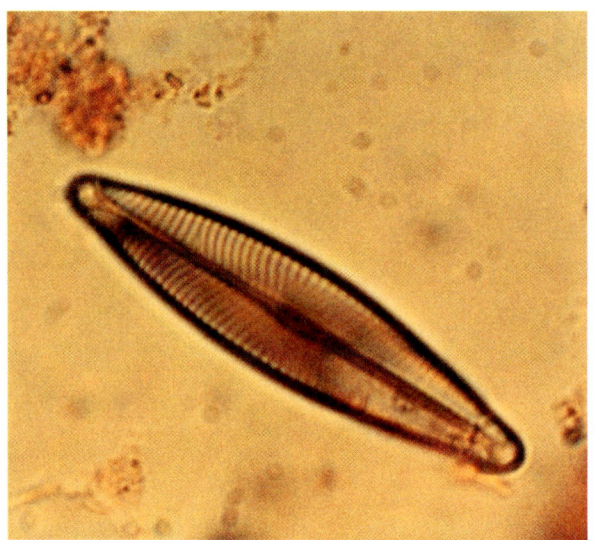

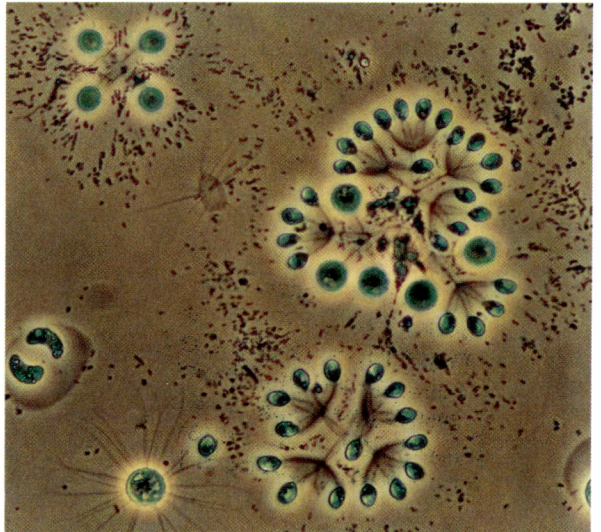

Links: Die Geschnäbelte Schiffchenkieselalge unter dem Mikroskop. Sie kommt häufig im Grundschlamm vor. Rechts: Kugelzellige Gallertstrangalge (rechte Bildhälfte), Speichen-Grünalge (links unten) und Nieren-Grünalgen (links).

netes Milieu, das Wasser, in dem sie ihr Leben entfalten können. Das vor wenigen Tagen eingelassene klare Wasser wird plötzlich von einem grünen Schimmer durchzogen. Die ersten Pflanzen, die Algen, sind da. Algen sind einzellige, in ihrer höher entwickelten Form auch mehrzellige Pflanzen. Sie nehmen die im Wasser gelösten Nährstoffe durch ihre Zellmembran auf, vergrößern ihren einzelligen Körper, um sich schließlich durch Einschnürung in ihrer Mitte auf ungeschlechtlichem (vegetativem) Weg zu vermehren. Algen sind Pflanzen, auch wenn wir sie nicht immer als solche erkennen und oft nur als unschöne Wassertrübung wahrnehmen. Sie gehören zum Wasser und sind in ganz bestimmter Art, Menge und Zusammensetzung eine wichtige Entwicklungsstufe im Leben eines jungen Gewässers. Algen bilden die Übergangsstufe von der unbelebten Welt der im Wasser gelösten Mineralien zur vielfältigeren Welt der im Wasser lebenden Pflanzen und Tiere. Algen sind für jedes Gewässer in angepaßter Form lebensnotwendig. Die Evolution beginnt im Wasser.

Wie bei jedem Lebewesen ist auch die Lebensdauer der Algen begrenzt. Auch sie sterben einmal ab. Vorher werden sie sich unter Umständen rapide vermehren, soweit ihnen Wasser und die darin gelösten Nährsalze zur Verfügung stehen, ebenso wie Luft, genügend Sonnenlicht und die damit verbundene Wärme. Wenn nur einer dieser Faktoren fehlt, kann es schon zum Absterben der Algen kommen. In puncto Temperatur sind sie recht anpassungsfähig, entwickeln sich im wärme

ren Wasser jedoch wesentlich besser als in kaltem. Wenn das Licht fehlt, leiden sie schon erheblich unter dem Mangel und wenn sie die im Wasser gelösten Nährstoffe aufgezehrt haben, können sich die Algen nicht weiter vermehren, sterben ab und sinken zu Boden. Eine besondere Rolle spielt dabei der Kalk, der die Härte des Wassers ebenso wie den pH-Wert beeinflußt. Vom günstigen pH-Wert hängt vor allem die Verfügbarkeit des Stickstoffs und Phosphors ab, zwei Hauptnährstoffe (nicht nur) für Algen, die im sauren Wasser nicht mehr verfügbar sind. Im weichen, sauren Wasser haben Algen nur geringe Chancen.

Zu biblischer Urzeit, zu evolutionärer Frühzeit, als sich das Leben nach und nach, Zelle für Zelle entwickelt hat, mag es zunächst nur die Algen gegeben haben, die sich dann immer weiter entwickelten, zu komplizierten Gewächsen, zu Moosen, Flechten und Pilzen und schließlich zu den höheren Pflanzen. Erst dann kamen die Tiere dazu und letzendlich die ersten Menschen. In einem jungen Gewässer gibt es dagegen sehr bald auch andere Lebewesen außer den Algen: Bakterien, Mückenlarven, winzige Flohkrebse (Wasserflöhe) und Schnecken, die Algen lebend wie auch im abgestorbenen Zustand verarbeiten. Dabei verändern sich die Nährstoffe im Lebensraum eines Gewässers eigentlich nicht, von den erneut aus den Mineralien des Gewässerbodens gelösten Nährsalzen einmal abgesehen. Die Nährstoffe haben sich nur verlagert. Von den Algen wurden sie aus dem Wasser aufgenommen und verbraucht

– danach fehlte diesen die Nahrungsgrundlage. Ein Teil der im Wasser schwebenden Algen wurde von den Mückenlarven verzehrt, die anderen, abgestorbenen, sinken zu Boden. Das Wasser ist wieder klar. Indes sind die Bakterien auf dem Gewässerboden am Werk, um die toten Algen zu zersetzen und die in ihnen festgelegten Nährstoffe wieder freizusetzen. Nun, so könnte man glauben, beginnt das Spielchen wieder von vorn. Das muß nicht sein. Denn außer den Algen gibt es noch andere Pflanzen, die von den freigesetzten Nährstoffen leben können und wie die Algen keinerlei Wurzelverbindung zum Boden haben müssen: die Unterwasserpflanzen und Schwimmpflanzen. Zu dieser Pflanzengruppe gehören auch zwei Algenarten, die schon so weit entwickelt sind, daß man sie kaum noch als Algen ansehen möchte. Dabei handelt es sich um die Rauhe Alge und die Armleuchteralge *(Nitella)*.

Die Rauhe Alge *(Chara aspera)* lebt untergetaucht im Wasser und ist durch keinerlei Wurzeln mit dem Boden des Gewässers verbunden. Ihre zarten Einzeltriebe sind mit quirlartig übereinander angeordneten, kurzen Seitentrieben besetzt. Die Rauhe Alge bevorzugt Wassertiefen zwischen 30 und 50 cm und liebt hartes, sauerstoff- und nährstoffreiches Wasser.

Die Armleuchteralge (Nitella flexilis) ist eine sehr zierliche Alge mit reichlich verzweigten Trieben, die ebenfalls bevorzugt in sauerstoffreichem Wasser wächst. Diese beiden höher entwickelten Algen haben die Eigenschaft, Kalk zu binden oder zumindest anzulagern, was vor allem bei der Rauhen Alge äußerlich sichtbar ist, denn sie hat meistens einen weißgrauen Belag. Eine Erscheinung, die Botaniker beschäftigt, die sie aber noch nicht ganz deuten können. Die Zellen zwischen den Stengelknoten (Internodalzellen) sind bei diesen beiden Algen sehr groß ausgebildet. Die Zellhäute (Membranen) sind so eingerichtet, daß sie nur die Zonen ganz bestimmter Elemente hindurchlassen, anderen jedoch den Weg versperren. Bei den Armleuchteralgen sind die Zellmembranen leicht reizbar. Durch einen solchen Reiz (zum Beispiel durch Berührung verursacht) kann es geschehen, daß Kalziumionen, denen sonst der Eintritt in die Zellen verwehrt ist, durch die Zellmembran in ihr Inneres gelangen können. Dieser Reiz mit der darauffolgenden Reaktion kann sich auf andere, benachbarte Zellen übertragen, so daß innerhalb einer zehntel Sekunde Kalziumionen in die Pflanzenzellen eindringen, die sonst im Wasser blieben. An ihre Stelle treten Kaliumionen von innen nach außen, also ins Wasser. Dieser Vorgang hat zu der

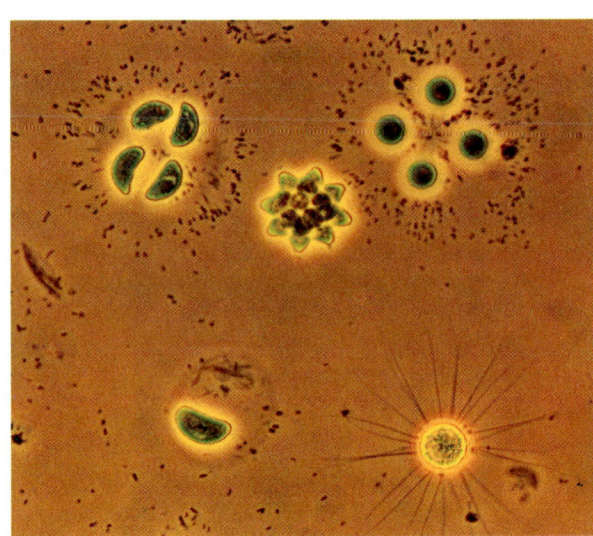
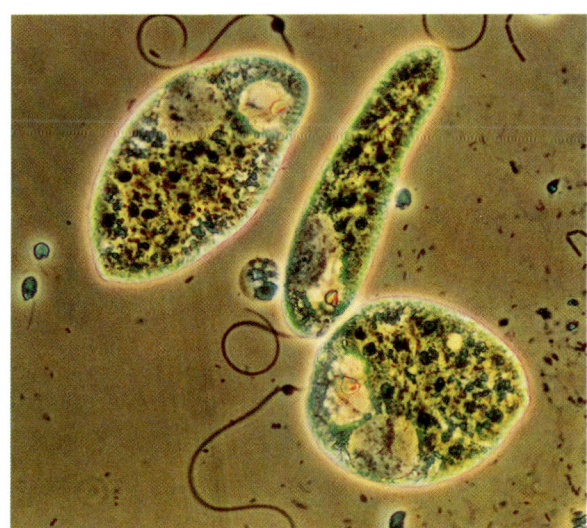

Links: Verschiedene Grünalgen wie die Nieren-Grünalge (linke Bildhälfte), der Eier-Hohlstern (Bildmitte) und die Speichen-Grünalge. Rechts: Augentierchen. Sie kommen in sauberen stehenden Gewässern vor.

Der Rauhen Alge *(Chara aspera)* ist nicht mehr anzusehen, daß sie zu den Algengewächsen gehört.

Unterwasserpflanzen

Außer Algen gibt es einige ebenfalls ohne Wurzelwerk untergetaucht (submers) lebende Gewächse, die fälschlicherweise im Volksmund als »Schlingpflanzen« bezeichnet werden. Diese Pflanzen haben für jedes stillstehende Gewässer, vom größten See bis zum kleinen Gartenteich und seine Lebewesen eine wichtige Bedeutung, weil sie unter anderem das Wasser mit Sauerstoff anreichern. Sie sollten deshalb auch in keinem Gartenteich fehlen. Wie die Algen sind diese Pflanzen darauf angewiesen, ihren Nährstoffbedarf direkt aus dem Wasser zu decken. Die äußeren Schichten der Triebzellen und Blattzellen dieser Pflanzen, die Epidermis und die Schutzhaut Cuticula sind dünn und äußerst zart beschaffen. So können diese Gewächse wie Sauerstoff und Kohlendioxid sowie Wasser und die darin gelösten Nährstoffe durch die Zellwände aufnehmen. Die Blätter dieser Pflanzen sind in viele dünne Fäden gegliedert, durch die große Oberfläche kann die Pflanze besonders gut die benötigten Stoffe aufnehmen.

Im Zusammenhang mit den untergetaucht lebenden Pflanzen sollten wir uns einmal vor Augen halten, wieviel Sauerstoff und Kohlendioxid im Wasser enthalten sind. Denn diese beiden Stoffe braucht jede Pflanze zum Leben. Ohne Sauerstoff kann kein Lebewesen existieren. Kohlendioxid (CO_2) wird bei der Photosynthese, dem wichtigsten Lebensvorgang aller Pflanzen, benötigt. Dieses Gas ist sowohl in der Luft, als auch im Wasser enthalten. Ein Liter Luft enthält ungefähr $210\,cm^3$ Sauerstoff, dagegen nur $0,3\,cm^3$ Kohlendioxid (CO_2). In einem Liter Wasser sind bei einer Temperatur von 20°C (des Wassers), wenn es mit Luft gestättigt ist, nur etwa $6,4\,cm^3$ Sauerstoff gelöst – also für Pflanzen verfügbar. Der Anteil an Kohlendioxid beträgt aber wiederum $0,3\,cm^3$ pro Liter Wasser. Aus dem Wasser steht den darin lebenden untergetauchten Pflanzen ungleich weniger Sauerstoff zur Verfügung als den Landpflanzen aus der Luft. Bei der Photosynthese wird jedoch nicht nur das Wasser in seine Bestandteile Wasserstoff und

Ansicht geführt, daß dort, wo die Rauhe Alge wächst, das Wasser frei von anderen Algen ist. Dennoch kann es andere Algen darin geben. Denn die Rauhe Alge macht das Wasser deshalb nicht ärmer an Kalk. Der beschriebene Vorgang wiederholt sich nämlich anschließend in umgekehrter Reihenfolge. Es kann aber sein, daß sich der im Wasser enthaltene Kalk auf diese Weise in gewisser Menge an den Trieben der Chara anlagert und somit dem diese Pflanze umgebenden Wasser entzogen wird.

Das Hornblatt *(Ceratophyllum demersum)* ist eine wertvolle Unterwasserpflanze.

Im Mai steigt die im Winter unter Wasser lebende Krebsschere *(Stratiotes aloides)* auf und öffnet ihre Blüten bis in den Juni hinein.

Sauerstoff aufgespalten, sondern auch Kohlendioxid. Dieser Sauerstoff wird frei und von den Pflanzen an ihre Umwelt abgegeben. Da die submers lebenden Gewächse äußerst sparsam mit diesem lebenswichtigen Gas umgehen müssen, speichern sie es. Dazu haben sie zwischen den Zellen in ihren Trieben und Blättern Hohlräume (Interzellu-

laren) gebildet. Die Pflanzen speichern den Sauerstoff auch deshalb, um den Auftrieb in ihren Hohlräumen im Wasser zu erhöhen.

Zusätzlich wird bei der Photosynthese noch genug Sauerstoff frei, um das Wasser damit anzureichern, was für alle darin lebenden Organismen von lebenswichtiger Bedeutung ist.

Zu den bekanntesten Unterwasserpflanzen gehört die Wasserpest *(Elodea canadensis)*, die man häufig in natürlichen Weihern und Seen antrifft. Sie lebt in einer Wassertiefe ab 50 cm und breitet sich in kalk- und nährstoffreichem Wasser rasend schnell aus. Als wintergrüne Pflanze produziert sie das ganze Jahr hindurch Sauerstoff, also auch unter dem Eis. Im Gartenteich kann die Wasserpest allerdings zur Plage werden, weil sie andere Wasserpflanzen bedrängt und überwuchert. Wir können sie deshalb nur in großen, naturnahen Teichen dulden.

Für Gartenteiche besonders empfehlenswert ist dagegen das Hornblatt *(Ceratophyllum demersum)*, das ebenfalls in einer Wassertiefe ab 50 cm im Teich gedeiht. Das Hornblatt hat ebenfalls keine Wurzeln, kann sich jedoch mit seinen unteren Trieben im schlammigen Boden des Teiches verankern. Die doppelt gegabelten Blätter sind quirlartig um den Stiel angeordnet. Im Herbst sterben die älteren Pflanzenteile ab. Nur einige Sproßspitzen sinken zu Boden, überwintern dort und treiben im kommenden Frühjahr wieder aus.

Eine sehr dekorative und interessante Schwimmpflanze für den Gartenteich ist die Krebsschere *(Stratiotes aloides)*. Diese Pflanze, auch Wasseraloe genannt, lebt während des Winters auf dem Boden des Gewässers und steigt im April bis Mai auf, sobald es etwas wärmer wird. Zur Blütezeit ragen dann die Spitzen der schwertförmigen Blätter sowie die weißen ungefüllten Blüten aus dem Wasser. Die Rosetten der Wasseraloe können einen stattlichen Durchmesser von bis zu 30 cm haben. Die Krebsschere bildet somit einen Übergang von den rein submers lebenden wurzellosen Pflanzen zu den Schwimmpflanzen auf dem Wasser.

Von den typischen Schwimmpflanzen ist wohl die Kleine Wasserlinse *(Lemna minor)* am bekanntesten. Im Volksmund auch Entengrütze genannt, überzieht diese Pflanze nährstoffreiche Dorfteiche wie ein grüner Teppich. Die Wasserlinse ist somit ein guter Konkurrent der Algen, denen sie sowohl Nährstoffe aus dem Wasser entzieht, als auch Licht und damit auch Wärme nimmt. Sie kann jedoch auch selbst zur Plage werden und das Wachstum der Unterwasserpflanzen erheblich behindern. Wo die Kleine Wasserlinse einen ganzen Teich überzieht, sollte man sie mit einem Rechen von Zeit zu Zeit von der Oberfläche abziehen. Damit wird dem Teich gleichzeitig Nahrung entzogen, so daß sich die Chancen für die Wasserlinse verringern. Weniger bekannt ist die Dreifurchige Wasserlinse *(Lemna triscula)*, da sie ganz untergetaucht lebt, weniger als die Kleine Wasserlinse wuchert und somit für den Gartenteich wesentlich interessanter ist.

Eine besonders hübsche Schwimmpflanze ist der Froschbiß *(Hydrocharis morsus ranae)*. Die etwa fünfmarkstückgroßen mitunter rotbraun gefärbten Blätter ähneln in ihrer Form denen der Seerose. Sie bilden sich jedoch stets neu in rosettenförmiger Anordnung an den Enden von Ausläufern. Die kleinen, im Hochsommer erscheinenden Blüten sind winzig und weiß. Im Herbst sterben die Blätter ab, die Pflanze bildet Winterknospen aus, die auf dem Teichboden überwintern. Unter günstigen Bedingungen, das heißt, im Wasser mit relativ niedrigem pH-Wert und genügend Phosphatanteil breitet sich der Froschbiß schnell aus, bedeckt aber die Wasserfläche nicht so dicht wie die Kleine Wasserlinse. Froschbiß ist somit eine sehr empfehlenswerte Schwimmpflanze für den Gartenteich.

Sogar Moos schwimmt auf dem Wasser, nämlich das Wasserlebermoos *(Riccia fluitans)*. Es bildet blaugrüne Polster und schwimmt frei auf dem Wasser. Es gedeiht am besten in weichem also kalkarmem und seichten Wasser.

Wenn wir bei dem Vergleich der Wasserflora mit der Evolutionstheorie bleiben, so läßt sich leicht erraten, was nach der Entwicklung von einzelligen zu mehrzelligen Algen zu *Chara* und *Nitella*, zu unter und an der Wasseroberfläche lebenden Pflanzen folgt. Mit den auf dem Wasser lebenden Pflanzen war schon eine Stufe erreicht, bei der die Gewächse ihre für die Photosynthese benötigten Stoffe direkt aus der Luft bezogen. In

Links: Tausendblatt
*(Myriopyllum
spicatum).*
Mitte: Froschbiß
*(Hydrocharis
morsus-ranae).*
Rechts: Nadelkraut
(Crassula recurva).

der nun folgenden Entwicklungsstufe haben die Pflanzen Organe eigens zur Aufnahme von Nährstoffen aus dem Boden ausgebildet: die Wurzeln. Diese speziellen Organe ermöglichen es den Pflanzen nicht nur, die Nährstoffe intensiver und in größerer Menge aufzunehmen, anstatt sich mit dem zu begnügen, was das umgebende Medium bietet, sondern ermöglicht es den Pflanzen sogar, in einem bestimmten Umkreis auf Nahrungssuche zu gehen. Bei den Unterwasserpflanzen, die auch Wurzeln ausgebildet haben, spielt sowohl die Nahrungsaufnahme durch die Zellen der Triebe und Blätter, als auch die durch die Wurzel aus dem Boden des Gewässers eine Rolle. Viele im Gewässerboden gelöste Nährstoffe gehen somit nicht erst ins Wasser über, sondern werden sofort von den Pflanzen aufgenommen. Dazu gehören vor allem auch die Nährstoffe, die von Mikroorganismen des Wassers aus der auf den Teichboden gesunkenen toten, organischen Pflanzensubstanz wieder mineralisiert, also in pflanzenverfügbare Ionenform verwandelt wurden.

Zu diesen Gewächsen gehört zum Beispiel das Nadelkraut *(Crassula recurva),* das völlig untergetaucht in einer Wassertiefe ab 30 cm wächst. Man erkennt diese Pflanzen an ihren nadelähnlichen, kreuzweise übereinanderstehenden Blättern. Ebenso gehört die Nadelsimse *(Eleocharis acicularis)* zu den bewurzelten Unterwasserpflanzen, die mit ihren Trieben den Teichboden in 20–60 cm Tiefe wie ein Rasen überzieht. Die Nadelsimse soll ein wichtiger Gegenspieler der Algen sein.

Der Wasserquirl *(Hydrilla verticillata)* ähnelt der Wasserpest, bevorzugt allerdings sauren Boden und weiches Wasser. Er gedeiht in einer Wassertiefe ab 30 cm und ist als wintergrüne Pflanze ein wichtiger Sauerstofflieferant. Wegen seiner starken Wüchsigkeit sollte man ihn jedoch nur in größere Teiche pflanzen.

Für kleinere Wassergärten eignet sich dagegen auch das Tausendblatt *(Myriophyllum),* das in einer Tiefe ab 30 cm gedeiht und dessen aufrecht wachsende und weitverzweigte Stengel mit fedrig eingeschnittenen Blattquirlen besetzt sind. In flachen Bereichen ragen die Triebe des Tausendblatts aus dem Wasser heraus. Das Ährige Tausendblatt *(Myriophyllum spicatum)* hat beblätterte Stengel und von Juni bis September erscheinende blaßrosa Blüten, die über dem Wasser stehen. Im Winter bleibt diese Pflanze unter Wasser grün. Bei dem Quirligen Tausendblatt *(Myriophyllum verticillatum)* sind die Blätter bis zu 4 cm lang und quirlförmig angeordnet. Auffallend sind dabei die vielen schmalen Zipfelblätter, die zum Teil über dem Wasser stehen und dort kürzer sind, als im Wasser. Die kleinen roten Blüten treten in Quirlen aus den Blattachseln hervor. Im Winter bildet das Quirlige Tausenblatt kleine kugelige Kurzsprosse (Hibernakeln) aus, die zu Boden sinken und aus denen im Frühjahr wieder neue Pflanzen erwachsen. Von diesen drei Arten des Tausend-

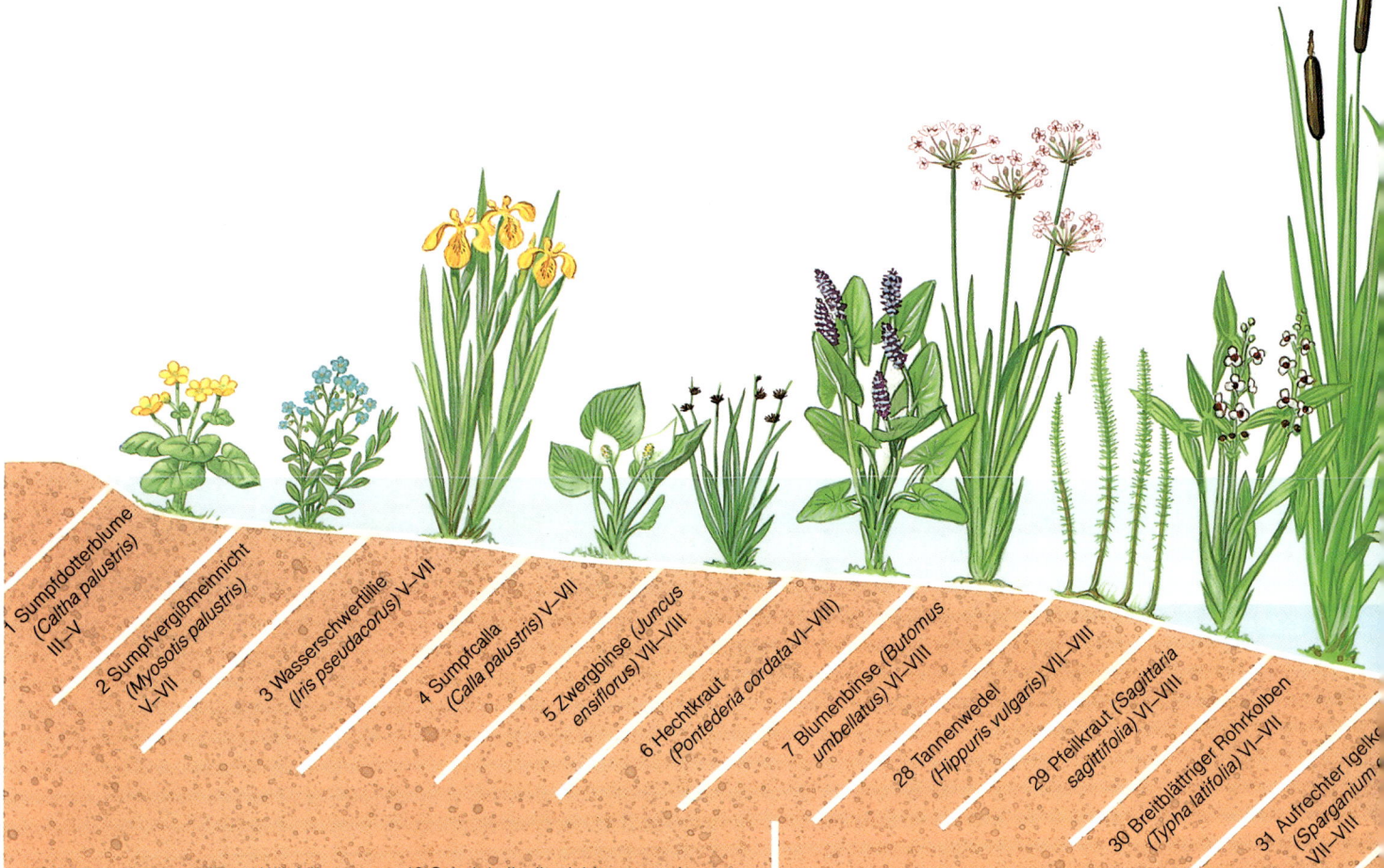

1 Sumpfdotterblume *(Caltha palustris)* III–V

2 Sumpfvergißmeinnicht *(Myosotis palustris)* V–VII

3 Wasserschwertlilie *(Iris pseudacorus)* V–VII

4 Sumpfcalla *(Calla palustris)* V–VII

5 Zwergbinse *(Juncus ensiflorus)* VII–VIII

6 Hechtkraut *(Pontederia cordata VI–VII)*

7 Blumenbinse *(Butomus umbellatus)* VI–VIII

28 Tannenwedel *(Hippuris vulgaris)* VII–VIII

29 Pfeilkraut *(Sagittaria sagittifolia)* VI–VIII

30 Breitblättriger Rohrkolben *(Typha latifolia)* VI–VII

31 Aufrechter Igelkol... *(Sparganium ...* VII–VIII

8 Kalmus *(Acorus calamus)* VI–VII. Nachbarn 27, 47, 49.

9 Froschlöffel *(Alisma lanceolatum, A. parviflora, A. plantago-aquatica)* VII–XI (je nach Art), Nachbarn: 1, 7, 47.

10 Wasserstern *(Callitriche)*, VI–VII.

11 Langes Zypergras *(Cyperus longus)* VI–VII.

12 Nadelsimse *(Eleocharis acicularis)* Unterwasserpflanze bis 60 cm Tiefe.

13 Wasserschwaden *(Glyceria maxima)* VII–VIII, Nachbarn: 3, 9.

14 Sumpfiris *(Iris laevigata)* VII–VIII, Nachbarn: 2, 4.

15 Amerikanische Sumpfiris *(Iris versicolor)* VI–VII, Nachbarn: 1, 2.

16 Binse *(Juncus ensifolius, J. inflexus, J. maritimus)* VII–VIII. Nachbar: 2.

17 Wilder Reis *(Leersia oryzoides)* VIII–IX. Nachbar: 22.

18 Scheinkalla *(Lysichitum americanum, L. camtschatcense)* IV–V, Nachbarn: 2, 6.

19 Strauß-Goldfelberich *(Lysimachia thyrsiflora)* VI–VIII, Nachbarn: 2, 22.

20 Blutweiderich *(Lythrum salicaria)* VI–IX, Nachbarn: 14, 15, 19, 23, 39.

21 Kleefarn *(Marsilia quadrifolia,* Nachbarn: 5, 46.

22 Fieberklee *(Menyanthes trifoliata)* VI–VII, Nachbarn: 8, 9.

23 Gauklerblume *(Mimulus luteus)* VI–IX, Nachbarn: 2, 20.

24 Schilfrohr *(Phragmites australis)* VII–VIII, Nachbarn: 9, 22.

25 Brennender Hahnenfuß *(Ranunculus flammula)* VI–IX, Nachbar: 20.

26 Amerikanischer Eidechsenschwanz *(Saururus cernuus)* VII–VIII, Nachbarn: 6, 11.

27 Kleiner Rohrkolben *(Typha minima)* V–VI, Nachbar: 22.

34 Rauhe Alge *(Chara aspera)* Unterwasserpflanze.

35 Schneide *(Cladium mariscus)* (VI–VII).

36 Nadelkraut *(Crassula recurva)* Unterwasserpflanze.

37 Wasserquirl *(Hydrilla verticillata)* Unterwasserpflanze.

38 Wasserfeder *(Hottonia palustris)* V–VII.

39 Wasserminze *(Mentha aquatica)* VII–X, Nachbarn: 3, 30, 47.

40 Tausendblatt *(Myriophyllum spicatum, M. verticillatum)* VI–IX; Unterwasserpflanze.

41 Goldkeule *(Orontium aquaticum)* V–VI, Nachbarn: 44, 45.

42 Wasserknöterich *(Polygonum amphibium)* VI–VII.

43 Zungenhahnenfuß *(Ran... lingua)* VI–IX.

44 Pfeilkraut *(Sagittaria gra... S. latifolia* – siehe auch 2... Nachbarn: 16, 17, 19, 20...

45 Seesimse *(Scirpus lacu...* VII–VIII, Nachbarn: 13, 2...

46 Igelkolben *(Sparganium... S. erectum* [Nr. 31], *S. n...* VII–VIII. Nachbarn: *S. e...* 17, 22, 25. *S. erectum:* 4... *S. minimum:*

47 Rohrkolben *(Typha ange... T. latifolia* [Nr. 30], *T. lax... T. shuttlewothii)* VII–VIII Nachbarn: 3, 9, 29, 44.

48 Wasserschlauch *(Utricu... vulgaris)* VI–VIII; Unterw... pflanze.

49 Mandschurischer Wildre... *latifolia)*, Nachbarn: 7, 3...

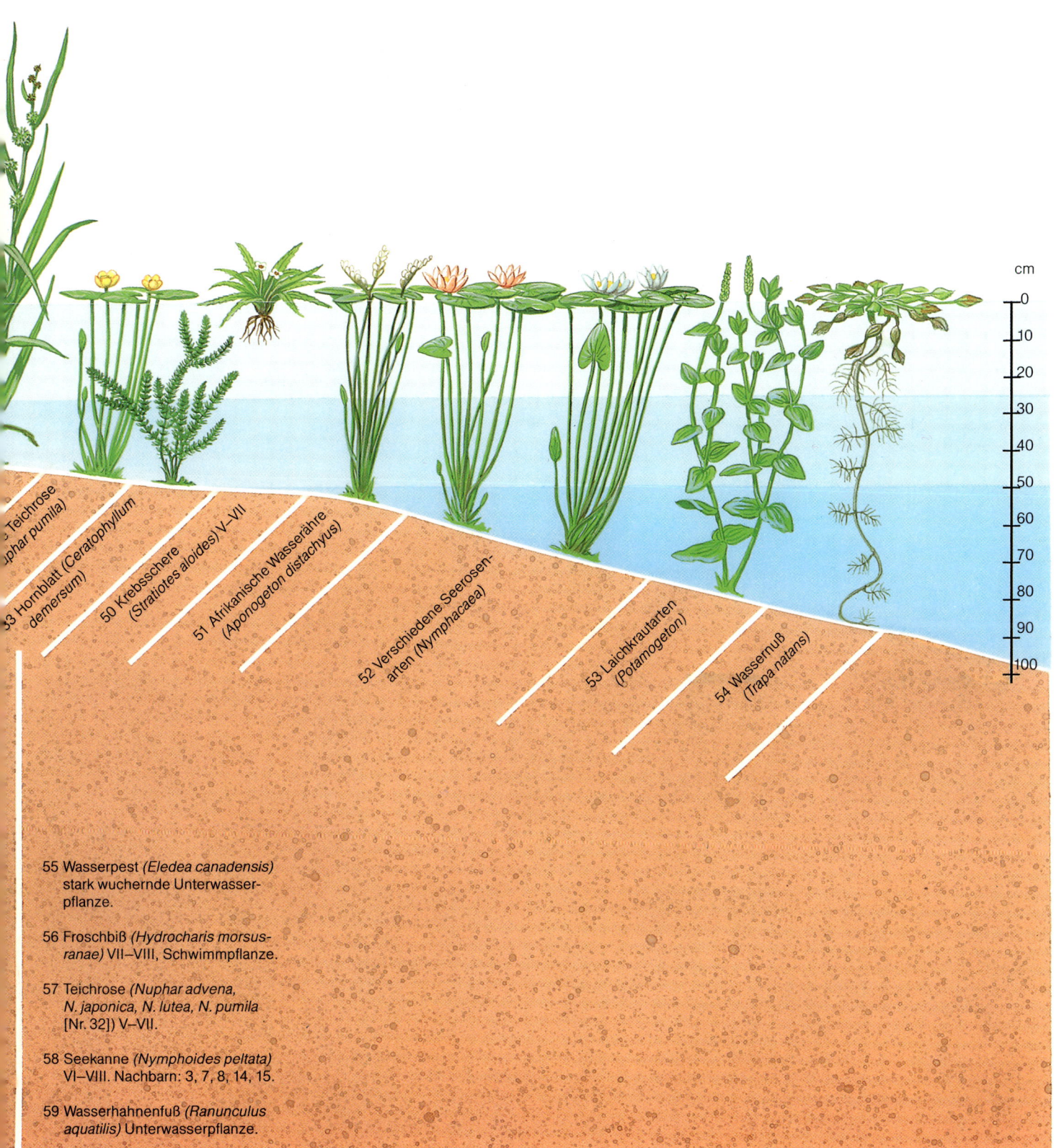

cm

0
10
20
30
40
50
60
70
80
90
100

Teichrose
uphar pumila)

33 Hornblatt (Ceratophyllum
demersum)

50 Krebsschere
(Stratiotes aloides) V–VII

51 Afrikanische Wasserähre
(Aponogeton distachyus)

52 Verschiedene Seerosen-
arten (Nymphacaea)

53 Laichkrautarten
(Potamogeton)

54 Wassernuß
(Trapa natans)

55 Wasserpest (Eledea canadensis)
stark wuchernde Unterwasserpflanze.

56 Froschbiß (Hydrocharis morsus-
ranae) VII–VIII, Schwimmpflanze.

57 Teichrose (Nuphar advena,
N. japonica, N. lutea, N. pumila
[Nr. 32]) V–VII.

58 Seekanne (Nymphoides peltata)
VI–VIII. Nachbarn: 3, 7, 8, 14, 15.

59 Wasserhahnenfuß (Ranunculus
aquatilis) Unterwasserpflanze.

blatts ist vor allem das Ährige Tausendblatt als Sauerstoffspender besonders wertvoll.

Vom Laichkraut gibt es viele Arten, die allesamt im tieferen Wasser ab 50 cm zu Hause sind. Das Schwimmende Laichkraut *(Potamogeton natans)* bildet auch Schwimmblätter aus und Blütenähren, die etwa 8 cm lang werden und aus dem Wasser herausragen. Die anderen, in Teichen verwendeten Arten leben alle untergetaucht, so zum Beispiel das Krause Laichkraut *(Potamogeton crispus),* das Winterknospen ausbildet und in dieser Form auf dem Teichboden überwintert, das Glänzende Laichkraut *(Potamogeton lucens),* das auch in Wassertiefen bis zu 2 m gedeiht und dort einen großen Teil des Teichbodens bedecken kann und das Kammförmige Laichkraut *(Potamogeton pectinatus),* das grasähnliche lange Triebe entwickelt. Alle diese Laichkrautarten dienen vielen Kleintieren des Wassers als Unterschlupf und vielen Fischen als Laichplatz.

Artenreich sind auch die Hahnenfußgewächse *(Ranuculaceae).* Viele von ihnen leben im Wasser und davon wiederum einige ganz untergetaucht. Der Flutende Hahnenfuß *(Ranunculus fluitans)* gedeiht nur im fließenden Wasser und scheidet deshalb für unseren Gartenteich aus. In Wassertiefen von 50–60 cm gedeiht dagegen auch im Gartenteich der Wasserhahnenfuß *(Ranunculus aquatilis).* Diese Pflanze ist ein interessantes Beispiel dafür, wie sich die Blätter dem sie umgebenden Medium anpassen, um ihre Aufgabe zur Versorgung der Pflanze erfüllen zu können. Die sogenannten Wasserblätter sind feinfädig fächerförmig gegliedert, um möglichst viele Nährstoffe aus dem sie umgebenden Wasser aufnehmen zu können. Die auf dem Wasser liegenden Schwimmblätter sind dagegen gelappt. Die relativ großen weißen Blüten erscheinen von Juni bis September und stehen über dem Wasserspiegel. Unter günstigen Bedingungen (kalkarmes Wasser, humoser, lehmiger Sandboden) wuchert der Wasserhahnenfuß sehr stark, ist aber für größere Gartenteiche eine empfehlenswerte Pflanze, zumal er durch seine schattenspendenden Schwimmblätter und die direkte Nährstoffaufnahme aus dem Wasser ein wichtiger Gegenspieler der Algen ist.

Eines der Pfeilkräuter ist eine Unterwasserpflanze, nämlich das Grasblättrige Pfeilkraut *(Sagittaria graminea).* Es bildet bandförmige, grasähnliche Unterwasserblätter mit einer Länge von bis zu 50 cm aus. Im flachen, weniger als 30 cm tiefen Wasser sieht diese Pflanze auch anderen Pfeilkrautarten, so dem heimischen *Sagittaria sagittifolia* ähnlich, ist jedoch insgesamt wesentlich zierlicher.

Zweimal Hahnenfuß: Der Zungenhahnenfuß *(Ranunculus lingua)* links und der Wasserhahnenfuß *(Ranunculus aquatilis)* rechts.

Schwimmblattpflanzen

Viele der Unterwasserpflanzen, die mit Wurzeln im Teichboden verankert sind und zum größten Teil auf diesem Weg ihren Nährstoffbedarf decken, treten mit eigens dafür ausgebildeten Schwimmblättern auch an die Wasseroberfläche. Von dieser Gruppe der Unterwasserpflanzen ist der Unterschied zu den ausgesprochenen Schwimmblattpflanzen nicht mehr allzu groß. Die Schwimmblattpflanzen sind ebenfalls mit Wurzeln im Teichboden verankert. Ihre Blätter liegen – schwimmen – jedoch ausschließlich auf dem Wasser. Sie sind durch lange Blattstiele oder Sprossen mit dem im Teichboden verankerten Wurzelwerk verbunden. Die Photosynthese und die Atmung dieser Pflanzen finden jedoch fast ausschließlich in den Blättern, also außerhalb des Wassers statt. Die bekanntesten Vertreter der Schwimmblattpflanzen sind die Königinnen des Wassers, die Seerosen. Mit einem dickfleischigen, stärkehaltigen, sich Jahr für Jahr weiter ausbreitenden Rhizom sind sie im Boden des Gewässers verankert. Dieser Wurzelstock kann über Jahre mehrere Meter lang werden und treibt Jahr für Jahr neue Blätter hervor. Für den botanisch interessierten Wassergärtner ist dabei wissenswert, daß jedes abgestorbene und somit vom Rhizom abgetrennte Blatt an dem Wurzelstock eine Narbe hinterläßt, die nicht wieder verschwindet. Im Rhizom speichert die Seerose Nährstoffe, vor allem in Form von Stärke. Sobald die Vegetationszeit beginnt, wachsen aus dem Rhizom die neuen Blätter und Blüten heran. Sie bilden lange Stiele aus. Erst über dem Wasser entfalten sich die Blattspreiten und legen sich auf den blanken Wasserspiegel. Deshalb spricht man von Schwimmblättern. Nur, wo der Wasserstand für die jeweilige Seerosenart zu niedrig ist, kommt es vor, daß die Blätter selbstständig, also ohne den Auftrieb des

Das Schwimmende Laichkraut *(Potamogeton natans)* leitet vom Schilfgürtel in tiefere Bereiche des Sees über.

Wassers stehen. Der Blattstiel, wie auch der Blütenstiel ist innen hohl. Durch ihn wird der Gasaustausch zwischen der Blattspreite und dem Rhizom geregelt. Die weißen Blüten der heimischen Seerosen enthalten keinen Nektar, produzieren aber viel Pollen und sind deshalb für einige Käfer und Insekten von Bedeutung.

In natürlichen Seen und Weihern sind Seerosen leider nur noch sehr selten zu sehen. Dabei ist die Seerose, die Weiße Seerose *(Nymphaea alba)* eine bei uns heimische Pflanze, die von unseren Vorfahren vielerorts verehrt wurde und mit Sagen und Aberglauben behaftet war. Die heute in jeder besseren Staudengärtnerei erhältlichen Seerosen sind meistens Züchtungen (Hybriden), die von der heimischen weißen Seerose wie auch von einigen anderen Seerosenarten abstammen. Die Blüten der Weißen Seerose haben einen Durchmesser von 12 cm, sind reinweiß und duften. Man kann sich an ihnen von Mitte Mai bis Ende August erfreuen. Die Blätter sind ledrig, eirund, während des Austriebs rot, später aber kräftiggrün. Mitunter sind die frisch aus dem Wasser kommenden Blätter mit weißen Ablagerungen belegt, Kalkablagerungen, die eine Folge der Photosynthese unter Wasser sind. Die Blüten öffnen sich morgens um 7 Uhr, schließen sich jedoch bereits nachmittags gegen 16 Uhr. Nur bei älteren Blüten funktioniert dieser Mechanismus nicht mehr, dessen Ursache auch nicht ganz geklärt ist.
In natürlichen Gewässern bilden die Seerosen (wo es sie noch gibt) in der Nähe des Ufers einen Seerosengürtel, gewissermaßen als Übergang zwischen der Verlandungszone mit Rohrkolben, Schilf und anderen Pflanzen, zur offenen freien Wasserfläche. In unseren Teichen bilden sie den Mittelpunkt der Vegetation. Die meisten Seerosen gedeihen in Wassertiefen zwischen 50 und 120 cm (einige Sorten auch unter 50 cm). Unsere Teiche werden in der Regel mit einer maximalen Tiefe von 80 cm, wenn darin Fische überwintern sollen, 100 cm angelegt. Die unterschiedlichen Arten und Sorten stellen ganz bestimmte Ansprüche an die

Wassertiefe. Darauf sollte man bei der Auswahl und beim Kauf besonders achten (siehe auch Seite 50/51).
Diese heimische Seerose ist eine robuste Art, die auch härteste Winter übersteht. Ihr verwandt ist die ebenfalls bei uns, aber auch in Schweden und Sibirien beheimatete *Nymphaea candida,* die kleinere, sternförmige Blüten hervorbringt. In der Natur liebt sie kühlere Gewässer, wie zum Beispiel Moorseen.
Die Mexikanische Seerose *(Nymphaea mexicana)* ist, was Frost betrifft, schon ein wenig empfindlich und bringt gelbe Blüten mit einem Durchmesser von 6–12 cm hervor. Für den Gartenteich eine wenig attraktive Art, jedoch wurden aus ihr heraus die gelb- und kupferfarbenen Seerosensorten gezüchtet.

Die Wohlriechende Seerose *(Nymphaea odorata)* verströmt aus ihren großen, sternförmigen, oft etwas schräg über dem Wasser stehenden Blüten einen süßen Duft. Die Blüten erscheinen vom Juni bis September. Die Blattlappen dieser Seerose sind nahezu geschlossen, enden jedoch in kleinen, für diese Art typischen Spitzen. Die Wohlriechende Seerose gedeiht in wärmerem Wasser am besten. Beheimatet ist sie in den an der Atlantikküste gelegenen Staaten der USA.
In Finnland, der Sowjetunion, Sibirien, China, Japan und dem nördlichen Ostindien ist die Zwergseerose *(Nymphaea tetragona)* zu Hause. Oft wird sie auch als *Nymphaea pygmaea* bezeichnet. Die Blätter sind nur etwa 4–10 cm lang, die weißen, von Juni bis in den Herbst hinein erscheinenden, duftenden, nahezu viereckigen Blüten haben einen Durchmesser von etwa 2,5–5 cm. Diese Seerose wächst ihrem Namen gemäß zwergenhaft im flachen Wasser zwischen 5 und 15 cm Tiefe. Sie eignet sich daher für winzige Tümpel und Miniteiche im Garten.
Die Weiße Knollenseerose *(Nymphaea tuberosa)* hat kriechende Rhizome, an deren Ende sich Knollen bilden. Diese Knollen kann man ablösen und zur Vermehrung dieser Seerose benutzen. Die

Blätter der Weißen Knollenseerose sind kreisrund mit nahe beeinanderliegenden Lappen-Enden, die Blattränder sind leicht gewellt. Die Blüten können einen Durchmesser von 20 cm erreichen und stehen von Juni bis August leicht über dem Wasser. Die Weiße Knollenseerose wächst sehr stark und eignet sich am besten für größere Gartenteiche.

Als Hybriden bezeichnet man Sorten, die aus zwei Arten von Pflanzen einer Gattung gekreuzt wurden. Die heimischen, ursprünglichen Seerosenarten blühen meistens weiß, seltener zartrosa. Darüber hinaus gibt es aber auch zahlreiche Seerosen tropischen Ursprungs mit farbigen Blüten, die sich hier nur in beheizten Gewächshäusern überwintern lassen. Deshalb bekommt man diese Art auch nur in einigen botanischen Gärten zu sehen. Gegen Ende des vorigen Jahrhunderts züchtete der französische Seerosengärtner Marliac zahlreiche Sorten, wobei er die zuvor genannten Arten verwendete und wahrscheinlich tropische Arten mit einkreuzte. So entstanden wertvolle Sorten mit rosa und roten Blütenfarben in verschiedenen Nuancen und Blütenformen, ebenso wie einige gelbe und kupferfarbene Sorten. Aber auch andere Züchter bereicherten unser heutiges Seerosensortiment, wie zum Beispiel Junge in Deutschland, Froebel in der Schweiz und Perry in England. Wenngleich auch die ursprünglichen und in unseren Breitengraden heimischen Seerosen mit Sicherheit die robustesten sind, können die auf Seite 58/59 aufgezählten Seerosensorten mit einer Ausnahme in jeden Teich gepflanzt werden. Vorausgesetzt, daß er an einem sonnigen Platz angelegt wurde und die jeweilige Sorte an die richtige Wassertiefe gepflanzt wird.

Obwohl die Seerosen als Königinnen des Wassers die bekanntesten und sicherlich beliebtesten Wasserpflanzen sind, so gibt es gerade auch in der Schwimmblattzone des Wassers noch einige Pflanzen, die nicht weniger schön oder zumindest nicht weniger interessant sind.

Mit der Seerose verwandt ist die Teichrose (Nuphar), von der es mehrere Arten gibt. Die heimische und am leichtesten erhältliche Teichrose ist die Gelbe Teichrose (Nuphar lutea), die in größeren Teichen in einer Tiefe von mehr als 1 m gedeiht und viel Platz braucht, um sich ausbreiten zu können. Im Gegensatz zu Seerosen gedeiht sie auch im Schatten so wie im kühleren und leicht fließenden Wasser. Aus dem kräftigen auf dem Gewässerboden kriechenden Wurzelstock wachsen kurzstielige Unterwasserblätter, sogenannte Salatblätter, hervor, mit denen die Teichrose das Wasser, ähnlich wie die Unterwassergewächse mit Sauerstoff anreichert. Salatblätter nennt man diese Blätter, weil sie dicht an dicht die Rhizome besetzen und dem Salat ähnlich eine hellgrüne Farbe haben. Sie erscheinen vor den langstieligen Schwimmblättern und überleben diese bis weit in den Winter hinein, auch unter dem Eis. Die an langen Stielen emporwachsenden Schwimmblätter sind herzförmig und stehen im flachen Wasser oft über den Wasserspiegel.

Die Blüten der Großen Teichrose sind kompakt, fast kugelförmig, kräftig dottergelb und ragen etwa handbreit über den Wasserspiegel hinaus. Diese Pflanze eignet sich nur für sehr große Teiche.

Ebenfalls heimisch aber wesentlich kleiner ist die Kleine Teichrose, auch Zwergmummel (Nuphar pumila), genannt. Zu ihrem gesamten Habitus gleicht sie der Großen Teichrose, ist jedoch in allen Teilen wesentlich kleiner als diese. Die Blüten sind gelbrot und sternförmig mit einem Durchmesser von 2–3 cm. Auch das Rhizom auf dem Teichboden ist bei weitem nicht armdick und so lang wie das der großen Schwester. Diese Form der Teichrose ist für den Gartenteich durchaus empfehlenswert. Sie gedeiht in einer Tiefe von 50–100 cm.

Der Seerose ebenfalls ein wenig ähnlich ist die Seekanne (Nymphoides peltata), eine bei uns heimische Wasserpflanze. Im Gegensatz zu Seerose und Teichmummel bildet sie jedoch kein Rhizom aus, sondern kriecht in einem dünnen Stengelgeflecht auf dem Teichboden. An den Enden der dünnen runden Stiele bilden sich wesentlich klei-

◁ Die Weiße Seerose *(Nymphaea alba)* ist in unseren Gewässern zuhause. Dort kommt sie in ruhigen Seebuchten oder größeren natürlichen Teichen vor. Sie kann in einer Tiefe von 60–200 cm gedeihen. Viele Hybriden sind aus dieser absolut winterharten Seerose hervorgegangen.

◁ 'Escarboucle' heißt diese bekannte Seerosensorte mit den leuchtend rubinroten duftenden Blüten. Die Staubblätter in den Blüten sind orange gefärbt. Eine dieser eindrucksvollen Blüten erreicht einen Durchmesser von 15–18 cm. Am besten gedeiht 'Escarboucle' in einer Wassertiefe von 50–70 cm.

'Hermine' ist ebenfalls eine besonders beliebte weißblühende Seerose. Die Blüten sind sternförmig und setzen sich aus schmallanzettlichen Blütenblättern zusammen. Sie erscheinen von allen weißblühenden Seerosen als erste. Im flachen Wasser erheben sie sich über dem Wasserspiegel. 'Hermine' gedeiht am besten in einer Wassertiefe von 50–80 cm.

△
Die Wohlriechende Seerose *(Nymphaea odorata)* hat weiße bis zartrosa Blüten. Sie verströmen einen intensiven süßen Duft. Die Blütenblätter sind lang und schmal und sternförmig angeordnet. Auffallend sind auch die vorgezogenen Spitzen der dicht beieinanderliegenden Blattlappen. Die Heimat der Wohlriechenden Seerose liegt in den östlichen Staaten der USA am Atlantik.

'Marliacea Chromatella' heißt die am weitesten verbreitete leuchtend gelbe Seerose. Die Blüten erreichen einen Durchmesser von 16–18 cm. Am besten entwickeln sie sich in wärmeren Teichen. Die Blätter dieser Seerose sind marmoriert. Ideale Wassertiefe für diese Seerose liegt bei 70–80 cm. Im flacheren Wasser können sie bei anhaltendem Frost Schaden erleiden.

▽

'Marliacea Rosea' hat hellrosa, fast weiße Blüten, die sich sehr früh am Tag öffnen und spät schließen. Die reichlich erscheinenden Blüten können einen Durchmesser bis zu 18 cm erreichen. Die jungen Blätter sind rot und färben sich, bis auf den Rand, grün. Die optimale Wassertiefe dieser sehr wuchskräftigen Sorte liegt zwischen 50 und 80 cm.

Nymphaea tuberosa 'Richardsonii' hat weiße, fast kugelförmige kompakte Blüten mit einem Durchmesser von etwa 15 cm. Hellgelb zeichnen sich die Staubblätter im, wie gefüllt wirkenden, Innern der Blüte ab. 'Richardsonii' gedeiht in einer Wassertiefe von 80–100 cm.

'Atropurpurea' hat Blüten mit einem Durchmesser von bis zu 18 cm. Die Blütenblätter sind dunkelrot, die Staubblätter heben sich kupferfarben davon ab. Auffallend die schwefelgelbe Blütenscheibe. Die vor allem im Jugendstadium dunkel gefleckten Blätter haben einen Durchmesser von 20–22 cm.

'Laydekeri Lilacea' heißt die Seerosensorte mit den verschiedenen Farbschattierungen in einer Blüte. Die wenigen Blütenblätter sind beim Aufblühen fast karminrot gefärbt und gehen bis zum Verblühen fast ins Rosa über. Die meiste Zeit ist die Blüte lilarosa gefärbt und hat karminrote Punkte sowie hellere Panaschierungen. Ideale Wassertiefe: 30–40 cm.

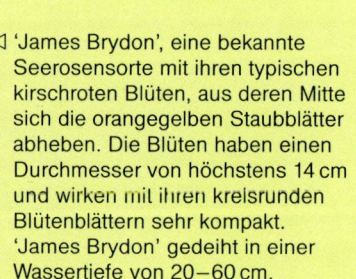

◁ 'James Brydon', eine bekannte Seerosensorte mit ihren typischen kirschroten Blüten, aus deren Mitte sich die orangegelben Staubblätter abheben. Die Blüten haben einen Durchmesser von höchstens 14 cm und wirken mit ihren kreisrunden Blütenblättern sehr kompakt. 'James Brydon' gedeiht in einer Wassertiefe von 20–60 cm.

△
Nymphaea tuberosa 'Gladstoniana', eine eindrucksvolle Seerose mit riesigen weißen Blüten, die einen Durchmesser von 20 cm, unter guten Wachstumsbedingungen sogar mehr erreichen. Diese starkwüchsige Seerose gedeiht in 60–100 cm tiefem, als ältere Pflanze sogar noch tieferem Wasser. Nur für sehr große Teiche zu empfehlen.

◁ 'Charles de Meurville' heißt diese reichblühende Sorte. Ihre innen weinroten und nach außen heller werdenden Einzelblüten erreichen einen Durchmesser von 20 cm. Eine weitere Besonderheit: die Blüten bleiben im Gegensatz zu denen anderer Seerosen abends lange offen. Der ideale Wasserstand liegt zwischen 60 und 100 cm.

'Colonel A. J. Welch' gehört zu den gelbblühenden Sorten. Die Blüten stehen 20 bis 30 cm über dem Wasserspiegel. Die Blühwilligkeit dieser sonst sehr wüchsigen Sorte läßt allerdings zu wünschen übrig. Sie hängt stark vom Standort ab, der sonnig und warm sein sollte. Diese Seerose gedeiht in einer Wassertiefe von 60–100 cm.

'Froebelii' – eine bekannte Sorte mit karminroten Blüten, deren Kelchblätter bräunlich und Staubfäden rot gefärbt sind. Die Blüte bleibt zu einem Drittel geschlossen und steht immer über dem Wasserspiegel. Auch während kühlerer Wetterperioden blüht diese Sorte noch zuverlässig. 'Froebelii' gedeiht im 30 bis 40 cm tiefen Wasser und eignet sich besonders auch für kleine Teiche.

△

'Sioux' ist eine zunächst gelb blühende Sorte, deren Blüten sich dann über kupferrosa in rötliche Farbtöne verwandeln. 'Sioux' liebt einen warmen Standort und besonnten Teich und gedeiht am besten in Wassertiefen zwischen 50 und 60 cm. Die Blätter dieser Sorte haben einen Durchmesser von 10–15 cm und sind auffallend dunkel gefleckt.

△

Nymphaea tuberosa 'Pöstlingberg' heißt diese großblütige weiße Seerose. Sie unterscheidet sich kaum von Nymphaea tuberosa 'Gladstoniana'. Die Wassergartenexperten vermuten, daß beide Sorten identisch sind. Für die Sorte 'Pöstlingberg' gilt also das unter 'Gladstoniana' geschriebene.

'Laydekeri Fulgens' ist eine weinrot blühende Zwergseerose mit einem Blütendurchmesser von 10 cm. Sie gedeiht im flachen Teich von 30–40 cm Tiefe wie auch die Sorte 'Laydekeri Purpurata', deren Blüten innen karminund außen hellrot gefärbt und dunkelrot gefleckt sind. Die Blätter beider Sorten sind im Jugendstadium rot und später dunkel gefleckt.

'Attraction' – die granatroten Blütenblätter dieser Seerose sind sternförmig angeordnet und erreichen in ihrer gesamten Blütenform einen Durchmesser von 20 cm. An den Spitzen werden die Blütenblätter etwas heller. Die Staubblätter sind goldgelb. Die einzelnen Blüten halten sehr lange und eignen sich auch hervorragend als Schnittblumen. Die optimale Wassertiefe dieser stark wüchsigen Sorte liegt zwischen 50 und 80 cm.

△

'Mme. Wilfron Gonnère' heißt diese gleichmäßig rosa blühende Sorte mit ihren großen kugelförmigen Blüten. Aufgrund der dichtstehenden Blütenblätter erscheinen die Blüten dieser Sorte gefüllt. Die Staubblätter sind hellgelb. Die Blüten halten etwa 10–12 Tage und bleiben abends lange geöffnet. Die günstigste Wassertiefe liegt zwischen 40 und 60 cm.

△

Nymphaea odorata 'Rosennymphe', eine wohlriechende Seerose mit flachen, trichterförmigen, zartrosa Blüten. Die Blätter sind mittelgroß und bläulichgrün. Nymphaea odorata 'Rosennymphe' gedeiht in einer Wassertiefe zwischen 40 und 70 cm. Sie ist für kleine und größere Gartenteiche geeignet.

'Ellisiana' hat zunächst dunkelrote Blüten, die nach 2–3 Tagen heller werden. Die Staubblätter der reichlich erscheinenden Blüten sind orange und die Blütenscheiben gelb. Die dunkelgrünen Blätter sind an ihrer Unterseite rot. Im 30 bis 40 cm tiefen Wasser ist diese Seerosensorte zuhause.

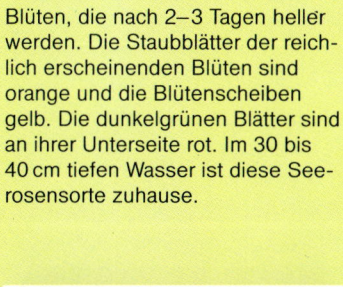

◁ 'Princess Elizabeth' gehört zu den duftenden Seerosen. Die kräftig zartrosa Blüten haben einen Durchmesser von 12 cm. Die Staubblätter sind auffällig und goldgelb gefärbt und die Kelchblätter leicht nach außen gebogen. Oft steht die Blüte einige Zentimeter über dem Wasserspiegel. Sie schließt sich sehr spät. Die optimale Wassertiefe liegt bei 30–40 cm.

△

Nymphaea × daubenyana, eine blaublühende Seerose, die in unseren Breitengraden nicht winterhart ist. Die Größe der Blüte richtet sich nach dem Alter der Seerose. Die Blüten junger Pflanzen haben einen Durchmesser von nur 5, ältere von 10 cm. Die Blüten erscheinen von Juni bis August. Die ideale Wassertiefe liegt zwischen 60 und 80 cm. Bei Temperaturen unter 10 °C ist Winterschutz oder Überwinterung im Gewächshaus erforderlich.

◁ Zwergseerosen (Nymphaea nymphaea pymaea) gibt es meistens nur in der weißblühenden Sorte 'Alba'. Doch lassen sie sich willig einkreuzen. So gibt es zum Beispiel die gelbe Sorte 'Helvola'. Seltener sind die rot und rosa blühenden Spielarten wie auf diesem Foto. Sie sollen in der Haltung nicht ganz unproblematisch sein.

◁ Nymphaea odorata 'Sulphorea' heißt eine der wenigen gelbblühenden Seerosen. Die sternförmigen Blüten stehen immer aus dem Wasser. Sie haben einen Durchmesser von 14–16 cm. Befriedigend blüht diese Seerose an ausreichend besonnten Standorten und in erwärmtem Wasser. Ideale Wassertiefe: 60–80 cm.

Die gelbe Teichrose *(Nuphar lutea)* links und die Seekanne *(Nymphoides peltata)* rechts.

nere Blätter als bei Seerosen, herzförmig mit einem Durchmesser von etwa 8–15 cm, die kräftig dunkelgrün sind. Die goldgelben Blüten erscheinen an Stielen mit fünf Kelchblättern und stehen von Juni bis August über dem Wasser. Die Seekanne kann sich enorm ausbreiten und in kurzer Zeit einen Teich erobern. Deshalb ist es empfehlenswert, sie in Gefäße zu pflanzen.

Die Afrikanische Wasserähre *(Aponogeton distachyos)* ist ebenso eine interessante Schwimmblattpflanze. Die langgestielten, lanzettlich-linearen Blätter sind etwa 5 cm lang und 20 cm breit. Die cremeweißen Blüten setzen sich aus zwei gegenständigen Ähren zusammen und verbreiten einen lieblichen Vanilleduft. Die ersten Blüten erscheinen ab Juni, die letzten halten bis in den Oktober hinein. Die optimale Wassertiefe liegt bei 50–60 cm. Die Knolle kann im Winter Schaden erleiden, wenn der Boden des Teiches durchfriert. Ansonsten ist die Afrikanische Wasserähre winterhart.

Unter den vielen Arten der Gattung Knöterich gibt es auch einen Wasserknöterich *(Polygonum amphibium)*. Er kann sich, wie alle Knöterichgewächse, enorm ausbreiten, wie der Beiname »amphibium« sagt, auch an Land wachsen. Seine

schönen, kräftigroten Blütenähren erheben sich von Juni bis Juli über dem Wasser. Wegen der Wuchsfreudigkeit ist diese Pflanze nur für größere Teiche zu empfehlen.

Ein wahrer Leckerbissen unter den Schwimmblattpflanzen ist die Wassernuß *(Trapa natans)*. Die Nuß überwintert im humosen Schlamm des Gewässerbodens. Im zeitigen Frühjahr öffnet sich die Samenschale und der Sproß des Keimlings schiebt sich daraus hervor, während die Keimblätter noch in der Frucht verbleiben. Ein Phänomen, das die Botaniker fasziniert. Nach und nach bilden sich Nebentriebe, die in der Lage sind, Wasser und die darin gelösten Nährsalze aufzunehmen. So wächst schließlich ein Strang nach oben, an dessen Ende, ganz dicht unter der Wasseroberfläche eine prächtige Rosette aus rautenförmigen Blättern gebildet wird. Aus der Nuß heraus ist nun auch eine Wurzel gewachsen, die die Pflanze im Teichboden verankert und daraus mit Nährstoffen versorgt. An dem verbindenden Strang zwischen Wurzel und Rosette bilden sich zahlreiche grüne Adventivwurzeln, die die Fähigkeit zur Photosynthese besitzen. Sie reichern so auch das Wasser wiederum mit Sauerstoff an und erfüllen an den meist sauerstoffarmen Gewässern, wo sie zu Hause sind, eine wichtige Funktion. Durch die langen Stengel führen Leitbündel, durch welche die Assi-

60

milate transportiert werden, ebenso sind darin Luftkanäle enthalten. Die Blattstiele sind aufgeblasen, also mit Luft gefüllt, so daß die prachtvollen Rosetten auf dem Wasserspiegel schwimmen. Weitere Rosetten wachsen aus den Seitentrieben hervor, die die Pflanze im Laufe eines Sommers zahlreich bildet und sich auch auf diese Weise reichlich vermehrt. In unseren natürlichen Gewässern ist die Wassernuß selten geworden. Sie bevorzugt kalkarme, fast saure Gewässer und liebt Wärme, weshalb sie auch vorwiegend im süddeutschen Raum und anderen Gegenden mit wärmerem Klima anzutreffen ist. Wegen dieser speziellen Ansprüche dürfte es nicht immer leicht sein, sie im Gartenteich zu halten. Besonders reizvoll ist die rostrote Herbstfärbung der Blattrosetten. Die Blüten der Wassernuß entfalten sich bei wärmeren Temperaturen, ab etwa 20 °C. Sie werden durch verschiedene im Wasser lebende Käfer bestäubt und schon wenige Stunden danach krümmen sich die Blütenstiele nach unten und tauchen ins Was-

ser ein. Unter Wasser entwickeln sich die Steinfrüchte. Wenn sich die Blattrosetten im Spätherbst auflösen, sinken die mit Widerhaken ausgestatteten Nüsse zu Boden, um im Frühjahr wieder aufs Neue auszutreiben. Die Wassernuß ist nicht zuletzt auch deshalb eine hochinteressante Pflanze, weil es sie in ganz Europa schon zu vorgeschichtlicher Zeit gab, wie etliche Funde von aufgebrochenen Schalen in alten Siedlungen bewiesen haben. Im 16. und 17. Jahrhundert diente die Wassernuß in Deutschland der Ernährung. Man kann die Samen wie Kartoffeln kochen oder wie Kastanien rösten. Auch als Medizin wurden die Wassernüsse verwendet, so noch um 1800 in Württemberg, wo ein Abguß von »Stechkrallen« gegen Seitenstechen helfen sollte, oder in Kärnten, wo das Mehl der Wassernüsse gegen Durchfall eingesetzt wurde. Heute ist die Wassernuß selten geworden, daß wir uns über jede Pflanze, über jede Rosette freuen sollten, die in einem natürlichen Gewässer oder in unserem Teich heranwächst.

Eine Kostbarkeit im Wassergarten: die Wassernuß *(Trapa natans)*.

Pflanzen im seichten Wasser

Die Blätter der in der Schwimmblattzone lebenden Gewächse werden vom Wasser getragen. Im Gegensatz zu den Schwimmpflanzen sind die Schwimmblattpflanzen mit Wurzeln im Teichboden verankert und ernähren sich auch zu einem großen Teil daraus. Im Gegensatz zu den Unterwasserpflanzen findet ihre Photosynthese größtenteils außerhalb des Wassers statt. Ein wenig näher ans Ufer gerückt, ins seichte Wasser von einer Wassertiefe von weniger als 50 cm, jedoch mindestens 20 cm, müssen diese Pflanzen gewissermaßen auf eigenen Füßen aufrecht stehen. Dennoch sind sie in ihrer ganzen Art so beschaffen, daß sie das Wasser brauchen, also mit ihren Wurzeln wie dem unteren Teil ihrer Blätter und Triebe dort stehen, wo das Wasser bleibt und nur selten ganz verschwindet. Diese Pflanzen sind in den Verlandungszonen der natürlichen Seen zuhause. Zwischen den Stengeln der Schwimmblattpflanzen sammelt sich allerlei abgestorbene organische Masse an, die ans Ufer treibt und sich dort festsetzt. In diesem Bereich beginnt die Verlandung natürlicher Gewässer. Die Wassertiefe wird durch diesen Prozeß langsam aber sicher immer geringer, so daß sich der Gürtel der Schwimmblattpflanzen mit der Zeit in die Mitte des Sees schiebt. Im Verlauf dieses Prozesses entstehen viele sukzessive aufeinanderfolgende Vegetationsstufen.

Die Vegetation ist daher in der Wasserlandschaft im Bereich zwischen Schwimmblattpflanzen und dem Ufer am artenreichsten. Das gilt auch für die Tierwelt dieser Region. In unserem Gartenteich müssen wir wieder diese interessante Uferzonenflora der natürlichen Gewässer auf engstem Raum zusammenfassen.
Diesen Randbereich mit einer Wassertiefe zwischen 20 und 50 cm bezeichnen wir als Seichtwasserzone. Die eindrucksvollsten Pflanzen darin sind zweifellos die Rohrkolben. Offenbar haben diese Gewächse mit den kompakten dunkelbraunen Fruchtständen schon unsere Altvorderen beeindruckt, denn sie tauchen in verschiedenen Städte- und Gemeindewappen auf, so zum Beispiel im Wappen von Rohr in Niederbayern. Die Halme des Rohrkolbens wurden früher zum Dachdecken verwendet; mit der Fruchtwolle des Rohrkolbens Betten gestopft. Die Blattfasern wurden als Juteersatz verwendet.

Am bekanntesten ist der Breitblättrige Rohrkolben *(Typha latifolia)*. Er erreicht eine stattliche Höhe von 2,5 m. Seine langen, breitlinearischen Blätter sind 1–2 cm breit und blaugrün. Meistens sind sie ebenso lang wie der Blütenstand. Die Kolben bleiben zwischen August und September, oft sogar bis in den Winter hinein bestehen, um sich erst dann in ihre Wolle aufzulösen.
In bis zu 50 cm tiefen Wasser fühlt sich der Schmalblättrige Rohrkolben *(Typha angustifolia)* wohl. Er ist mit dem Breitblättrigen Rohrkolben leicht zu verwechseln, zumal seine Fruchtkolben zur gleichen Zeit erscheinen. Die schmalen Blätter sind nur bis zu 2 cm breit und überragen den Kolben, der bis zu 30 cm lang werden kann.
Dem Schmalblättrigen Rohrkolben ähnlich ist wiederum der Shuttleworths Rohrkolben *(Typha shuttleworthii)*. Er gedeiht im flachen Wasser zwischen 20 und 30 cm Tiefe und wird 1,50 m hoch. Er eignet sich auch für kleinere Gartenteiche. Seine schmalen Blätter überragen deutlich die ab Juni erscheinenden Blütenkolben.
In der gleichen Wassertiefe gedeiht der Lockere Rohrkolben *(Typha laxmannii)*. Er wird etwa 1,80 m hoch und hat ungefähr 2,5 cm breite Blätter, die unten flach und an der Oberseite leicht gewölbt sind. Die Kolben erscheinen in dreiviertel Höhe des Laubes von Juni bis August, wobei die männlichen Staubblütenähren vom Kolben abgesetzt sind und wesentlich länger halten, als bei den anderen Arten.
Der Kleine Rohrkolben *(Typha minima)* gedeiht im flacheren Wasser von nur 10–20 cm Tiefe. Seine Kolben erscheinen bereits in der Zeit von Mai bis Juni. Die grasartigen Laubtriebe dieses

kleinsten Rohrkolbens werden etwa 60 cm hoch und haben sehr schmale Blätter. Die weiblichen braunen Kolben haben eine runde bis eiförmige Form und zerfallen oft schon im Juli. Ein besonders interessanter Rohrkolben für kleinste Wassergärten. In strengen Wintern ist Frostschutz empfehlenswert.

Den verschiedenen Rohrkolben im Habitus ähnlich, in ihren Fruchtständen jedoch sehr verschieden, sind die Igelkolben *(Sparganium)*. Der dekorative Blütenstand mit seinem kugelig angeordneten weißen Einzelblüten und der darauf folgende stachelige Fruchtstand machen den Igelkolben zu einer der reizvollsten Pflanzen für diesen Wassergartenbereich. Der stachelige, igelähnliche Fruchtstand gab der Pflanze ihren Namen.

Der Einfache Igelkolben *(Sparganium emersum)* gedeiht im flachen Wasser von 20–30 cm Tiefe und kann eine Wuchshöhe von etwa 50 cm erreichen. Die Blüten sind grünlich weiß und erscheinen von Juni bis Juli. Danach bilden sich aus den Blüten die typischen grünen, dichten kugelig-stacheligen Fruchtstände, die bis in den Winter hinein ansehnlich sind. Für den Gartenteich eine robuste Art, die nicht zu stark wuchert.

Der Aufrechte Igelkolben *(Sparganium erectum)* wuchert wesentlich stärker und erreicht mit seinen aufrechten Stengeln eine Höhe von immerhin bis zu 1,50 m. Die Blütenstände sind rispig verzweigt und tragen auch an den Seitentrieben reichlich Blütenkugeln, die die Pflanze von Juni bis August schmücken.

Der Breitblättrige Rohrkolben *(Typha latifolia)* schmückt sich mit seinen braunen Kolben zur gleichen Zeit und erreicht die gleiche Wuchshöhe wie der schmalblättrige Rohrkolben. Die blaugrünen Blätter werden bis zu 3 cm breit. Dieser Rohrkolben ist der bekannteste von allen. Seine Stengel und Blätter wurden früher in vielfältiger Weise verarbeitet. Er gedeiht im 20–30 cm tiefen Wasser (links).

Der Lockere Rohrkolben *(Typha laxmannii)* erreicht eine Höhe von 140–180 cm und gedeiht im 20–30 cm tiefen Wasser. Die braunen, eiförmigen Kolben sind etwa 5 cm lang und stehen zwischen den 2,5 cm breiten Blättern in ein Viertel der Höhe des Laubes (unten rechts).

Der Schmalblättrige Rohrkolben *(Typha angustifolia)* bildet etwa 2,5 cm dicke und 12–20 cm lange braune Kolben aus, die diese Pflanze von Juli bis August schmücken. Insgesamt erreicht der schmalblättrige Rohrkolben eine Höhe von 150–250 cm und gedeiht im 30–50 cm tiefen Wasser (oben links).

Der Kleine Rohrkolben *(Typha minima)* erreicht nur eine Höhe von 60 cm, mit Blütenstiel 80 cm. Die braunen Fruchtkolben sind kugel-eiförmig und werden etwa 3–4 cm lang. Sie erscheinen von Mai bis Juni. Der Kleine Rohrkolben gedeiht im flachen Wasser von 10–20 cm Tiefe und eignet sich auch für sehr kleine Teiche (rechts).

Der Fruchtstand des Ästigen Igelkolbens *(Sparganium erectum)* links und die Blüten sowie die charakteristischen Blätter des Pfeilkrauts *(Sagittaria sagittifolia)* rechts.

Dem Einfachen Igelkolben sehr ähnlich, jedoch insgesamt viel kleiner ist der Zwerg-Igelkolben *(Sparganium minimum)*. In natürlichen Gewässern lebt er oft untergetaucht. Im flachen, stillstehenden Wasser bis zu 30 cm Tiefe erreicht er eine Höhe von 30 cm. Der Zwerg-Igelkolben eignet sich vor allem für nährstoffarme Teiche, zum Beispiel Heidetümpel, wo er von anderen Pflanzen nicht so leicht überwuchert werden kann.

Rohrkolben und Igelkolben – zwei typische und äußerst dekorative Vertreter der Seichtwasserzone, die dort in Gemeinschaft mit vielen anderen herrlichen Gewächsen stehen können, zum Beispiel mit der Schwanenblume, auch Blumenbinse *(Butomus umbellatus)* genannt. Die Blumenbinse gedeiht im seichten Wasser von 20–30 cm Tiefe. Ihre schmalen, fast binsenartigen Blätter streben rosettenartig angeordnet aus dem Teichboden auf, über den Wasserspiegel hinaus, wo sie eine Höhe von etwa 1 m erreichen können.

Von Juni bis in den August hinein bringt die Schwanenblume ihre wunderschönen rosa und rosaroten Blütenstände hervor. Die Dolden setzen sich aus zierlichen, bei ungenauem Hinsehen sternförmigen Einzelblüten zusammen, deren Farbtöne leicht, bis ins Weiß variieren.
Eine andere sehr schöne Pflanzengattung für diesen Bereich: das Pfeilkraut *(Sagittaria)*. Ihren Namen verdanken diese Pflanzen der typischen pfeilförmigen Blattspreite, die jedoch nur in einem ihrer Entwicklungsstadien so ausgebildet ist. Unter Wasser bringt das Pfeilkraut zunächst einmal bandförmige Schwimmblätter hervor. Danach erheben sich breitere oval geformte Blätter über dem Wasserspiegel, die denen des Froschlöffels sehr ähnlich sind. Erst dann entwickeln die Pflanzen ihre typischen, an der Basis des Stiels tief gebuchteten pfeilspitzen Blätter aus. Der Naturforscher Schanderl stellte in den zwanziger Jahren fest, daß sich das Pfeilkraut an sehr hellen Standorten als Kompaß betätigt. Die pfeilförmigen Blätter nehmen dann nämlich Nord-Südrichtung ein, wobei die

Spitze des pfeilförmigen Blattes senkrecht nach oben weist. Die beiden »Schwanzspitzen« dieses senkrecht stehenden Pfeils sind jedoch genau in Nord-Südrichtung ausgerichtet. Auf diese Weise schützen sich die Pfeilkräuter vor zu starker Besonnung. An schattigen oder halbschattigen Standorten funktioniert der »Kompaß« nicht. Die drei verschiedenen Blattformen sowie die Triebe entwickeln sich aus eiförmigen Knollen, die sich im Schlick des Teichbodens jeden Herbst neu bilden und in denen die Pflanzen überwintern. Diese Knollen sind eßbar und waren vor allem bei einigen Indianerstämmen Nordamerikas sowie auch in China besonders beliebt. Die rohen, wie Kartoffeln an Stärke reichen Knollen (vor allem von *Sagittaria latifolia*) sollen Nüssen ähnlich schmecken und wenn man sie kocht rohen Erbsen. In natürlichen Gewässern dienen sie unter anderem Enten als Nahrung.

Unser Heimisches Pfeilkraut *(Sagittaria sagittifolia)* erreicht eine Höhe von etwa 30–60 cm. Von Juni bis August erscheinen ungefüllte weiße, oft mit einem rosa Auge gezeichnete, quirlartig um die Stiele angeordnete Blüten.

Bei dem Breitblättrigen Pfeilkraut *(Sagittaria latifolia)* sind die Blätter größer und wesentlich breiter und die Staubblätter in den Blüten gelb. Auch die Knollen der beiden Arten unterscheiden sich in ihrer Farbe voneinander. Während die Knollen von *Sagittaria sagittifolia* grünblau gezeichnet sind, haben die von *Sagittaria latifolia* eine rosa bis blau getönte Schale. Das Breitblättrige Pfeilkraut erreicht ebenfalls eine Höhe von 60 cm mit seinem Blütenstand. Form und Breite der Blätter können aber auch bei dieser Art erheblich variieren.

Links: Tannenwedel
(Hippuris vulgaris)
Rechts: Hechtkraut
(Pontederia cordata).

Die Wasserminze *(Mentha aquatica)* blüht von Juli bis Oktober. Ihre Blätter duften intensiv.

Das Grasblättrige Pfeilkraut *(Sagittaria graminea)* bildet fast ausschließlich handförmige Unterwasserblätter mit einer Länge bis zu 50 cm aus. Nur im flachen Wasser erhebt es auch die typisch pfeilförmigen Blätter über den Wasserspiegel, die allerdings wesentlich kleiner als die des heimischen Pfeilkrauts sind.

Eine häufig anzutreffende dekorative und problemlose Pflanze für das seichte Wasser zwischen 20 und 30 cm ist der Tannenwedel *(Hippuris vulgaris).* Unter Wasser bildet der Tannenwedel mit der Zeit weitverzweigte Rhizome, weshalb man ihm genügend Platz einräumen sollte. Seine Triebe ragen bis zu 40 cm aus dem Wasser und sind mit quirlständig angeordneten nadelartigen Blättern besetzt. Der Tannenwedel kann kaltes und auch kalkhaltiges Wasser vertragen.

Eine uralte Heilpflanze ist die Wasserminze *(Mentha aquatica),* die ebenfalls in 20–30 cm Wassertiefe gedeiht. Die Pflanze verbreitet einen starken aromatischen Duft und blüht hellviolett von Juni bis Juli.

Das Hechtkraut *(Pontederia cordata)* ist eine gerngesehene Pflanze in unseren Gartenteichen. *Pontederia cordata* gedeiht eigentlich im flachen Wasser von weniger als 20 cm Tiefe. Die Blätter sind glänzend und löffelartig. Von Juni bis August erscheinen bis zu 20 cm lange hellblaue Blütenähren in reichlicher Anzahl. Insgesamt erreicht das Hechtkraut eine Höhe von 60 cm.

Eine höher wachsende Art des Hechtkrauts ist *Pontederia lanceolata,* das in der Seichtwasserzone zwischen 20 und 30 cm Wassertiefe gedeiht. Die Blütenähren sind ebenfalls hellblau. Im Winter sollten beide Arten mit einer Laubpackung vor den stärksten Frösten geschützt werden.

Von den vielen Hahnenfußgewächsen wurde bereits der Wasserhahnenfuß *(Ranunculus aquatilis)* genannt (vergleiche Seite 54). In der Seichtwasserzone ist der Zungenhahnenfuß *(Ranunculus lingua)* zuhause. Der Name ist von den zungenähnlichen Blättern dieses Hahnenfußes abgeleitet. Die Blütenstengel mit ihren dottergelben Blüten daran erreichen eine Höhe von bis zu 1,50 cm. Die Blütezeit des Zungenhahnenfuß erstreckt sich von Juni bis September.

Die Seesimse *(Scirpus lacustris)* gedeiht im 30–50 cm tiefen Wasser. Auf den kräftigen, bis 2 m hohen Halmen erscheinen von Juli bis August bräunliche, buschige Blütenähren. Von dieser Seesimse gibt es außerdem eine Form mit gelblichgrün, längsgestreiften Blättern, die leicht geneigt sind und ebenfalls bis zu 2 m hoch werden.

Die Teichsimse *(Scirpus tabernaemontani)* hat bläulichgrüne Halme, die nur etwa 1,20 m hoch werden. Auch von dieser Art gibt es eine weißbunte Form, nämlich *Scirpus tabernaemontani* 'Zebrinus'.

Last not least wächst der Mandschurische Wildreis *(Zizania latifolia)* in der Seichtwasserzone und zwar in einer Tiefe von 40–50 cm. Die schmalen schwertförmigen und leicht überhängenden Blätter erreichen dort eine Höhe von mehr als 1,50 cm. Besonders schön ist die braune Herbstfärbung dieser Pflanze.

66

Blüten im flachen Wasser

Wir begeben uns nun in den flachen Wasserbereich von weniger als 20 cm Wassertiefe. Diese Tiefenzone bildet den Übergang vom Wasser zum Festland. In sommerlichen Hitzeperioden sinkt der Wasserspiegel mitunter so tief ab, daß nur noch eine Lache oder der feuchte Schlick bleibt. Pflanzen, die eigentlich in der Seichtwasserzone zuhause sind, fliehen oft in sommerlichen Hitzeperioden vor dieser Randzone mit abnehmendem Wasserspiegel, indem sie ihre Ausläufer und Rhizome in tiefere Bereiche schicken. Pflanzen dagegen, die eigentlich in der Flachwasserzone, wie wir den ufernahen Bereich zwischen 0 und 20 cm Tiefe nennen, zuhause sind, ähneln in vielem den Stauden auf dem trockenen Land. Viele von ihnen, wie zum Beispiel die bekannte Sumpfdotterblume, wachsen sowohl im flachen Wasser als auch im ständig feuchten Boden am Ufer. In diesem Bereich ist die Vielfalt der Pflanzen und die Farbenpracht ihrer Blüten am größten. Die Flach-

wasserzone leitet zur mit Stauden bewachsenen Uferregion oder in die sumpfige Wiese über. Man sollte sie mit viel Liebe und Sorgfalt gestalten. Wenden wir uns zunächst wieder zwei typischen Vertretern dieser Tiefenzone zu: der Sumpfdotterblume und dem Sumpfvergißmeinnicht. Die Sumpfdotterblume *(Caltha palustris)* ist auf sumpfigen Wiesen, an Wassergräben und feuchten Ufern, in Sümpfen unter Gebüsch oder am Rande der Flüsse und Seen zuhause. Die wunderschönen dottergelben Blüten sind die ersten der Flachwasser- und Sumpfvegetation. Sie erscheinen bereits im März und bilden sich bis in den Mai hinein immer wieder neu. Mit ihren Blütenständen wird die Sumpfdotterblume etwa 20 cm hoch. Eine weißblühende Form, nämlich *Caltha palustris* var. *alba,* die man für den Garten kaufen kann, stammt vom Himalaya. Sie wächst etwas gedrungener als die heimische gelbe Form. Als Zuchtform gibt es außerdem *Caltha palustris* 'Multiplex', mit gefüllten gelben Blüten, die bis zu 30 cm hoch wird, wegen ihres überzüchteten unnatürlichen Aussehens jedoch nicht jedermanns Sache ist.

Zwei typische Vertreter des Teichrandes: links die Sumpfdotterblume *(Caltha palustris)* und rechts das Sumpfvergißmeinnicht *(Myosotis palustris).*

Die heimische Sumpfiris, auch Wasserschwertlilie genannt *(Iris pseudacorus)* bringt von Mai bis August an ihren 60–80 cm hohen Blütenstengeln mehrere kräftiggelbe Blüten hervor.

Die Japanische Prachtiris *(Iris kaempferi)* ist eigentlich eine Sumpfpflanze, von der es zahlreiche Sorten gibt. Typisch für diese bis zu 80 cm hoch werdende Pflanze: Die Dornblätter fehlen ganz. Blütezeit: je nach Sorte Mitte Juni bis Ende Juli.

Die Sumpfiris *(Iris laevigata)* stammt aus der Mandschurei, Korea und China. Die in ihrer Stammform blauen Blüten erscheinen von Juli bis August. Höhe: bis 80 cm, Wassertiefe: bis 10 cm. Hier die Sorte 'Rose Queen'.

Die Amerikanische Sumpfiris *(Iris versicolor)* gedeiht im flachen Wasser bis zu 10 cm Tiefe. Die hell-dunkelvioletten, schön gezeichneten Blüten erscheinen von Juni bis Juli.

Das Sumpfvergißmeinnicht *(Myosotis palustris)* ist die schönste Nachbarin der Sumpfdotterblume. Die himmelblauen Blüten sind traubenförmig um einen Stengel gruppiert, wobei die zierlichen Einzelblüten oft ein gelbes Auge in ihrer Mitte haben. Wenn die Sumpfdotterblumen aufhören, fangen die Sumpfvergißmeinnicht an zu blühen: von Mai bis September. Und ihre Blüte hält bis in den September hinein. Am besten pflanzt man Sumpfvergißmeinnicht ganz dicht an den feuchten Rand wo sie höchstens noch 5 cm tief im Wasser stehen. Dort breiten sie sich willig aus.

Ein Juwel, nicht nur für Wassergärten sind die zahlreichen Arten von Iris. Einige davon sind im flachen Wasser zuhause. Zu ihnen gehört die heimische Sumpfschwertlilie *(Iris pseudacorus)*, die aus unserer Landschaft weitgehend verschwunden ist und deshalb zu den bedrohten Pflanzen gehört. Am natürlichen Standort gedeiht sie am Rand von Wassergräben, am Ufer von Seen oder Teichen, oft in Gemeinschaft mit Schilf oder überhaupt in sumpfigem Gelände. Zahlreiche Sorten mit unterschiedlichen Gelbtönen und noch höheren Blütenstengeln gibt es im Handel, die haltbarer sind als die züchterisch unbehandelten.

Eine andere, in ihrer natürlichen Form blaublühende Iris ist *Iris laevigata*. Ursprünglich stammt sie aus der Mandschurei, ist aber auch in Sibirien zuhause. Einige Züchtungen von Iris laevigata gibt es in Blauweiß, Reinweiß, Purpur und Rosa. Die dritte im flachen Wasser gedeihende Iris ist die Amerikanische Sumpfiris *(Iris versicolor)*. Eine Züchtung heißt 'Kermesina'. Sie blüht rotviolett und hat einen gelben Schlund.

Der Kalmus *(Acorus calamus)* ist eine alte Heilpflanze, deren Rhizome und Blätter auch heute noch als Medizin, zum Beispiel bei Magen-, Darm-, Lebererkrankungen und Zahnfleischbluten verwendet werden. Er wächst im 10–20 cm tiefen Wasser und erreicht mit seinen schwertförmigen Blättern eine Höhe von etwa 60 cm. Von Juni bis Juli erscheinen die etwa 10 cm langen Blütenkolben, die zunächst grünlich sind und sich später gelbbraun färben. Rhizome und Blätter verbreiten einen aromatischen Duft. Unter günstigen Bedingungen im Wassergarten kann der Kalmus stark wuchern. Etwas weniger stark wächst die Sorte 'Variegatus', deren schmale Blätter weiß-gelbgrün gestreift sind.

Vom Froschlöffel wurden bereits zwei Arten vorgestellt: der Grasblättrige Froschlöffel *(Alisma gramineum)* und der Gemeine Froschlöffel *(Alisma plantago-aquatica)*, die beide bevorzugt in der Seichtwasserzone wachsen. Im

68

Rechts: Fruchtkolben des Kalmus *(Acorus calamus)*.
Unten: Stattliche Blütenstände bringt der Gemeine Froschlöffel *(Alisma plantago-aquatica)* hervor.

flachen Wasser gedeiht dagegen der Lanzenblättrige Froschlöffel *(Alisma lanceolatum).* Wie der Name ausdrückt, sind die Blattspreiten dieser Froschlöffelart lanzettlich ausgebildet, etwa 5 cm breit. Sie sitzen auf langen Stielen. Bis zu 1 m hoch wird der pyramidale Blütenstand, an dem die kleinen weißen schalenförmigen und gestielten Einzelblüten sitzen. Der Froschlöffel sät sich, ebenso wie die nachfolgenden Arten, von selber aus. Die Blütezeit erstreckt sich von Juli bis September. Der Breitblättrige Froschlöffel *(Alisma parviflora)* gedeiht im 5–15 cm tiefen Wasser und hat fast runde, nur an den oberen Enden etwas zugespitzte Blätter mit einem Durchmesser von fast 20 cm. Mit dem ebenfalls rispigen Blütenstand erreicht er eine Höhe von 60 cm.

Die Sumpfkalla *(Calla palustris)* ist eine reizvolle

Pflanze des sumpfigen Uferbereichs. Aus langen im Teichboden sich ausbreitenden Rhizomen treten ab Mai die Blätter hervor, die, rundlich bis herzförmig, eine Höhe von bis zu 30 cm und einen Durchmesser von 10 cm erreichen. Von Juni bis Juli tritt ein langgestieltes Hochblatt zutage, das sich oben trichterförmig entfaltet, außen grün und innen reinweiß ist. In der Mitte dieses Hochblatttrichters bildet sich die Blüte, aus der sich anschließend rote, giftige Beeren entwickeln. Am besten gedeiht die Sumpfkalla in einer Tiefe bis zu 15 cm.

Der Wasserstern *(Callitriche)* ist eine der wenigen Unterwasserpflanzen, die im flachen Uferbereich gedeihen. Unter Wasser bilden die Triebe in ihrer Gesamtheit dicke Polster. An ihrem Ende entwickelt der Wasserstern, sobald die Triebe die Wasseroberfläche erreichen, Blattrosetten, die auf dem Wasser schwimmen. Die unscheinbaren kleinen Blüten des Wassersterns erscheinen von Juni bis Juli. Wie alle Unterwasserpflanzen versorgt auch der Wasserstern das Wasser mit Sauerstoff. Ein imposantes Gewächs ist das lange Zypergras *(Cyperus longus).* Dieses horstbildende Sumpfgras erreicht eine Höhe von 1 m und schmückt sich von Juni bis Juli mit hübschen bräunlichen Blütenrispen.

Der Blutweiderich *(Lythrum salicaria)* oben und die Amerikanische Scheinkalla *(Lysichitum americanum)* unten.

Der Wasserschwaden *(Glyceria maxima),* auch Süßgras genannt, ist eine bis zu 60 cm hohe, ausläuferbildende Pflanze, die sowohl in normalem Gartenboden, als auch im flachen Wasser wächst und bald große Flächen beherrschen kann. Empfehlenswert deshalb nur für größere Anlagen oder in Gefäßen.

Einige der vielen Binsenarten *(Juncus)* sind auch bei uns beheimatet und damit für unseren Wassergarten geeignet. Im 10 cm flachen Wasser gedeiht die Zwergbinse *(Juncus ensifolius),* die nur eine Höhe von 20 cm erreicht. An den schmalen Blättern bilden sich braune Ähren. Die Blaugrüne Binse *(Juncus inflexus)* bildet dichte Horste und wird bis zu 60 cm hoch. Sie fühlt sich im fetten lehmigen Boden am wohlsten und blüht von Juni bis August. Die Meerstrandbinse *(Juncus maritimus)* wird bis zu 1,20 m hoch und gedeiht im flachen Wasser von 20 cm Tiefe. Die braunen Blütenstände erscheinen von Juli bis August und werden 10–15 cm lang. Eine besondere Form ist die Korkenzieherbinse *(Juncus effesus* 'Spiralis'), die bis zu 40 cm lange, spiralig gedrehte Blätter hervorbringt.

Der Wilde Reis *(Leersia oryzoides)* gedeiht im 10 cm tiefen Wasser, aus dem er mit hellgrünen, bis zu 8 mm breiten Blättern hervortritt. Von August bis September erscheinen mehrere mittelgraue kleine Ähren an einer Blütenrispe.

Die Scheinkalla *(Lysichiton)* ist eines der eigenartigsten und dekorativsten Gewächse der Flachwasserzone. Sie gehört zu den Aronstabgewächsen und bildet ab April muschelförmige Blütenscheiden mit 20–30 cm langen Blütenkolben. Erst danach erscheinen die Blätter. Bei der Amerikanischen Scheinkalla *(Lysichiton americanum)* sind diese Blütenscheiden länglich lanzettlich und gelb. Sie wachsen ebenso wie die bis zu 1 m langen und etwa 30 cm breiten Blätter aus einem dicken unterirdischen Wurzelstock hervor. Reinweiß sind dagegen die Blütenscheiden (Spatha) der aus Kamschatka, Japan und Ostsibirien stammenden Scheinkalla *(Lysichiton camchatcen-*

Die heimische Sumpfkalla *(Calla palustris).*

70

Links: Fieberklee *(Menyanthes trifoliata)*.
Rechts: Bachbunge *(Veronica beccabunga)*.

sis). Diese weiße Spatha erscheint etwas später als bei der Amerikanischen Scheinkalla, nämlich von Mai bis Juni und ist insgesamt etwas schwachwüchsiger als bei der vorgenannten Art. Beide Arten gedeihen in nassem tiefgründigen Boden und halbschattigen Lagen am besten.

Unter den vielen Felbericharten gibt es einen, der im flachen Wasser bis etwa 10 cm Tiefe wächst: den Straußfelberich *(Lysimachia thyrsiflora)*. Aus unterirdischen Ausläufern bringt er innen hohle unverzweigte Stengel hervor, an denen kreuzgegenständig die schmal-lanzettlichen Blätter stehen. Aus den Blattachseln bildet die Pflanze kleine, goldgelbe gedrungene und an Stielen sitzende Blütentrauben aus.

Der Blutweiderich *(Lythrum salicaria)* ist an den Ufern unserer Gewässer, in Sümpfen und auf feuchten Wiesen zuhause. Sein Wurzelstock und die unteren Bereiche sind holzig, so daß man ihn mit einem kleinen Strauch verwechseln kann. Mit seinen rötlichvioletten Blütenständen erreicht der Blutweiderich immerhin eine Höhe von 1 m. Im Flachwasserbereich können allerdings nur die

Wildformen gedeihen. Die gärtnerischen Kulturformen sollte man besser in den feuchten Boden ans Ufer pflanzen.

Wer nach vierblättrigem Klee sucht, sollte sich den Kleefarn *(Marsilea quadrifolia)* in den Garten pflanzen. Im 10 cm tiefen Wasser bildet der Kleefarn kriechende Stengel aus. Interessant ist die Schlafstellung des Kleefarns, bei der nachts je zwei Blütenpaare zusammenklappen. Der Kleefarn ist eine vom Aussterben bedrohte Pflanze.

Der Fieberklee *(Menyantes trifoliata)* ist in unseren heimischen Sümpfen und Mooren zu Hause, woraus schon zu ersehen ist, daß ihm weder allzu kalkreiches Wasser noch zu kalkreicher Boden zusagt. Im flachen Wasser von etwa 20 cm Tiefe gedeiht er gut, breitet sich willig aus, ohne dabei ein unangenehmer Wucherer zu werden. Der Fieberklee erreicht eine Höhe von etwa 30 cm mit seinen aufrechten Traubenblütenständen, an denen jeweils 10–13 rosaweiße Einzelblüten sitzen, die von Juni bis Juli erscheinen. Der

72

Fieberklee ist, wie schon sein Name sagt, eine Heilpflanze, die noch heute als verdauungsförderndes Mittel sowie bei Blutarmut und Gelbsucht verwendet wird.

Unter den zahlreichen Hahnenfußarten wächst der Brennende Hahnenfuß *(Ranunculus flammula)* im flachen Wasser, von etwa 10 cm Tiefe. Mit seinen Blütenständen erreicht er eine Höhe von 20–50 cm. Die leuchtendgelben Blüten erscheinen immerhin von Juni bis in den Oktober hinein.

Im 10 cm tiefen Wasser wächst die Waldsimse *(Scirpus sylvaticus)* und breitet sich dort sehr stark aus. Sie erreicht eine Höhe von 50–80 cm und hat dekorative Blütenstände von Mai bis August.

Die Bachbunge *(Veronica beccabunga)* ist eine hübsche Pflanze für Uferränder, die auch im fließenden Wasser gedeiht. Die langen, zunächst auf dem Boden liegenden Triebe bilden Wurzelknollen. Erst im letzten Drittel richten sie sich auf und erreichen mit den aufrechten Blütentrauben eine Höhe von höchstens 30 cm. In lockeren Trauben stehen die kräftigblauen Blüten an den aufrechten

Rechts: Die Wasserhyazinthe *(Eichornia crassipes)*.
Unten: Wassersalat *(Pistia stratiotes)*.

Trieben und zieren die Bachbunge von Mai bis September.

Alle hier aufgeführten Pflanzen sind in Deutschland oder Mittel- und Nordeuropa zuhause oder stammen aus Gebieten unserer Erde, die zwischen den gleichen Breitengraden liegen und ähnliches Klima haben wie wir. Somit gedeihen diese Pflanzen auch in unserem Gartenteich und können darin überwintern, ohne besonderen Schutz, die Scheinkalla, die Sumpfkalla und das Lange Zypergras einmal ausgenommen. Bei diesen drei Pflanzen ist eine Laubschüttung zum Schutz vor den stärksten und anhaltenden Frösten angebracht.

Exotische Wasserpflanzen sind draußen im allgemeinen nicht mehr zu überwintern und brauchen auch zu anderen Jahreszeiten zusätzlich erwärmtes Wasser, wenngleich manche Arten bei einem bayrischen Wassergärtner schon harte Winter ohne zusätzlichen Schutz überstanden haben. Einige Schwimmpflanzen, die nicht winterhart sind, zum Beispiel die Wasserhyazinthe, können mit ein wenig Glück und Geschick in einer mit Wasser gefüllten Schale oder einem Aquarium auf der Fensterbank überwintert werden.

Pflanzplan, Standort-bedingungen, Pflanzung

Wer nun seinen Gartenteich bepflanzen will, steht vor der Qual der Wahl. Es gibt allzu viele schöne Gewächse für den Wassergarten. Doch ein Teich kann nur eine bestimmte Menge von Pflanzen aufnehmen. Und denken Sie daran, daß die Seerosen, Rohrkolben, die Tannenwedel und das Hechtkraut, die Sumpfdotterblumen und die Blumenbinse im Teich wachsen und wachsen sollen. Sie breiten sich darin aus und sollten dennoch nicht den Teich ganz überwuchern. Eine goldene Regel für den Gartenteich lautet: ein Drittel Pflanzen und zwei Drittel freie Wasserfläche. Meistens wird dieses Verhältnis im Laufe einiger Jahre von den Pflanzen selber überschritten.

Von der Schönheit der Pflanzen einmal abgesehen, wählt man sie zunächst einmal nach ihren Lichtansprüchen aus. Die meisten Wasserpflanzen lieben volle Sonne. Deshalb sollte man ja den Teich auch so anlegen, daß sie diese bekommen. Einige Stunden Schatten an Sommertagen, wenn möglich um die Mittagszeit, sind der gesamten Lebensgemeinschaft im Teich sehr zuträglich, weil sich das Wasser nicht so stark erwärmt, reicher an Sauerstoff bleibt und das Algenwachstum gehemmt wird. Dem Sonnenhunger der Seerosen und anderer Wasserpflanzen wirkt dieser stundenweise Schatten im Sommer nicht entgegen. Sollte es dennoch Teile des Wassergartens geben, die länger als drei Stunden täglich im Schatten liegen, so wähle man Pflanzen aus, die Halbschatten oder vollen Schatten vertragen.

Wie die meisten Landpflanzen lieben auch die meisten Wasserpflanzen einen pH-Wert im neutralen Bereich, also um 7, besser noch etwas darunter. Manche Wassergewächse sind allerdings in moorigen Tümpeln zuhause. Ihnen kann also Erde und Wasser im neutralen Bereich noch zu alkalisch sein. Auch darauf sollten Sie also bei der Pflanzenauswahl achten und entweder auf die eine oder andere Pflanze verzichten oder einen Teich mit dem diesen Pflanzen zusagenden Milieu anlegen.

Schließlich ist die richtige Wassertiefe für die Wasserpflanzen ganz wichtig. Deshalb wurden die zuvor beschriebenen Gewächse in drei Gruppen, nach Tiefenzonen gegliedert aufgeführt (siehe auch Seite 50/51). Dabei gibt es natürlich Übergänge. Nicht immer läßt sich jede Pflanze eindeutig in diese oder jene Tiefenzone einordnen. Und keine Pflanze wird eingehen, weil der Wasserspiegel zeitweilig um 10 oder 20 cm schwankt. Wichtig ist aber, von vornherein drei Tiefenzonen zu schaffen und die Pflanzen in diese einzuordnen. Für die meisten kleinen Gartenteiche ist es ganz besonders wichtig, das Wachstum der einzelnen Pflanzenarten zu kennen und zu berücksichtigen. Manche Pflanzen wachsen nun einmal so stark, daß sie einen kleinen Teich im Nu überwuchern können. Wenn man schon nicht auf eine solche Pflanze verzichten will, sollte man sie wenigstens in einen Behälter pflanzen, der das Wachstum, vor allem der unterirdischen Ausläufer und Rhizome in Grenzen hält. Aber auch was die Optik angeht, ist es nicht ratsam alle Pflanzen, die gefallen, einfach in einen Teich zusammenzuwerfen. Manche Blüte verliert ihren Reiz, weil sie nicht zu den sie umgebenden Pflanzen paßt oder weil ihr eine andere schlichtweg die Show stiehlt. Eine einzelne weißblühende Seerose bereichert einen Teich oft mehr, als drei in verschiedenen Farben blühende. Bei der Gestaltung mit Pflanzen sollten nicht nur die Blütenfarben ausschlaggebend sein, sondern auch die Blütenformen, die Blattformen, die Wuchshöhe und nicht zuletzt der gesamte Habitus einer Pflanze.

Unter Wassergärtnern und Wassergartenfreunden hat sich die Technik, Wasserpflanzen in Körbe zu setzen, bewährt. Sie hat viele Vorteile. Auf den Teichboden braucht man nur eine ganz dünne Schicht Erde aufzubringen oder gar keine und statt dessen nur Kies. Von den Pflanzenresten sammelt sich mit der Zeit ohnehin genügend Bodenschlick an, aus dem schließlich der ideale Nährboden für die Pflanzen werden kann. Außerdem kann man die Gewächse im Trockenen pflanzen und arran-

Ein kreisrunder Teich mit Seerosen, Binsen und reicher Uferflora.

74

Bepflanzung in Körben

Diese Methode ist wesentlich vorteilhafter als das direkte Einsetzen der Wasserpflanzen in den Teichboden. Auf Erde im Teich kann, bis auf den Randbereich, weitgehend verzichtet werden. Eine dünne Schicht von 3–5 cm, mit Kieselsteinen abgedeckt, reicht dort völlig aus. Genügend Wurzelraum erhalten die Pflanzen in den Körben. Diese Behälter hemmen wiederum den sonst kaum zu bändigenden Ausdehnungsdrang mancher Wasserpflanzen. So können sie den Teich nicht zu schnell überwuchern. Schließlich kann man die Körbe sowohl in den noch trockenen, als auch später in den gefüllten Teich einsetzen.

Der Gitterkorb wird mit einem Ballentuch oder Sackleinen ausgekleidet und mit magerer Erde (Lehm) bis zum Rand gefüllt.

Bei Seerosen ohne Wurzelballen schneidet man die Wurzeln um etwa ein Drittel an. Alle faulen oder beschädigten Teile werden entfernt und die Schnittstellen mit Holzkohlenstaub eingepudert.

Die Wasserpflanze wird in die Mitte des Korbes gesetzt. Anschließend schlägt man die Enden des Tuches nach innen um, so daß die Erde völlig bedeckt ist.

Abschließend deckt man die Oberfläche des Korbes mit Kieselsteinen ab. So können weder die Pflanze noch die Erde im Wasser aufschwimmen. Der Korb wird nun in den Teich gestellt.

Bei sonnig-warmem Wetter sollte man die Pflanzarbeiten im Schatten vornehmen und die Körbe möglichst bald in den Teich setzen. Bester Zeitpunkt ist der Mai. Dann haben die Seerosen Zeit, um richtig einzuwachsen.

gieren. Im leeren Becken oder in der mit Folie ausgekleideten Mulde lassen sich die Körbe hin- und herrücken und viel müheloser einsetzen, als wenn man sie direkt in den Teichboden pflanzen würde. In den Körben kann man aber den Pflanzen eine dickere Schicht Erde und einen größeren Raum zum Anwachsen bieten als in der dünnen Schicht des Teichbodens. Andererseits dringen zunächst einmal nur die Wurzeln durch die Korbwand nach außen. Dicke Rhizome werden im Zaum gehalten. Große Wasserpflanzen wie Seerosen und Rohrkolben pflanzt man in Kunststoffkörbe, wie sie in der Landwirtschaft, zum Beispiel bei der Kartoffelernte benutzt werden. Für kleine Wasserpflanzen gibt es im Fachhandel spezielle Gitterkörbe.

Als Wasserpflanzenerde bekommt man im Fachhandel ein fertiges Substrat. Ebenso eignet sich aber auch die unterste Schicht des Teichaushubs, die, falls sie spitze Steine enthält, vorher durch ein grobmaschiges Sieb geworfen wird. Diese leicht lehmige Erde kann man mit etwas gut verrotteter Komposterde vermischen. Allerdings sollte die lehmige Erde zum größeren Anteil vorhanden sein, denn zuviel Nährstoffe fördern das Algenwachstum. Empfehlenswert ist es auch, die Teichgrube schon im Herbst vor der Bepflanzung auszuheben und die unterste Aushubschicht gesondert zu lagern und durchfrieren zu lassen. Der Lehm wird auf diese Weise locker und krümelig und läßt sich gut mischen und verarbeiten.

Die Pflanzkörbe werden mit Ballentuch ausgelegt, wie man es in Baumschulen verwendet, um die Wurzelballen der Gehölze zu befestigen.

Zur Not tut es aber auch Sackleinen oder ein ähnlicher, verrottbarer Stoff. Auf diese Weise wird verhindert, daß die Erde aus den Körben herausgeschwemmt wird. Vom Ballentuch schneidet man für die großen Körbe am besten zwei Streifen ab, die dann über Kreuz in den Korb gelegt werden. Dann wird der Korb randvoll mit Erde gefüllt und die jeweilige Pflanze in die Mitte gesetzt und fest angedrückt. Wie jede Staude dürfen auch Wasserpflanzen nicht tiefer gesetzt werden, als sie im Container standen. Pflanzen, die man ohne Container erhalten hat, dürfen nicht tiefer als bis zum Wurzelhals gepflanzt werden. Andernfalls kann es zu Fäulniserscheinungen kommen, die die Pflanze zum Absterben bringen. Anschließend schlägt man die Enden des Ballentuchs um, so daß sie die Erde im Korb bedecken und beschwert sie mit einer dünnen Lage Kieselsteinen. So kann weder die Erde noch die Pflanze im Wasser aufschwimmen. Die Körbe werden nach den Ansprüchen der darin befindlichen Pflanzen in die Teichmulde gestellt. In der Zeit zwischen Kauf und dem Einlassen des Wassers dürfen die Pflanzen nicht zu trocken werden. Man kauft sie deshalb erst ein, wenn die Teichgrube fertig vorbereitet ist. Am besten ist es, die Bepflanzung des Teichs an einem trüben, regnerischen Tag durchzuführen. Ansonsten wählt man einen schattigen Platz zur Bepflanzung der Körbe. Alle frisch eingekauften Pflanzen kommen bis zum Pflanzen in eine Wanne voll Wasser, die an einen ebenfalls schattigen Ort gestellt wird. Die meisten Pflanzen werden im Container verkauft, den man vor dem Pflanzen einfach vom Ballen löst. Man kann den Ballen dann, so wie er ist, in die Erde setzen. Er wird darin problemlos weiterwachsen, wenn man ihm die richtigen Bedingungen bietet. Bei Pflanzen ohne Topfballen untersucht man die Knollen, Rhizome oder Wurzeln auf abgestorbene oder faule Stellen und schneidet diese unmittelbar vor dem Pflanzen sorgfältig mit einem scharfen Messer heraus. Die Schnittstellen werden mit Holzkohlestaub eingepudert. Bei so angelieferten Seerosen und anderen Wasserpflanzen empfiehlt es sich, die Wurzeln um etwa ein Drittel zurückzuschneiden.

Wenn alle bepflanzten Körbe im Becken verteilt sind, bedeckt man den Teichboden mit einer höchstens 5 cm dicken Schicht Erde, auf die dann eine dünne Lage Kieselsteine kommt, damit die Erde nicht aufschwimmen kann. Und dann heißt es »Wasser marsch!«

In den meisten Fällen wird es Leitungswasser sein, mit dem man den Teich füllt. Es ist besser als sein Ruf, für den Teich sogar besser als Regenwasser. An einer vom Ufer aus gut mit der Hand erreichbaren Stelle stellt man einen Eimer auf den Teichboden, läßt ihn voll laufen und befestigt das Schlauchende darin. Nun plätschert das Wasser gemächlich über den Rand des Eimers auf den Teichboden und steigt ganz langsam an. Lassen Sie sich Zeit mit dem Füllen des Teiches! Denn ständig aus der Leitung laufendes Wasser ist kalt und kann bei den Pflanzen einen Schock verursachen. Es reicht völlig aus, wenn das Wasser am Tag der Pflanzung erst so hoch angestiegen ist, daß auch die am höchsten gelegenen Pflanzen, also die in der Flachwasserzone am Rand des Teiches, mit ihrem Fuß gerade im Wasser stehen. Die Pflanzen in den Körben decken Sie vor allem bei heißem Wetter mit feuchten Tüchern ab, damit sie nicht soviel Wasser verdunsten. Machen Sie ruhig ein paar Pausen beim Füllen des Teiches. So kann sich das eingelassene Wasser ein wenig erwärmen.

Die beste Zeit, einen Gartenteich zu bepflanzen, ist der Mai. Dann erwärmt sich das Wasser schon recht gut und die Pflanzen haben einen langen Sommer vor sich, um anzuwachsen und sich schon ein wenig zu entwickeln. Auch die erste Algengeneration ist nach dieser ersten langen Vegetationsperiode meistens überstanden. Während sich die Flora und Fauna im Teich zu entwickeln beginnen, können Sie anfangen, den angrenzenden Uferbereich rund um den Gartenteich zu gestalten. Da ja nahezu alle Stauden in Containern geliefert werden, ist es durchaus möglich, auch zur wärmeren Jahreszeit, sogar während der Blüte, zu pflanzen. Die Ufergestaltung soll unser nächstes Thema sein.

Uferzonen voller Leben

Was wäre ein Teich ohne Ufer? Im Verlauf der Evolution ist das Ufer der Lebensbereich, in dem sich die ersten, »an Land gegangenen« Pflanzen ansiedelten. Sie waren nicht mehr an ein Gewässer gebunden, sondern hatten Wurzeln, mit denen sie selbst auf Nahrungssuche gehen konnten. Auf das Wasser können sie dennoch nicht verzichten. Denn ohne Wasser ist die Nährstoffzufuhr durch die Pflanzenwurzeln überhaupt nicht möglich. Auch außerhalb eines Sees, Teiches oder Flusses ist Wasser allgegenwärtig, auch wenn man es nicht immer sieht. Wasser umspannt alle Lebewesen wie ein Film und durchzieht das Leben wie ein roter Faden.

Ein Sumpf entsteht dort, wo sich am Rand eines Gewässers immer mehr tote organische Masse absetzt und dieses Gewässer mehr und mehr verlandet. Das Ufer ist der direkte Übergang vom Wasser zum Land. Schließlich wird dieser Bereich nur noch im Frühjahr und Herbst überflutet. Im Sommer, wenn viel Wasser aus dem See oder Teich verdunstet, wird es in der sonst feuchten Uferzone manchmal fast trocken. Auf Grund dieser wechselnden Gegebenheiten bietet die sumpfige bis bodenfeuchte Uferzone vielen Gewächsen ideale Lebensbedingungen. Manche Pflanzen passen sich sogar den wechselnden Lebensbedingungen an und wachsen in sommerlichen Hitzeperioden dem Wasser hinterher. Für nahezu jedes in unseren Klimazonen beheimatete Gewächs findet sich in der näheren und weiteren Umgebung eines Gewässers ein idealer Lebensraum, wenn man zusätzlich die Bodenbeschaffenheit und die Licht-Schattenverhältnisse berücksichtigt.

Wenn die Sumpfzone in ihrer Bodenstruktur genügend gefestigt ist, können irgendwann auch die ersten Sträucher wachsen, schließlich sogar Bäume. Der Auenwald entsteht. Wir können das sehr gut an den Ufern weitgehend naturbelassener Flüsse beobachten. Meistens haben sich dort Weiden angesiedelt, wo ein wenig Kies, Sand eine

Sandbank gebildet haben und ein wenig Humus hinzugekommen ist. Wenn diese Sandbank im Sommer für einige Monate aus dem Wasser herausschaut, hat das Samenkorn einer Weide genug Zeit zum Keimen, Wurzeln zu bilden und heranzuwachsen, so daß die junge Pflanze dem folgenden winterlichen Hochwasser standhalten kann. Im nächsten Jahr bildet der Sämling Seitentriebe, um im darauffolgenden Frühjahr mit dem Hochwasser angeschwemmte Stoffe aufzuhalten. Steine, Sand, Aststücke, mitunter vielleicht ein ganzer Baumstamm lagern sich ab, bilden schließlich eine Insel oder Landezunge, um im Laufe von Jahren oder Jahrzehnten das Wasser ganz zu erobern. Weitere Weiden und andere Pionierpflanzen kommen hinzu.

Die Humusschicht wächst und bietet anderen Gehölzen wie Eschen, Ahorn und sogar Eichen eine Grundlage zum Wachsen. Im Unterholz eines solchen Auenwaldes wächst eine reichhaltige Flora von einzigartigem Reiz heran. Im Frühling blühen dort Sumpfdotterblumen, das Scharbockskraut und Buschwindröschen, Schlüsselblumen und Bärlauch, das den Wald mit seinem, an Knoblauch erinnernden, intensiven Geruch erfüllt. Bis in den tiefen Schatten hinein wachsen die Farne und wo der Wald in die Wiese übergeht, blühen Wiesenschaumkraut, Mädesüß, Storchschnabel und Wiesenknöterich. Bunte üppige Frühlingswiesen sind herrlich anzusehen und bieten einer Vielzahl von Käfern, Insekten und Singvögeln Nahrung und Lebensraum. Leider werden sie in unserer Kulturlandschaft immer seltener. Mit zunehmender Industrialisierung der Landwirtschaft wurden viele schöne Wiesenblumen, von denen eine nicht unbeträchtliche Zahl die Ahnen unserer Gartenstauden sind, als »Unkraut« angesehen und mit chemischen Pflanzenvernichtungsgiften ausgerottet. Die Trollblume wurde unter Naturschutz gestellt ebenso wie die heimischen Knabenkräuter, die durch eine zu intensive Landwirtschaft bedroht sind. Zum Glück gibt es aber schon einige dieser

Der Auenwald ist ein wertvoller Lebensraum für Insekten, Amphibien und Vögel.

Eine Blumenwiese, die sachte hangabwärts in sumpfige Bereiche überleitet.

draußen bedrohten Gewächse zu kaufen, weil sich einige Staudengärtner und Samenzüchter ihrer angenommen haben. So können wir in unseren Gärten eine Ufer- und Wiesenflora herstellen, die an anderer Stelle längst ausgestorben ist, ohne dabei die Reste natürlich gewachsener und erhaltener Pflanzengemeinschaften zu plündern!

Das Land baut sich nicht nur aus dem Wasser auf. Fließende Gewässer graben umgekehrt auch tiefe Furchen ins Land hinein. Wo sie auf ein Hindernis stoßen, bahnen sie sich neue Wege. Das Wasser schwemmt Humus, Sand und Steine weg und mahlt Felsbrocken zu bunten Kieseln. Nach und nach gräbt es immer tiefere Furchen in den Boden. Reißende Gebirgsbäche und große Ströme haben im Laufe von Jahrtausenden Schluchten mit schroffen seitlichen Felswänden geschürft. Wer einmal bei einem Wolkenbruch beobachtet hat, wie das Regenwasser auf dem nackten Boden abfließt, kann sich ein Bild davon machen, wie Wasser im Laufe von Millionen Jahren ganze Landschaften geprägt und verändert hat. So bahnt sich das Wasser auf unserer Erdkruste immer wieder seinen Weg. Umgekehrt werden aber auch große Wasserflächen immer wieder vom Erdboden und den darauf wachsenden Pflanzen erobert. Nichts in

diesen wechselvollen Uferbereichen ist statisch. Alles ist in Bewegung und verändert sich. Deshalb gehören unterschiedliche Geländestrukturen direkt am Wasser und in der näheren und weiteren Umgebung eines Sees, Flusses oder Teiches dazu. Mit zunehmender Entfernung und Höhe vom Wasserspiegel wird der Boden trockener. Die Himmelsrichtung beeinflußt den Standort ebenso. Aufgrund der oftmals sehr unterschiedlichen Geländestrukturen um ein Gewässer ist auch die Vegetation besonders abwechslungsreich. Selbst der Geröllkieselhang einer Kiesgrube kann voller lebendiger Überraschungen stecken. Steine werden von der Sonne erwärmt und speichern ihre Wärme noch lange. Käfer, Insekten, die Kreuzkröte und die Geburtshelferkröte, Blindschleichen und Eidechsen sonnen sich gern auf diesen erwärmten steinigen Hängen. Doch ist dies nicht ihr einziger Lebensraum. Die Kröten brauchen wie alle Amphibien ein Gewässer zum Ablaichen. Und Eidechsen und Blindschleichen verstecken sich gern im dichten Kraut und unter großen Blättern. In diesem trocken-warmen Geröllhang, wo nur wenige Pflanzen wirklich gedeihen können, entwickeln sich Disteln besonders schön. Und dennoch muß nicht jeder Fleck bewachsen sein. Eine Fläche aus reinem weißen Sand, mal trocken, mal sachte überflutet, gehört ebenso zum Ufer wie eine schroffe

Felswand. Wie immer die Umgebung eines Gewässers beschaffen ist – immer wird sich eine kleine Welt aus Tieren einstellen, die gerade unter diesen Bedingungen am besten leben können.

Ganz spezielle Lebensräume gibt es in Verbindung mit Wasser, zum Beispiel die Hochgebirgsflora, für die die aus einem Bach aufsteigende Luftfeuchtigkeit eine wichtige Rolle spielt oder das Moor mit einem vegetationslosen See oder Tümpel in seiner Mitte, desse herbe Vegetation von ganz besonderem Reiz sein kann. Alle diese Landschaftsstrukturen sind im Laufe von Jahrtausenden gewachsen.

So wie das Leben im Wasser mit den Algen begann, tat sich auch auf den Kuppen der Felsen einiges. Wo der Frost Gesteinsstücke absprengte und Mineralstoffe freisetzte, siedelten sich Moose und Flechten an. Ihnen folgten erste Gräser und Kräuter und dann Sträucher, die sich aus der ersten, noch dürftigen Humusschicht ernähren konnten, zum Beispiel Himbeeren und Brombeeren. Im Unterholz dieses dornigen Gestrüpps sammelten sich immer mehr Pflanzenabfälle ab, die von einer inzwischen recht ansehnlich gewordenen Microfauna in der Humusauflage zu einer Vielzahl von Ton-Humus-Komplexen, also zu einem wertvollen Waldboden verarbeitet wurden. Hier konnten nun schon Birken und andere weniger anspruchsvolle Waldbäume gedeihen und je dicker die Humuslauflage mit der darunter liegenden Bodenschicht wurde, desto mehr Eichen und Buchen konnten sich ansiedeln – die Endstufe in der pflanzlichen Entwicklung unseres heimischen Laubwaldes.

Der Wald bietet Schutz vor Wind, vor Schlagregen, vor übermäßiger Sonneneinstrahlung, vor Verdunstung, vor dem Verlust an Kohlendioxid, welches für den wichtigsten Lebensvorgang aller Pflanzen, die Photosynthese, unentbehrlich ist. Doch auch ohne Zutun des Menschen leben Wälder nicht ewig. Irgendwann ist für jeden Baum einmal der Zeitpunkt gekommen, an dem er abstirbt. Auch ein Sturm oder ein Feuer, durch Blitzeinschlag verursacht, kann einen »Kahlschlag« zur Folge haben. Auf den freien Stellen, an den neugebildeten Waldrändern stellt sich eine neue Flora ein, beginnt die Sukzession der Pflanzengesellschaften von neuem. Der Waldrand, der Übergang vom Bestand hoher Bäume über höhere und niedrige Sträucher bis hin zur Kraut- und Grasgesellschaft ist eine ähnlich vielfältige Pflanzengemeinschaft wie das Ufer eines Gewässers. Hier finden Käfer, Schmetterlinge und deren Raupen, kleine Bodentiere, angefangen von den Asseln und Regenwürmern bis hin zu den Spitzmäusen, Sing- und Greifvögeln und Igel, Kaninchen und Füchse Unterschlupf und Nahrung. Nicht zuletzt weil der Waldrand von Natur aus voller Abwechslung und reich an vielfältigen Lebewesen ist, orientieren sich Gartenarchitekten an dem Vorbild eines natürlichen Waldrandes.

Um einen schönen Garten mit harmonisch aufeinander abgestuften Pflanzengesellschaften, einen reichen Flor an Gehölz- und Staudenblüten und eine lebendige reichhaltige Tierwelt zu gestalten, einen Garten, dessen Schmuckstück der Teich ist, raffen wir diese große Spanne von der Ufervegetation bis zum Waldrand auf wenige Quadratmeter zusammen. Je kleiner der Garten, desto schwieriger ist es, dies zu verwirklichen. Unmöglich ist es jedoch fast nie. Mit wenigen Akzenten lassen sich die einzelnen Bereiche auch im kleinsten Reihenhausgarten zumindest andeuten. Ein einziger hoher Baum kann im Garten schon einen ganzen Wald vertreten. Einige höhere Blütensträucher oder eine Hecke, die den Garten abgrenzt, stehen für die grüne Wand am Waldrand. Mit ihnen schaffen wir den geschützten Gartenraum, in dem die nachfolgenden Stauden und Gräser – stellvertretend für Kräuter- und Wiesenflora optimal gedeihen können. Ein Teich, und sei er noch so klein, sollte niemals beziehungslos im Rasen angelegt werden, sondern wie jedes Gewässer in der Natur in seine Umgebung eingebettet ist, an die Randbepflanzung mit Stauden und Gehölzen angebunden sein. Wie dies im einzelnen aussehen wird, hängt nicht zuletzt von den Wünschen des Gartenbesitzers, der Gartenform und Größe und den Gelände- und Bodenbedingungen ab. Halten Sie sich Veränderungsmöglichkeiten offen.

Die Sumpfzone

Eine Sumpfzone im Garten ist nichts anderes als eine mit Erde gefüllte und bepflanzte Mulde, die an den Teichrand angegliedert wird. Bei einem mit Folie abgedichteten Teich ist es kein Problem, diese Sumpfzone von vornherein mit einzubauen. Das Teichwasser muß in die Erde der Sumpfzone eindringen können, sollte jedoch nicht den Bereich innerhalb der Folie verlassen. Der Übergang von der Sumpfzone sollte nicht zu abrupt, sondern unauffällig gestaltet sein, so daß die Sumpfzone im Winter teilweise vom Wasser überdeckt ist, im Sommer jedoch über den Wasserspiegel hinausschaut. Am Rand der Sumpfzone müssen Sie aber auf jeden Fall eine Kapillarsperre einbauen. So verhindern Sie, daß das Wasser durch das Erdreich aus dem Teich herausgesaugt wird. In gleicher Weise kann man eine Sumpfwiese anlegen. Dies ist auch eine besondere Form des Gartenteiches. Will man sie direkt an den Teich angliedern, so gestaltet man ebenfalls eine Mulde in der gewünschten Größe und legt diese wie einen Teich mit Folie aus. Der Folienabschluß der Sumpfwiese entspricht dem der Sumpfzone. Diese Mulde wird mit einer Mischung aus Lehm und Sand gefüllt. Wenn man eine solche Wiese als Element für sich allein gestalten will, so kann es sehr reizvoll sein, in deren Mitte einen kleinen Tümpel einzurichten, wo sich in regenreichen Zeiten oder nach einem Wolkenbruch das Wasser sammelt. Die

Pflanzengesellschaften am Teichufer

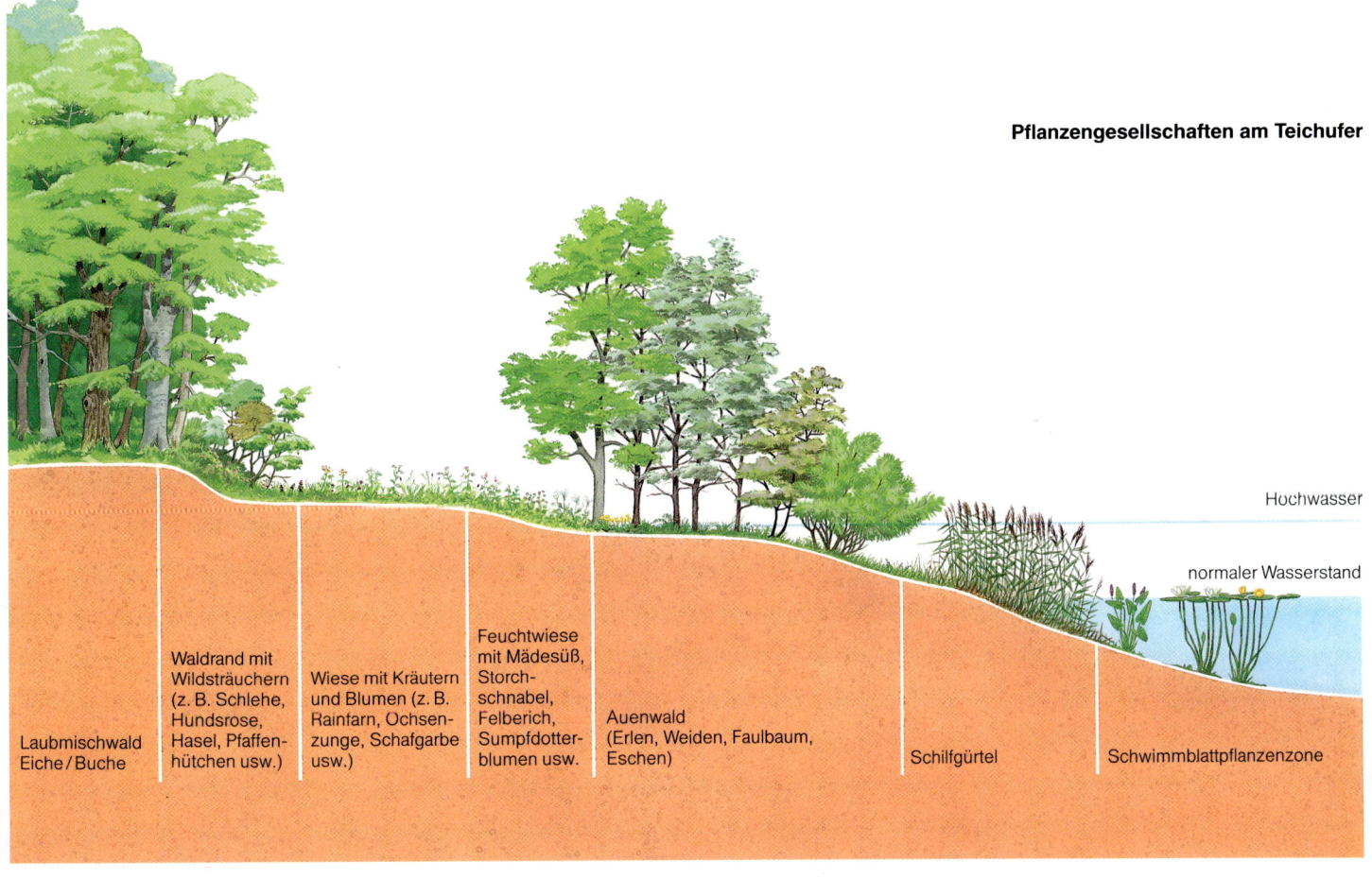

Hochwasser

normaler Wasserstand

Laubmischwald
Eiche/Buche

Waldrand mit Wildsträuchern (z. B. Schlehe, Hundsrose, Hasel, Pfaffenhütchen usw.)

Wiese mit Kräutern und Blumen (z. B. Rainfarn, Ochsenzunge, Schafgarbe usw.)

Feuchtwiese mit Mädesüß, Storchschnabel, Felberich, Sumpfdotterblumen usw.

Auenwald (Erlen, Weiden, Faulbaum, Eschen)

Schilfgürtel

Schwimmblattpflanzenzone

Wiesenflora schafft man sich am besten durch Aussaat einer Gebrauchsrasenmischung. Nachdem die Gräser gewachsen sind, wird bei trockenem Wetter gemäht und das Mähgut immer abgeräumt, denn nur einige wenige, im Sumpf und unter nährstoffarmen Bedingungen robuste Gräser sollten bestehen bleiben. Dann setzt man nach und nach Stauden ein, die in der feuchten Wiese zuhause sind. Bei saurem Boden kann es das Sumpfblutauge *(Comarum palustre)* oder sogar das Wollgras *(Eriophorum angustifolium)* sein. Im Frühjahr können außer der bekannten Sumpfdotterblume und Schlüsselblumen auch der Märzbecher *(Leucojum vernum)* und die Schachbrettblume *(Frittillaria meleagris)* gedeihen. Gemäht wird eine solche Wiese möglichst nur einmal im Jahr, damit die Pflanzen die Möglichkeit haben, sich sowohl mit ihren Ausläufern als auch durch ihre Samen genügend zu vermehren. Eine richtige Feuchtwiese muß auch immer feucht gehalten werden, das heißt, wenn es im Sommer trocken wird, sollten Sie gelegentlich aus dem Gartenschlauch ein wenig nachlaufen lassen.

Das Moorbeet – auch eine Form des Sumpfgartens

Eine andere besondere Form des Sumpfgartens ist das feuchte Moorbeet. Man kann es als Sumpfzone an den Teich angliedern, sofern man dessen Bepflanzung und Gestaltung auf den Moorgarten abstimmt, oder für sich allein, eventuell mit einem kleinen, vegetationslosen Moortümpel in der Mitte gestaltet werden. Der Boden und das Wasser müssen den Gegebenheiten eines natürlichen Moors entsprechen. Als Substrat hierfür gibt es nur Torf oder, wenn man sie bekommt, reine Moorerde. Die Verwendung solcher Materialien ist seit einigen Jahren umstritten, weil der Torf aus schützenswerten Moorgebieten abgebaut wird. Andererseits kann ein gelungen angelegtes Moorbeet ein kleines Refugium für Pflanzen sein, die in den natürlichen Mooren durch großdimensionierten Torfabbau und des Arten- und Naturschutzes ungeachtet, einfach abgeräumt, vernichtet, ausgerottet werden. So unlogisch es klingt: Die Erhaltung einiger bedrohter Pflanzen im Garten aus einem Moor in dem abetorft wird, kann mitunter einige Ballen Torf wert sein. Auf jeden Fall ist die Verwendung in einem Moorbeet sinnvoller als zum Beispiel im Gemüse- oder Blumenbeet.

Vorher sollte man den pH-Wert des eigenen Gartenbodens messen. Wenn er nicht mit Kalk versorgt wurde, liegt er möglicherweise so niedrig, daß es gar keiner großen Torfgaben mehr bedarf. Der pH-Wert sollte auf jeden Fall unter 5, besser sogar um 4 herum liegen. Die Abdichtung für den Moorgarten sollte etwa 40 cm tief in den Boden gelegt werden. Man kann die Oberfläche modellieren und an einer Stelle, vielleicht in der Mitte einer Mulde belassen, in der sich Wasser sammelt und so ein Tümpel entsteht. In einem größeren Moorteich wäre eine Tiefe von 60–80 cm denkbar. Unterschiedliche Höhen können geschaffen werden, indem man Stützmauern aus kalkfreiem Gestein aufschichtet und sie mit saurer Erde hinterfüllt. Auch begehbare Pfade durch den Moorgarten und kleine Inseln lassen sich auf diese Weise anlegen. Das Wasser nimmt im Moorgarten keinen allzu großen Raum ein. Die Pflanzen werden fast ausschließlich im sumpfigen Bereich angesiedelt. Torf ist aus Torfmoos *(Sphagnum)* entstanden, die Moore insgesamt aus versunkenen Wiesen und Wäldern. Künstlich kann man natürlich nicht in wenigen Gartenjahren das erreichen, das in Milliarden von Jahren gewachsen ist. Doch ein Stück dieser Entwicklung können wir auch im Garten in die Wege leiten. Ein alter Baumstumpf oder Baumstamm ins Sumpfbeet oder Wasser gelegt, ist mitunter schon nach einem Jahr mit Torfmoos bewachsen. Wenn der Boden rundherum sauer genug ist, breitet es sich sehr schnell aus und erobert nach und nach auch das flache Wasser. Man kann Torfmoos auch selber vermehren, indem man es in kleine Büschel zerteilt und in eine mit nassen Torf gefüllte Mulde pikiert. Dort breitet es sich schnell aus, vorausgesetzt, der Boden bleibt kalkfrei. Auch aus diesem Grund ist eine Kapillarsperre, wie auf Seite 43 beschrieben, unentbehrlich.

Zu den schönsten, eindrucksvollsten und bekanntesten Moorbeetpflanzen gehört das Wollgras *(Eriophorum)*. Wo es einmal ideale Bedingungen gefunden hat, wächst es aus einem Wurzelstock mit langen Ausläufern sehr schnell zu einem weitverzweigten Bestand heran. Es erreicht eine Höhe von 20–50 cm und bringt im April noch unscheinbare Blütenähren hervor, aus denen die typischen weißwolligen Fruchtstände heranwachsen, die das Wollgras von Mai bis Juni schmücken. Vom Wollgras gibt es drei Arten, die alle von April bis Mai blühen und anschließend die wolligen Fruchtstände hervorbringen: das Schmalblättrige Wollgras *(Eriophorum angustifolium)*, von dem es

auch noch die Zuchtsorte 'Heidelicht' gibt, das Breitblättrige Wollgras *(Eriophorum latifolium)* mit einer Höhe bis zu 60 cm und das Scheidige Wollgras *(Eriophorum vaginatum)*, das wie *E. angustifolium* eine Höhe von 50 cm erreicht.

Ein für das Moor typisches Gehölz ist die Lavendelheide *(Andromeda polifolia)*. Der kleine, kaum über 20 cm hoch werdende Strauch ist in Skandinavien, vor allem in Lappland zuhause. Seine kleinen hellrosa Blüten erscheinen im Mai und Juni zu jeweils 4–5 an den Triebenden, über den glänzenden dunkelgrünen Blättern.

Von den Enzianen ist der Lungenenzian *(Gentiana pneumonanthe)* auf saurem feuchtem Boden zuhause. Intensiv blau sind die Blütentrichter, mit denen sich der Lungenenzian von Juli bis September schmückt. Humusreichen und sauren Boden liebt auch die bekannte Heilpflanze Arnika *(Arnica montana)*, die man wohl kaum in einer Gärtnerei zu kaufen bekommt, mit ein wenig Glück jedoch über botanische Gärten und botanische Gesell-

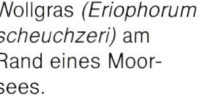

Wollgras *(Eriophorum scheuchzeri)* am Rand eines Moorsees.

Lungenenzian *(Gentiana pneumonanthe)*

Lavendelheide *(Andromeda polifolia)*

Rundblättriger Sonnentau *(Drosera rotundifolia)*

Königsfarn *(Osmunda regalis)*

schaften beziehen kann. Die Erde muß nährstoffarm sein, gegen jeden Dünger ist Arnika empfindlich. Arnika duftet aromatisch und erreicht mit ihren Blütenstengeln eine Höhe von 30–50 cm. Von Mai bis Juni bringt Arnika leuchtend goldgelbe Blüten hervor. Eine Pflanze, die nur der fortgeschrittene Gartenfreund ansiedeln sollte.

Die Moosbeere *(Vaccinium oxycoccos)* ist ein kleines, den Boden bedeckendes Gehölz, das von Juni bis August weißrosa blüht und danach wie ihre Verwandte, die Heidelbeere, blaubereifte Früchte trägt.

Das Gemeine Fettkraut *(Pinguicula vulgaris)* gehört zu den sogenannten fleischfressenden Pflanzen des Moores. Auf den fleischigen Blättern befinden sich feine Drüsenhaare, mit denen die Pflanze einen klebrigen Saft absondert. Auf dieser Flüssigkeit bleiben kleine Insekten haften, von denen sich das Fettkraut ernährt. Die Blüten von *Pinguicula* sind blauviolett und erscheinen von Mai bis Juni.

Von dem ebenfalls als fleischfressende Pflanze bekannten Sonnentau gibt es drei Arten: den Langblättrigen Sonnentau *(Drosera anglica),* den Mittleren Sonnentau *(Drosera intermedia)* und den Rundblättrigen Sonnentau *(Drosera rotundifolia).* Die winzigen Moorpflanzen haben Blätter, die mit rot gefärbten Drüsenhaaren, sogenannten Tentakeln, ausgestattet sind. Diese Tentakeln scheiden ein klebriges Sekret aus, mit dem Tiere, zumeist Insekten angelockt werden. Die Drüsenhaare kann der Sonnentau nach innen krümmen, um die

gefangenen Tiere aufzulösen und zu »fressen«. Die Blüten erscheinen von Juli bis August. Beim Langblättrigen Sonnentau sind die Blüten weiß. Die Blätter dieser Art sind linear-keilförmig und in Rosettenform angeordnet.

Die Blätter des Mittleren Sonnentaus sind ei-keilförmig mit nach unten gerichteter Spitze, die Blüten dieser Art ebenfalls weiß.

Die bei uns häufigste Art ist der Rundblättrige Sonnentau. Seine kreisrunden Blätter sind rundherum mit roten Drüsenhaaren besetzt, die Blüten ebenfalls weiß.

Die fleischfressenden Pflanzen unserer Moore gedeihen auf kalk- und nährstoffarmem Boden. Ihr Nahrungsdefizit decken sie durch das Einfangen kleiner Insekten. Diese winzigen Pflanzen sollten möglichst ein Beet für sich bekommen, wo sie gut gesehen und nicht von anderen Moorgewächsen überwuchert werden. Erhältlich sind diese Gewächse wohl auch kaum in Gärtnereien, sondern über Liebhaber und botanische Gesellschaften zu bekommen. Auch Naturschützer, die es sich zur Aufgabe gemacht haben, vom Aussterben bedrohte Pflanzen in ihrem Garten zu vermehren, geben gelegentlich einige Pflanzen ab.

In Spezialgärtnereien ist dagegen der Amerikanische Frauenschuh *(Cypripedium reginae)* erhältlich. Er gedeiht willig im Moorbeet und erreicht eine Höhe von 40–50 cm. Die Blüten sind weiß und von rosa Adern durchzogen.

86

Arnika *(Arnica montana)*

Geflecktes Knabenkraut
(Dactylorrhiza maculata)

Blutauge *(Comarum palustre)*

Moosbeere *(Vaccinium oxycoccos)*

Eine andere Orchideenart, bei uns heimisch und vom Aussterben bedroht, ist das Gefleckte Knabenkraut *(Dactylorrhiza maculata)*. Die hellvioletten Blüten mit meistens dunkel gezeichneter Lippe erscheinen von Juni bis Juli. Ideal ist ein Standort in voller Sonne oder lichtem Schatten und nicht allzu großer Feuchtigkeit.

Der Wasserschlauch gedeiht im flachen, sich in der Sonne leicht erwärmenden Wasser eines Moortümpels. Der Wasserschlauch *(Utricularia vulgaris)* hat keine Wurzeln, sondern liegt schwimmend unter Wasser und ist mit zahlreichen kleinen Fangbläschen ausgestattet, mit denen er kleine Wasserinsekten, zum Beispiel Mückenlarven, fangen kann. Diese Eigenschaft wird allerdings von manchen Wassergartenexperten bezweifelt, denn Mückenlarven siedeln sich vor allem dort an, wo es Algen gibt. Algen wachsen jedoch kaum in saurem und nährstoffarmem, sondern in nährstoff- und kalkreichem Wasser. Dort gedeiht wiederum der Wasserschlauch nicht. Möge jeder Gartenfreund selbst beobachten, ob der Wasserschlauch nun Mücken fängt oder nicht. In einem Gartenteich, in dem sich das biologische Gleichgewicht eingependelt hat, dürfte die Mückenplage ohnehin nicht nennenswert sein. Von Juni bis August erscheinen die über den Wasserspiegel hinausragenden gelben Blüten. Im Herbst stirbt der Wasserschlauch ab und überwintert durch Hibernakeln im Schlamm des Moortümpels.

Ein typisches Moorgehölz, das in keinem Moorgarten fehlen sollte, ist der Gagelstrauch *(Myrica gale)*. Er wird bis zu 1,20 m hoch und hat zweihäusige, in aufrechten Kätzchen zusammenstehende Blüten, die von April bis Mai erscheinen. Auch einige Farne finden im Moorbeet einen geeigneten Lebensraum, so der Rippenfarn *(Blechnum spicant)*, der eine Höhe von etwa 70 cm erreicht und an halbschattigen Plätzen am besten gedeiht. Der Kammfarn *(Dryopteris cristata)* gedeiht an nassen Stellen unter Sträuchern und erreicht dort eine Höhe von etwa 60 cm. Er wird in Gärtnereien schwer zu bekommen sein. Ebenso steht der Pillenfarn *(Pilularia globulifera)* unter Naturschutz. Er gedeiht an feuchten Standorten und wird 15 cm hoch. Der Sumpffarn *(Thelyopteris thelyopteroides)* gedeiht an gleichen Plätzen und wird etwa 30 cm hoch. Der Königsfarn *(Osmunda regalis)* kann dagegen mit seinen braunen, rispenförmigen Sporenträgern immerhin eine Höhe von 1,80 m erreichen.

Die Moorbirke *(Betula nana)* ist ein typisches Moorgehölz, das im größeren Gartenmoor nicht fehlen sollte.

Wer einen größeren Wassergarten mit mehreren miteinander in Verbindung stehenden Teichen angelegt hat, kann das Moor als Auffangbeet für überschüssiges Wasser anlegen. Die moorige Erde ist in der Lage, einiges aufzusaugen. In dem Teich wurden dem Wasser vorher ein großer Teil an Kalk und Nährstoffen entzogen, so daß es für das Moorbeet ideal aufbereitet ist.

Die Feuchtwiese

In unserer noch naturnahen Landschaft gibt es auch Wiesen, die im Frühling überflutet sind, im Sommer aber dennoch trocken werden. Auch dies können Sie im Garten am Ufer Ihres Teiches ein wenig nachgestalten. Manche Gartenteichexperten meinen, der Teich müßte unbedingt einen Überlauf haben, damit das Wasser nach einem Regen geordnet ablaufen kann. Auf keinen Fall brauchen Sie einen Ablauf in der Mitte des Teiches einzubauen, etwa in der Form, daß Sie das Ablaufrohr herausziehen können. Dieser Abfluß würde bald verstopfen, ganz abgesehen davon, daß man das Wasser aus einem Teich gar nicht ablassen soll. Bei einem kleinen Teich darf das Wasser nach einem Regenguß durchaus über die Ufer treten und in den Beeten am Ufer versickern. Es handelt sich um lediglich geringe Mengen, die überhaupt keinen Schaden anrichten können. Auch bei einem größeren Teich schadet es nicht, wenn ein wenig Wasser über die Ufer tritt. Dabei entsteht ja nicht gleich eine große Flut. Empfehlenswert ist es aber, den Wasserabfluß dort zu regeln, wo überlaufendes Wasser den Hang hinabfließen und somit auf das Nachbargrundstück, eine Straße oder an die Grundmauer eines Hauses dringen kann. Hier sollte man den Folienrand an einer gewünschten Stelle ein wenig vertiefen und an diese Stelle eine weitere, schmale Folienbahn anschweißen. Diese kleine mit Folie ausgelegte Rinne kann zu einer Sickergrube oder in eine muldenartig ausgestattete, jedoch nicht mit Folie unterlegte Wiese führen. Es kommt auf die topografischen Verhältnisse auf dem eigenen Grundstück an, ob man sich dies erlauben kann oder nicht.

Eine solche, nicht mit Folie unterlegte Feuchtwiese kann man ähnlich bepflanzen, wie die zuvor beschriebene Sumpfzone. Welche Wildstauden und Gräser darin letztendlich wachsen können und von Bestand sind, hängt von dem Boden, der Besonnung und der Wasserzufuhr ab.

Die Schachbrettblume *(Frittillaria meleagris)* ist eine der wenigen Zwiebelblumen, die im Sumpf gedeihen.

Eine solche Wiese läßt sich ein wenig mit einer Gehölzpflanzung im Auenwaldcharakter kombinieren, indem man einige Gehölze aus diesem Bereich pflanzt, so zum Beispiel eine Rot- oder Schwarzerle, Kreuzdorn und Faulbaum, Weiden oder Haselnußsträucher. Diese sparsam und locker angeordneten Gehölze spenden Schatten für das Buschwindröschen *(Anemone nemerosa),* das Scharbockskraut *(Ranunculus ficaria),* die Schlüsselblume *(Primula vulgaris),* Bärlauch *(Allium ursinum),* das Wiesenschaumkraut *(Cardamine pratensis),* den Aronstab *(Arum maculatum) und im Herbst sogar die Herbstzeitlose (Colchicum autumnale).*

Eine heimische Staude unserer feuchten Wiesen der Mittelgebirge ist die Trollblume *(Trollius europaeus),* die von Mai bis Juni goldgelbe Kugelblüten hervorbringt. Sie wird 60 cm hoch und gedeiht in voller Sonne. Oft von selbst stellt sich Ehrenpreis ein und durchzieht die Grasnarbe mit seinen zarten himmelblauen Blütenständen von April bis in den Juni hinein. Eine solche Wiese wird sich von Jahr zu Jahr verändern.

Dies gilt auch für die bunten Blumenwiesen, die man aus im Fachhandel angebotenen Samenmischungen aussäen kann. Sie sind für normalfeuchten Gartenboden gedacht, können aber gerade in der Nachbarschaft eines Teiches besonders reizvoll sein. Die vielen schönen Blumenarten, die auf dem Begleitzettel aufgeführt sind, werden Sie später allerdings vergeblich in Ihrer Wiese suchen. Oft findet der enttäuschte Wiesenfreund neben Klee und Margeriten nur die Wildkräuter vor, die ohnehin schon in seinem Garten wuchsen. Dabei ist er noch nicht einmal betrogen worden, denn ein paar staubfeine Samenkörnchen von all diesen schönen Blumen sind sicher in der Packung enthalten.

Doch wächst auf dem Boden im Garten nur, was dieser zuläßt. Auf keinen Fall darf er gedüngt werden, denn dies würde nur das Gras wuchern und die Wildblumen verdrängen lassen.

Oft findet man im Jahr der Aussaat eine im Garten ohnehin schon ansässige Wildkräutergesellschaft vor. Man sollte sie, sofern man nicht bestimmte Pflanzen daraus erhalten will, vor der Blüte mähen und abräumen, damit sie sich nicht weiter ausbreiten kann. Im darauffolgenden Jahr treten auf der Wildblumengesellschaft einige besonders robuste Wildblumen, wie zum Beispiel Margeriten und verschiedene Kleearten hervor. Wer genau hinschaut, findet allerdings auch hier und dort mal eine Glockenblume und manch andere Wildblume. Lassen Sie die Blumen verblühen und sich aussäen, bevor Sie die Sense ansetzen. Das Mähgut müssen Sie abräumen. Im nächsten Jahr sieht die Flora schon wieder ein wenig verändert aus. Natürlich können Sie auch in dieser Wiese ein wenig nachhelfen, indem Sie die eine oder andere Wildstaude nach-

Trollblumen (Trollius europaeus) gehören zu den schönsten Uferstauden.

89

träglich einsetzen. Auch Blumenzwiebeln können in der Wildblumenwiese gedeihen. Dann sollten es allerdings die Wildarten von Tulpen oder Narzissen oder Schneeglöckchen, Märzbächer, Winterling oder andere sein, jedoch keine lilafarbenen gefransten Tulpen oder gefüllte Narzissen.

Es versteht sich von selbst, daß man eine solche Wiese nicht betreten kann, ausgenommen im Winter oder kurze Zeit nach der Mahd. Sie können aber ohne weiteres mit dem Rasenmäher Schneisen hineinschneiden, um die Blumen besser betrachten und pflücken zu können. Oder Sie teilen Ihre »Grünfläche« in begehbaren Rasen und nicht begehbare Blumeninsel auf.

Blühende Stauden am Ufer

Viele unserer Gartenstauden stammen von den Wiesenblumen ab; einige davon wurden bereits erwähnt: Storchschnabel, Trollblume, Schlüsselblume oder Anemone. Wer keinen Platz für eine Blumenwiese hat, kann dennoch eine Pflanzengesellschaft im Wiesencharakter schaffen, nämlich durch Stauden. Dies gilt natürlich für alle Staudengesellschaften, die nach dem Vorbild von Wildfloren angelegt werden. Hierzu gehören zum Beispiel auch Moor- oder hochalpine Pflanzengesellschaften. Was jedoch in der Natur oftmals große Flächen einnimmt, fassen wir in unserem kleinen Garten auf einem relativ schmalen Staudenbeet zusammen.

Stauden haben einen besonderen Wachstumsrhythmus. Je nach Art durchbrechen sie in der Zeit von Februar bis Juni mit ihren Trieben die Erdoberfläche, wachsen heran, entfalten ihr Blattwerk, kommen zur Blüte um danach schnell zu verwelken und von der Beetfläche zu verschwinden. Unterirdisch leben sie jedoch weiter, um im nächsten Jahr wieder zu ihrer gegebenen Zeit zu erscheinen, oft noch üppiger, schöner und farbenprächtiger. Die Wachstums- und Blütezeit mancher Stauden liegt im zeitigen Frühjahr und ist im April oft schon

vorüber. Andere blühen erst ab September bis in den späten Herbst hinein. Manche Stauden wachsen sehr kräftig und dehnen sich nach allen Seiten aus. Andere bleiben zeitlebens klein und zierlich.

Einige Stauden leben nur 3–4 Jahre, andere sind auch noch nach 10 Jahren schön. Und auch in Habitus, Wuchshöhe, Blütenform- und Farbe unterscheiden sich die Stauden. Man muß ihre Eigenschaften kennen, um mit ihnen gestalten zu können. Wenn eine Staude erst einmal aus dem Boden gewachsen ist, soll sie mit ihren Blättern und Trieben, mit ihren Blüten mit den Gehölzen und benachbarten Pflanzen harmonieren, die Wasserpflanzen des Gartenteiches sind dabei nicht zu vergessen, die ja letztendlich auch Stauden sind. Wenn die Staude verblüht und verwelkt ist – was tritt an ihre Stelle? Es kommt also nicht nur darauf an, schöne Blütenfarben miteinander zu kombinieren. Eine Staudenpflanzung ist ständig Veränderungen unterworfen und muß sich, vor allem wenn es sich um eine Wildstaudenpflanzung handelt, auch selbst weiterentwickeln können. Aus gutem Grund haben Staudenexperten die Stauden in Lebensbereiche, die oft ihrer natürlichen Herkunft und damit auch ihren Standortansprüchen entsprechen, eingeteilt. Alle diese Lebensbereiche sind immer von einem übergeordneten Element zugeordnet. Dies kann ein Gartenteich, eine Steinwand oder ein Gehölz sein. Denken wir an das Gestaltungsvorbild, an den natürlichen Waldrand. Die Stauden entsprechen der Kraut- und Gräserschicht. Und selbst diese besteht nicht aus gleichartigen Kräutern oder Gräsern, sondern aus übergeordneten und untergeordneten Arten. Ebenso, nach diesem Vorbild gestalten wir unsere Staudenrabatte. Einige, nur wenige Stauden sind in ihrem Erscheinungsbild so mächtig und eindrucksvoll, daß sie ohne Anlehnung an eine Gehölzpflanzung für sich allein stehen können. Man nennt sie deshalb auch Solitärstauden. Andere Stauden, die ebenfalls groß, schön und eindrucksvoll sind, verlangen aber von ihrem Charakter eine Einbettung oder Anbindung an einen ganz bestimmten Gartenbereich. Von

Die Bepflanzung
eines Staudenbeetes.

Als Leitstauden wähl-
ten wir bei diesem
Beispiel: Greiskraut
(Ligularia) Wasser-
dost *(Eupatorium)*
Riesenpfeifengras
(Molinia).

Ihnen zugeordnet
werden: Taglilien
(Hemerocallis), Sibiri-
sche Iris *(Iris sibirica)*
und Eisenhut
(Aconitum).

Die noch freien Flä-
chen werden schließ-
lich mit Pfennigskraut
*(Lysimachia nummu-
laria)* und Kriechen-
dem Günsel *(Ajuga
reptans)* ausgefüllt.

91

ihrer Gestalt her sind sie jedoch zur Führungsrolle bestimmt. Diese Stauden bezeichnet man als Leitstauden. Man pflanzt sie in lockeren Gruppen von etwa 3–7 Stück auf ein Beet, wobei jede Art von Symmetrie vermieden wird. Diese Leitstauden bilden Bezugspunkte, um die herum man die sogenannten zugeordneten Stauden pflanzt. Hier werden jeweils 30 oder 40 Stück für eine Gruppe gewählt. Was dann noch an Lücken bleibt, wird mit sogenannten Füllstauden bepflanzt. Dies sind meistens niedrige, polsterartig wachsende Stauden. Leitstauden, zugeordnete Stauden und Füllstauden müssen miteinander ebenso harmonieren wie mit ihrer Umgebung. Doch damit allein ist es nicht getan. Die Pflanzung kann noch so gut aufeinander abgestimmt sein und dennoch ist die Blütenpracht nach wenigen Wochen vorüber. Es muß also dafür gesorgt sein, daß es auf ein und derselben Fläche sowohl im Frühjahr als auch im Sommer, als auch im Nachsommer bis Herbst eine gut aufgebaute blühende Staudengemeinschaft gibt. Im Grunde müssen Sie dieses Schema Leitstauden, zugeordnete Stauden und Füllstauden dreifach auf dem Staudenbeet anlegen, wobei die Übergänge fließend sind. Zeitig im Frühjahr blühende Stauden sollten, vom Betrachter aus gesehen, ganz hinten plaziert werden. Dort sind sie im Frühjahr zu ihrer Blütezeit gut sichtbar, werden aber im Sommer,

wenn ihr Laub gerade einzieht und zu welken beginnt, von den davor nachgewachsenen Stauden verdeckt.

Es ist nicht ganz leicht, dies alles in die Tat umzusetzen, zumal ja auch die Bodenverhältnisse und das Licht-Schattenspiel berücksichtigt werden müssen. Überstürzen Sie deshalb nichts. Besser ist es, zunächst nur wenige Leitstauden zu pflanzen und die restliche Fläche mit Sommerblumen auszufüllen, als eine perfekte Pflanzung zu versuchen, in der dann jedes Jahr etwas geändert werden muß. Oft tut man intuitiv das Richtige im Garten, wenn man sich lange genug in seine Atmosphäre hineingelebt hat. Manchmal kann dies jedoch Jahre dauern. Im Garten sollten wir soviel Geduld haben. Sehen Sie sich möglichst viele andere Staudenpflanzungen an und vergleichen Sie diese mit Ihrer eigenen Gartensituation. Nehmen Sie sich Zeit für botanische Gärten und Gartenschauen.

Stauden gibt es heute fast ausschließlich im Container zu kaufen, auch die für den Wassergarten und den sumpfigen Bereich. Dies hat den Vorteil, daß man sie nahezu rund ums Jahr, auch in voller Blüte pflanzen kann. Dennoch gibt es einige besonders günstige Zeiten. Für Wasserpflanzen und Stauden

Bei der Pflanzung wird die Staude zuerst mit dem Container ins Wasser gestellt und anschließend an einer Tischkante oder ähnlichem ausgetopft.

Der Boden muß gründlich vorbereitet sein. Mit der Pflanzkelle schaufelt man ein Loch, groß genug für den Topfballen der Staude.

Die Oberkante des Topfballens muß mit der Erdoberfläche abschließen. Fest mit beiden Händen andrücken und gießen.

Rechts: Die Gaukler-
blume *(Mimulus
luteus)* erobert
schnell das Teichufer.
Ganz rechts: Mam-
mutblatt *(Gunnera
tinctoria)* – eine ein-
drucksvolle Solitär-
staude.

des sumpfigen Bereichs ist die beste Zeit der Mai,
denn dann hat sich das Wasser schon ein wenig
erwärmt und Wasser und Erde bleiben einen ganzen Sommer hindurch warm. Unter diesen Bedingungen können die Stauden optimal anwachsen
und sich während des ersten Sommers schon kräftig entwickeln. Dies gilt eigentlich auch für alle
anderen Stauden. Ausgenommen sind diejenigen,
die im Frühjahr gerade blühen. Bei ihnen wartet
man die Blütezeit ab oder pflanzt sie überhaupt
erst im Herbst.

Die Topfballen der Stauden im Container
sollten gut durchwurzelt und die Wurzeln weiß
sein. Sie dürfen die Wasserabzugslöcher des Con-
tainers noch nicht durchwachsen haben. Dann ist
die Staude »überständig«. Wenn man sie austopft,
reißt man zwangsläufig den Wurzelballen entzwei.
Bevor die Containerstauden gepflanzt werden,
stellt man sie mitsamt dem Container in eine
Wanne voll Wasser, damit sich die Wurzelballen
richtig vollsaugen können. Anschließend läßt man
sie abtropfen und kann sie austopfen.
Im Sumpfbeet innerhalb der Teichfolie mischt man
lehmige Erde mit normaler Gartenerde und Sand
und bringt sie in die Sumpfmulde ein. Diese
Mischung kann man auch für die Feuchtwiese verwenden. Außerhalb der Folie wird das Staudenbeet
wie auch bei anderen Pflanzungen, die nicht mit
einem Teich kombiniert sind, vorbereitet. Der

Boden muß gründlich gelockert werden. Zwei
oder gar drei Spatenstiche tief braucht man dabei
meistens nicht zu graben. Es sei denn, der Boden
ist extrem verdichtet. Einmaliges Umgraben und
eine Anreicherung der Oberfläche mit reifem
Kompost, Rindenhumus und Hornspandünger
reicht als Vorbereitung meistens aus. Wer lange
genug vorplant und seinem Gartenboden etwas
Gutes tun will, sät zunächst eine Gründünger-
mischung ein. Die darunter befindlichen Leguminosen leben durch ihre Wurzeln mit den sogenannten Knöllchenbakterien in Symbiose. Diese
Bakterien sind wiederum in der Lage, Stickstoff aus
der Bodenluft zu binden und an die Pflanzen wei-
terzugeben. Mäht man die Pflanzen vor der Blüte
ab, so ist der Boden gleichmäßig mit Stickstoff
gedüngt. Außerdem lockern die Wurzeln der
Gründüngungspflanzen das Erdreich und mit
ihnen kommt organische Masse, Nahrung für die
Mikroorganismen in den Boden. Etwa eine Woche
vor dem Pflanzen wird die abgemähte obere
Schicht leicht in den Boden eingearbeitet.

Zum Pflanzen legt man die ausgetopften
Stauden auf der Fläche aus und zwar zuerst die
Leitstauden, dann die zugeordneten Stauden und
schließlich die Füllstauden. Bei einer großen
Fläche kann es sinnvoll sein, das Beet mit einem
Quadratraster zu versehen, das man maßstabsge-
recht auf den eigenen Staudenplan überträgt. So

Das Schaublatt *(Rodgersia sambucifolia)* kann ein Bindeglied zwischen halbschattigen Gehölzrändern und einem Ufer sein.

kann man sich leichter orientieren und die Stauden richtig auslegen. Allerdings sollten Sie sich nicht allzu sklavisch an den eigenen Plan halten. Draußen sieht manches anders aus, als auf dem Papier!

Schließlich kann gepflanzt werden. Am besten geht es mit einer Pflanzkelle. Man schaufelt ein Loch, setzt die Staude so tief ein, wie sie im Container gestanden hat, schaufelt es wieder zu und drückt die Staude mit beiden Händen fest an. Wenn alles gepflanzt ist, wird kräftig gewässert. So haben die Stauden Bodenanschluß und können sicher anwachsen.

Die Übergänge von der Flachwasserzone über den sumpfigen Uferbereich bis hin zur bodenfeuchten Randzone sind fließend. Die Sumpfdotterblume wächst am flachen Wasser ebenso gut wie in feuchtfrischem Boden außerhalb der Folienabdichtung. Gleiches gilt für das Sumpfvergißmeinnicht oder auch die Sumpfiris. Wenn es im Sommer jedoch zu wochenlanger anhaltender Trockenheit kommt, sind alle diese Arten in ständig feuchten Bereichen innerhalb der Folienabdichtung besser aufgehoben. An einem solchen Standort gedeiht zum Beispiel die Sumpfwolfs-

milch *(Euphorbia palustris).* Ihre aufrechten Stengel erreichen eine Höhe von bis zu 1 m und bringen im Mai und Juni dunkelgelbe Blüten hervor. Man sollte sie nur in etwas größeren Staudenanlagen verwenden. Das Gleiche gilt für den Wiesenknöterich *(Polygonum bistorta),* der auf unseren feuchten Wiesen heimisch ist. Für den Garten gibt es die Sorte 'Superbum' mit großen rosa Blütenähren. Man sollte ihm viel Platz einräumen, am besten zusammen mit anderen Wiesenstauden eine ganze feuchte Wiese. Die Gauklerblume *(Mimulus luteus)* fühlt sich am feuchten Ufer, das auch teilweise überflutet wird, wohl. Sie sät sich selbst aus und kann auf diese Weise bald ein ganzes Ufer einsäumen. Mitunter wird sie durch diese Eigenschaft sogar lästig. Ihre leuchtendgelben Blüten begleiten den Teich von Juni bis September. Blau blüht die Amerikanische Gauklerblume *(Mimulus ringens)* von Juni bis August. Sie verlangt den gleichen Standort wie *Mimulus luteus,* entwickelt sich im Wasser jedoch nicht so gut. Gut gedeiht die Amerikanische Gauklerblume jedoch im lichten Schatten.

Außerhalb der Folienabdichtung jedoch unmittelbar am Teichufer können einige besonders eindrucksvolle, große Solitärstauden gedeihen. Ihr besonderer Reiz am Teichufer besteht vor allem darin, daß sie sich im Wasser spiegeln und ihr imposanter Habitus auf diese Weise ein zweites Mal zur Geltung kommt. Zu diesen Stauden gehört das Mammutblatt *(Gunnera manicata* und *G. tinctoria).* Mit seinen riesigen, an langen aus dem Boden aufstrebenden Stielen sitzenden Blättern erreicht es eine Höhe von 2 m. Die rötlichen Zwitterblüten erscheinen von Juli bis September an bis zu 1 m langen Blütenständen. Im Spätherbst schneidet man die Blätter am besten ab und deckt die Staude zum Schutz vor Frost mit Laub oder Stroh und einer darübergestülpten Kiste ein. Im Frühjahr werden die frisch austreibenden Stauden mit Stalldung versorgt. Beim Pflanzen sollte man diesem prachtvollen Gewächs auch einiges an gut verrottetem Stalldung oder reifer Komposterde mit ins Pflanzloch geben, für die sich ein Durchmesser von 1 m und einer ebensolchen Tiefe empfiehlt. Das Mammutblatt braucht viel Platz und einen geschützten Standort.

Dies gilt auch für das Schaublatt *(Rodgersia-Arten)*. Mit ihren oft roßkastanienähnlichen Blättern und den an Astilben erinnernden Blütenständen, die weiß oder hellrosa leuchten, erreichen sie, je nach Art, eine Höhe von 90–150 cm. Rodgersien lieben einen humosen, feuchten, jedoch nicht staunassen Boden und eignen sich am besten für den Gehölzrand, in Verbindung mit Farnen aber auch zur Einzelstellung am Ufer. Die Blütezeit liegt zwischen Juni und Juli.

Noch vor den eindrucksvollen Blättern bringt das Schildblatt *(Darmera peltata)* an einem 40–80 cm hohen, rauh behaarten Schaft rosa Trugdolden hervor, und zwar in der Zeit von April bis Mai. Erst danach wachsen die schildförmigen, auffällig geaderten Blätter heran, die einen Durchmesser von 60 cm erreichen können.

Ebenso sind Rhabarberpflanzen Solitärstauden, die am Teichufer recht gut gedeihen können. Außer dem Speiserhabarber gibt es noch einige andere Arten mit bizarr geschlitzten Blatträndern und weißen, gelben oder roten Blütenständen. Sie entfalten sich etwa im Mai und Juni. Allein schon der leuchtend-glutrote Austrieb des Speiserhabarbers von April bis Mai ist eine Zierde für den Garten. alle Rhabarberpflanzen verlangen einen ständig feuchten, nährstoffreichen Boden.

Wer kennt nicht Bärenklau, auch Herkulesstaude genannt? Sie erreicht eine stattliche Höhe von 2,50 m. Eigentlich ist die Herkulesstaude *(Heracleum mantegazzianum)* eine zweijährige Pflanze, die nach der Samenbildung im zweiten Jahr abstirbt. Wie die Blätter erreichen die einzelnen Doldenblüten oft einen Durchmesser von 1 m. Von Juli bis August sind sie mit zahlreichen weißen Einzelblüten besetzt, die eine gute Bienenweide sind. Selbst nachdem die Pflanze abgestorben ist, steht das vertrocknete Kraut der Herkulesstaude noch als eindrucksvoller bizarrer Winterschmuck am Teichufer und spiegelt sich im blanken Wasser. Die Herkulesstaude sät sich selbst aus, so daß man sich um den Nachwuchs nicht zu sorgen braucht,

Links: Die eindrucksvolle Herkulesstaude *(Heracleum mantegazzianum)*. Rechts: Wasserdost *(Eupatorium cannabium)*.

Links: Wie kleine silberne Perlen glitzern die Wassertropfen auf den Blättern des Frauenmantels *(Alchemilla mollis).* Rechts: Eine der vielen Tagliliensorten: *Hemorocallis*-Hybride 'Franz Hals'.

sofern man eine gewisse Anzahl von Sämlingen im Garten duldet. Im Sommer können die Haare des Stengels bei Berührung Hautreizungen hervorrufen.

Der Wasserdost *(Eupatorium purpureum)* wird bis zu 2 m hoch. Die purpurn gefärbten Blattansätze heben sich von seinen bläulichgrauen Stengeln auffällig ab. Die an 4–5 Stielen pro Stengel sitzenden Doldenblüten sind je nach Sorte weinrot, rosa oder weiß und erscheinen von Juli bis September. Nun sollten Sie nicht den Ehrgeiz haben, alle diese schönen Solitärstauden in Ihrem Garten anzusiedeln. Besser ist es, nur eine dieser Pflanzen für einen ganz bestimmten Platz am Teichufer auszuwählen. Mehrere Solitärstauden auf engem Raum würden sich gegenseitig nur die Show stehlen. Leitstauden übernehmen in einer Staudengesellschaft eine Führungsrolle. Deshalb ist es sinnvoll, diese Stauden zuerst auszusuchen und dann die zu ihnen passenden zu wählen. Allerdings unterliegt es dem eigenen Geschmack, zu entscheiden, welche der Stauden nun Leitstauden oder nur zugeordnete Staude ist. Feste Regeln gibt es dafür nicht. Aus diesem Grund können auch hier nur einige typische Stauden für das bodenfeuchte Teichufer genannt werden. Dazu werden aber auch weitere Stauden aufgeführt, die mit ihnen harmonieren. Eine schöne Staude mit Wildcharakter ist der Frauenmantel *(Alchemilla mollis).* Mit seinen frischgrünen, weichbehaarten Blättern, in denen fast immer einige Tautropfen hängenbleiben, paßt er direkt zum Teichufer. Im Juni schmücken gelbgrüne Blüten die Staude. Der Frauenmantel kann

das Ufer in größeren Gruppen säumen, aber auch mit dem Wasserdost *(Eupatorium purpureum),* Mädesüß *(Filipendula purpurea)* oder dem Schneefelberich *(Lysimachia clethtroides)* kombiniert werden.

Astilben sind eine reichhaltige Staudengattung mit verschiedenfarbig federartigen Blütenständen, die zu unterschiedlichen Zeiten erscheinen. Die Blütenpalette reicht von Reinweiß über Cremefarben, Rosa, Violett bis zu Glutrot. Astilben gedeihen am besten im Halbschatten unter Gehölzen oder auch in der Sonne, wenn der Boden feucht genug ist. Als Nachbar der Astilben eignen sich Silberkerze *(Cimicifuga),* Funkien *(Hosta-Arten),* Primeln der Sektion Candelabra, Schaublatt *(Rodgersia)* und Farne. Außerdem gibt es *Astilbe rivularis,* die sich weniger durch die großen gelblichweißen Blütenrispen im August und September, als vielmehr die großen dreiteiligen Blätter mit ihren braunbehaarten Stielen auszeichnet. Als Nachbarn machen sich der Kerzenknöterich *(Polygonum amplexicaule* 'Atropurpureum') sowie hohe Farne recht gut.

Die Gemswurz *(Doronicum orientale)* ist eine schöne, schlichte wie beliebte Frühlingsstaude. Ihre goldgelben, margeritenähnlichen Blüten entfaltet sie von April bis Mai. Mit ihren Blütenständen erreicht die Gemswurz eine Höhe von 40–50 cm. Geeignete, zur gleichen Zeit blühende Nachbarn sind das Kaukasusvergißmeinnicht *(Brunnera macrophylla),* Wildnarzissen und rotblühende Wildtulpen.

Mädesüß *(Filipendula ulmaria)* ist eine typische Uferstaude unserer heimischen Gewässer. Die in zahlreichen vielstrahligen Trugdolden sitzenden gelblich-weißen Blüten erscheinen von Juni bis August auf bis zu 2 m hohen Stengeln. Gute Gesellen des Mädesüß sind der Blutweiderich *(Lythrum salicaria),* Himmelssiegel *(Polemonium),* Goldranuncel *(Ranunculus acris* 'Multiplex'), die heimische Trollblume *(Trollius europaeus)* und der Wasserschwaden *(Glyceria maxima).* Außer dem heimischen Mädesüß gibt es *Filipendula digitata* 'Nana', das mit seinen tiefrosa Blüten 40 cm hoch wird, *Filipendula hexapetala* 'Plena' mit einer Höhe von 30 cm und weißen Blüten, *Filipendula kamchatica* mit großen weißen Doldenrispen und einer stattlichen Höhe von 1 m, *Filipendula purpurea* 'Elegans' dunkelrosa bis karminrot, 80 cm und *Filipendula rubra* 'Vebusta' mit rosaroten Blüten und einer Höhe von 1,50 m.

Wunderschöne Gartenstauden, die den erfahrenen Liebhaber ebenso begeistern wie den Gartenneuling sind Taglilien *(Hemerocallis).* Von ihnen gibt es eine große Auswahl an Arten und Sorten mit unterschiedlichen Blütezeiten, Blütefarben und -formen, wie auch unterschiedlichen Wuchsformen. Zu alldem sind sie anspruchslos und gedeihen in jedem halbwegs frischen, nicht zu feuchten Gartenboden. Als Nachbarn eines Gartenteiches sind sie besonders empfehlenswert. Im Frühjahr wachsen die gras- bis schilfartigen Blätter heran, die in ausgewachsener Form leicht überhängen und in ihrer Mitte einen Trichter bilden. Trichterförmig sind auch die Blüten der Taglilien, die sich jeweils nur für einen Tag öffnen. Täglich wächst jedoch für jede verwelkte eine neue Blüte nach. Je nach Art und Sorte erstreckt sich die Blütezeit von Mai bis September, wobei sich die Blütezeit jeder einzelnen Art über mehrere Wochen hinzieht. Die Blütenfarben umfassen nahezu die gesamte Palette aller möglichen Blütenfarben, ausgenommen Blau. Allein mit *Hemerocallis* lassen sich liebliche Farbenspiele im sommerlichen Garten veranstalten. Auch die lange auf den Blättern haftenden Wassertropfen fesseln den Betrachter und schaffen eine Atmosphäre der Frische im Garten. *Hemerocallis* gedeihen am besten in voller Sonne oder leicht beschatteten Lagen. Eine warme, luftfeuchte Atmosphäre im Garten läßt manche Arten ihren Blütenflor besonders schön entfalten. Als Nachbarin von *Hemerocallis* am Rand eines Wassergartens eignen sich besonders die Sibirische Iris *(Iris sibirica), Iris kaempferi, Ligularia*-Arten, der Blutweiderich *(Lythrum salicaria),* Wiesenknöterich *(Polygonum bistorta* 'Superbum'), *Thalictrum* und die Trollblume *(Trollius).*

Mit den Taglilien verwandt sind die Herzblattlilien, auch Funkien *(Hosta)* genannt. Die Zierde dieser Stauden sind vor allem ihre rosettenartig aus dem Boden wachsenden Blätter, die bei vielen Arten und Sorten weiß oder gelblich gezeichnet sind. Je nach Art erscheinen die Blüten

Eine der schönsten Uferstauden: Sibirische Iris *(Iris sibirica).*

Das Greiskraut (Ligularia x hessei) blüht im August.

von Juni bis Oktober an aus der Mitte der Rosetten herauswachsenden Stengeln. Die in vielblütigen Trauben erscheinenden trichterförmigen Einzelblüten sind je nach Art reinweiß bis dunkellila. Funkien gedeihen am besten in halb- bis tiefschattigen Lagen und benötigen dort noch nicht einmal allzu viel Feuchtigkeit. Sie eignen sich für leicht beschattete Teichufer ebenso wie für Gehölzränder, die weiter vom Teichufer entfernt gelegen sind. Der Boden für *Hosta* sollte humusreich und in seiner Reaktion schwach sauer oder nur leicht kalkreich sein. Herzblattlilien treiben mit ihren Blättern oft erst gegen Mitte Mai aus dem Boden. Deshalb empfiehlt sich eine Benachbarung von Stauden, die vor oder während des Blattaustriebes von *Hosta* blühen. Von den buntlaubigen Arten sollte man nicht zu viele auf einen Fleck pflanzen. Viel besser als eine große Massierung von ihnen wirken kleine Gruppen oder einzelne Exemplare. Als Vorboten der spät austreibenden *Hosta*-Arten eignen sich der Winterling *(Eranthis hyemalis),* Lärchensporn *(Corydalis cava* und *C. solida),* die

Schachbrettblume und später auch Taglilien sowie Eisenhut *(Aconitum),* Astilben, *Polygonatum* und *Primula florindae.*

Einige Arten der großen Gattung Iris *(Iris)* haben wir schon auf Seite 68 vorgestellt. Die Auswahl für den Uferbereich ist noch größer als für das Wasser oder die Sumpfzone. Hierzu gehören *Iris chrysographes.* Hybriden dieser Art gibt es unter dem Namen *Iris × chrysophor,* außerdem *Iris cristata* mit der Sorte 'Alba' und *Iris sanguinea.*

Eine der bekanntesten Irisarten ist *Iris sibirica* mit ihren leicht bläulichen schilfartigen Blättern. Als Nachbarn eignen sich wiederum die vielseitig verwendbaren Taglilien, die Dreimasterblume *(Tradescantia),* der Blutweiderich und Felbericharten *(Lysimachia).* Im Juni und Juli blüht *Iris spuria* dunkelviolett.

Fast schon Solitärstauden sind die Arten des Greiskrauts *(Ligularia).* Sie werden je nach Art 1–2 m hoch, haben große runde oder tiefgebuchtete Blätter und eindrucksvolle Blütenstände, die als Dolden oder Rispen ausgebildet sind. Die Blütenfarbe ist bei allen Arten gelb mit jeweils unterschiedlichen Nuancen. Ligularien lieben einen feuchten humosen oder lehmigen Boden und, je trockener es ist, um so mehr Schatten. Am besten pflanzt man sie einzeln in den Gehölzrand oder in Gruppen an den Rand eines größeren Gewässers. Ligularien sind Sommerblüher. Ihre Blütezeit erstreckt sich von Juli bis September.

Vom Felberich *(Lysimachia)* sollen hier nur drei Arten hervorgehoben werden, die sehr häufig in unseren Gärten anzutreffen sind. Man kann sie als ideale Begleiter jedes im Garten angelegten Gewässers bezeichnen. Hierzu gehört der Goldfelberich *(Lysimachia punctata),* eine einfache aber robuste und lange blühende Staude, deren gefällig leuchtendes Gelb der Blüten von Juni bis August das Staudenbeet am Teich beherrschen kann. Der Goldfelberich erreicht eine Höhe von 80 cm. Wegen seines starken Ausdehnungsdranges sollte man ihm von vornherein viel Platz einräumen. Flach auf dem Boden kriecht dagegen das Pfen-

nigskraut *(Lysimachia nummularia)*. Die zarten Triebe sind im Mai und Juni dicht mit goldgelben Blüten besetzt. Neben dem Pfennigskraut ist der kriechende Günsel *(Ajuga reptans)* ein interessanter Bodendecker als Überleitung von der Teichrandvegetation zum Rasen. Beide Arten können in die Grasnarbe hineinwachsen. Ihre Triebe liegen so tief auf dem Boden, daß sie nicht vom Rasenmäher erfaßt werden.

Zum Pfennigskraut passen außerdem die Wildarten der Taglilie, der Hundszahn *(Erythronium deniscanis)* und der Märzbecher *(Leucojum vernum)*. Zum Goldfelberich lassen sich gut der Storchschnabel *(Geranium × magnificum)*, Knöterich *(Polygonum amplexicaule)*, Primeln der Sektion *Sikkimensis* sowie *Veronica virginica* gesellen. Der dritte im Bunde ist *Lysimachia thyrsiflora,* der Straußfelberich, der auch im flachen Wasser gedeiht und deshalb schon auf Seite 72 beschrieben wurde.

Von den Knöterichen *(Polygonum)* wurde unter den Wasserpflanzen der tiefsten Zone bereits *Polygonum amphibium* genannt. Eine schöne Art fürs Teichufer ist der Kerzenknöterich *(Polygonum amplexicaule* 'Atropurpureum'). Mit seinen leuchtend rosa Blütenähren erreicht er eine von Höhe von 1 m. Die Blütezeit erstreckt sich von August bis Oktober; eine ideale Staude für den Gehölzrand. Der Wiesenknöterich *(Polygonum bistorta)* ist auf unseren feuchten Wiesen heimisch, wo er eine Höhe von 90 cm erreichen kann. Große rosa Blütenstände hat die Sorte 'Superbum'; die Blütezeit liegt zwischen Mai und Juni. Ideale Nachbarn sind Pflanzen, die ebenfalls auf feuchten Wiesen zuhause sind, wie zum Beispiel die Trollblume *(Trollius)*, *Iris sibrica* und *Iris versicolor, Iris pseudacorus* sowie *Carex pendula*.

Über Primeln *(Primula)* sind schon ganze Bücher geschrieben worden. In Europa, Asien und Nordamerika sind über 550 Arten dieser Gattung verbreitet, angefangen von unserer heimischen Schlüsselblume *(Primula veris)* mit ihren schlichten, dottergelben duftenden Blüten, bis hin zu den auffallenden etagenförmig oder kugelig angeordneten Blütenständen anderer Primel-Arten. Die Schlüsselblumen wachsen in unserer Landschaft, wo sie noch einigermaßen intakt ist, auf feuchten Wiesen oder im lichten Schatten des Auenwaldes. Die gelben Blüten haben fünf orangefarbene Schlundflecken und erscheinen im April und Mai. Besonders reizvoll für die Ufer von Teichen und künstlichen Wasserläufen sind die sogenannten Etagenprimeln *(Primula × bullesiana* und *P. beesiana)*. Die Blütenstände sind in mehreren Arten quirlartig um den Stengel herum angeordnet. Die Farbtöne der im Juni und Juli erscheinenden Blüten variieren von Purpur, Lila bis Karmin und Rosa. Die großen Blätter erreichen eine Höhe von etwa 50 cm. Bemerkenswert ist auch die Sumpfprimel (Sektion *Sikkimensis)*.

Blumen, die aus Zwiebeln und Knollen wachsen, sind ihrem Charakter nach ebenfalls Stauden. Die meisten vertragen jedoch nicht den immerfeuchten Boden und eignen sich deshalb nicht für den sumpfigen Uferbereich. Einige Blumenzwiebeln gedeihen dort dennoch. Hierzu gehört vor allem die Schachbrettblume *(Frittillaria meleagris)* aber auch der Hundszahn *(Erythronium denis-canis)* und der Märzenbecher *(Leucojum vernum)*. In dem frischfeuchten normalen Gartenboden in der Nähe des Teiches können wiederum Schneeglöckchen, Winterling, Scilla, Tulpen und Narzissen gedeihen. Hier sollte man jedoch Arten wählen, die züchterisch weitgehend unbeeinflußt sind, also ihren Wildcharakter noch erhalten haben. Dies gilt vor allem für Tulpen und Narzissen, von denen es viele reizvolle Wildarten gibt. Gefüllte Narzissen, schwerfällig klobige Blütenstände der Hyazinthen oder gefranste, langstielige lilafarbene Tulpen (hochstämmige Bratkartoffeln) sollen in unserer sonst so lieblichen Teichufervegetation nichts verloren haben. Unter günstigen Bedingungen vermehren sich die kleinblütigen Wildarten durch Tochterzwiebeln- und -knollen Jahr für Jahr weiter. Man bezeichnet dies treffenderweise als »Verwildern«.

100

Kombination verschiedener Lebensbereiche

Ein Wassergarten läßt sich mit vielen anderen Spezialbereichen des Gartens kombinieren, so zum Beispiel auch mit einem Steingarten. Die aus alpinen Klimazonen stammenden Gewächse brauchen zu ihrem Gedeihen viel Luftfeuchtigkeit, wie sie im Hochgebirge infolge starker Taubildung vorhanden ist. Deshalb ist der Teich ein ideales Element für den Steingarten und umgekehrt. Ein Teich oder Tümpel, der in ein Alpinum integriert ist, braucht noch nicht einmal bepflanzt zu sein. Im Hochgebirge sind die Gewässer auch größtenteils vegetationsarm, kahl und glasklar. Man legt sie am tiefsten Punkt oder auf einem Podest innerhalb des Steingartens an und gestaltet ringsherum die Alpenflora. Dies läßt sich im Garten auf kleinstem Raum machen. Ein mit Stein-

brechgewächsen *(Saxifraga)* bepflanzter Kalkknollenstein oder einige mit Hauswurz *(Sempervivum)* überwachsene Steine reichen oftmals aus. Ein besonders schönes Element im Steingarten kann eine Trockenmauer sein. Dabei werden die Steine ohne Mörtel aufeinandergesetzt. Anstelle von Mörtel verwendet man ein Gemisch aus Komposterde und fettem Lehm und pflanzt die alpinen Stauden bereits beim Aufsetzen der Mauer in deren senkrechte Fugen. Eine Trockenmauer sollte leicht gegen den Hang geneigt sein. Dies hat zwei Gründe: erstens kann sie dem Druck des dahinterliegenden Erdreiches besser standhalten und zweitens wird das Regenwasser über die Mauer in die Fugen und somit an die Wurzeln der Pflanzen geleitet. Eine Trockenmauer hat außerdem eine ökologische Funktion, vor allem, wenn man bewußt einige Lücken einbaut. Dann bietet sie zahlreichen Amphibien, Blindschleichen und Eidechsen Unterschlupf.

Unsere heimische Schlüsselblume *(Primula veris)* ist in Europa, Sibirien, Vorder- und Mittelasien beheimatet. Sie gedeiht auf sonnigen, frischfeuchten Wiesen oder im lichten Schatten eines Gebüsches. Die dottergelben Blüten haben in ihrem Schlund 5 orangefarbene Flecken.

Die Rosenprimel *(Primula rosea)* blüht noch vor den Blättern in einer vielblütigen Dolde karmesinrot. Leider sind die Blüten durch Spätfröste ein wenig gefährdet. Die Rosenprimel gedeiht auf feuchtfrischen Böden in voller Sonne oder halbschattiger Lage. Die schönen Blütenstände erscheinen von März bis April.

»Königin des Sumpfes« wird diese Primel *(Primula heloxa)* genannt. Ihre Heimat liegt in Birma und Yünnan. Sie erreicht eine Höhe von einem Meter und hat feingezähnte, bis zu 40 cm lange Blätter. Im Juni und Juli erscheinen die reizvollen, fast glockenförmigen Blüten, von denen jede bis zu 2,5 cm groß und goldgelb ist in 8 bis 10 Quirlen.

Wie man Stauden vermehrt

Wer sich in den Katalogen der Staudengärtner nach den Preisen umsieht, bekommt ein wenig Angst, wenn er einmal die Summe überschlägt. Selbst wenn die Einzelpreise mancher Stauden durchaus niedrig sind, kommt unter dem Strich doch manches zusammen. Doch niemals sollte man Pflanzen aus der Natur entnehmen! Dort ist bereits soviel gesündigt worden, daß wir uns nicht auch noch daran beteiligen wollen. Wer sich jedoch ein wenig umsieht, kann ganz billig, meistens sogar kostenlos an die Materialien und Pflanzen fürs Ufer kommen. Wo ein alter Baum gefällt worden ist, gibt es einen schönen Stamm, den der Besitzer gern loswerden möchte, sofern er keinen Kachelofen oder offenen Kamin hat. Oft wird derart wertvolles Holz zur Müllkippe gefahren. Eine alte Wurzel oder ein alter Baumstam darf ruhig ein wenig ins Wasser ragen. Bald ist das Holz von einer frischgrünen Schicht Torfmoos überzogen. Die Holzteile dürfen lediglich keine spitzen Aststümpfe haben, sonst könnte die Folie durchlöchert werden. Auch Steine sind mitunter leicht und billig zu bekommen. Manche Kieswerke geben größere Kieselsteine sogar kostenlos ab, wenn man sie selbst kofferraumweise abtransportiert. Oder halten Sie mal die Augen offen, wenn ein altes Haus abgebrochen wird. Manchmal ist der Sockel aus Natursteinen gemauert, die auch heute noch oft zur Müllkippe gefahren werden. Aber auch, wenn eine Baugrube ausgehoben wird, kommen nicht selten schöne Natursteine zum Vorschein. Eine Frage beim Bauherrn oder der zuständigen Behörde genügt oft, um an kostbares Naturmaterial zu kommen.

Doch zurück zu den Pflanzen. Niemand zwingt Sie, den Wassergarten und sein Ufer sofort komplett zu bepflanzen. Wenn Sie knapp bei Kasse sind, kaufen Sie von jeder gewünschten Pflanze nur ein Exemplar. Bei gutem Wachstum können Sie diese Pflanzen nach einem oder zwei Jahren selbst vermehren. Aber auch von Ihrem Nachbarn, von Freunden und Bekannten können Sie einiges an Pflanzenmaterial bekommen. Sie sollten dann allerdings kritisch auswählen. Jedes ältere Staudenbeet muß einmal ausgelichtet werden. Viele Stauden wuchern im Laufe der Jahre so stark, daß man sie herausnehmen und teilen muß. Einige dieser Teilstücke könnten in Ihrem Garten weiterwachsen, denn alles kann nicht wieder auf dasselbe Staudenbeet gepflanzt werden.

Die Vermehrung durch Teilen ist eine der vegetativen Vermehrungsarten und bei Stauden die einfachste. Viele Stauden haben ein derart dichtes und verfilztes Wurzelwerk, daß man sie, nach dem Ausgraben einfach mit dem Spaten in zwei, vier oder noch mehr Teile zerstechen kann. Jedes Teilstück wächst sicher wieder an, wenn der Boden sorgfältig genug vorbereitet ist und wenn man sie nur richtig pflanzt. Es gibt aber noch eine andere Art der vegetativen, also ungeschlechtlichen Vermehrung: Stecklinge. Wenn die Triebe der Stauden noch frisch aber nicht mehr weich und noch nicht verholzt sind, schneidet man von ihrem Kopf ein Stück mit 2–4 Blattpaaren. Die Schnittfläche des Stecklings sollte etwa eine Messerrückenbreite unter dem letzten Stengelknoten liegen und parallel zu diesem verlaufen. Diese Stecklinge kommen in einzelne Töpfe oder dicht an dicht in Schalen, die mit einer Mischung aus feuchtem Torf und Sand gefüllt sind. Sie werden in, mit einem Hölzchen vorgestochene, Löcher gesteckt und fest angedrückt. Anschließend gießt man sie vorsichtig mit einer feinen Brause an. Bei Sonnenschein sollte man sie mit Papier schattieren, bis sie angewachsen sind. Wenn die Triebe weiterwachsen und sich neue Blätter bilden, ist dies ein sicheres Zeichen dafür, daß die Stecklinge angewachsen sind. Vor sich hinkümmernde oder gar faulende Stecklinge müssen sofort entfernt werden. Die bewurzelten Stecklinge werden nun in Töpfe mit nährstoffreicher Erde gepflanzt, damit sie sich kräftig entwickeln können. In diesen Töpfen sollten sie auch schon, sofern sie im Zimmer aufgezogen wur-

Duftiger Blütenflor des Frauenmantels *(Alchemilla mollis)* am Ufer des künstlichen Wassergrabens.

den, an die Temperaturen im Garten gewöhnt werden. Wenn sie richtig eingewachsen sind und einen Topfballen gebildet haben, können sie an den endgültigen Standort gepflanzt werden.

Nicht ganz so einfach ist es, die Stauden geschlechtlich, also durch Samen zu vermehren. Manchmal tun es die Stauden ja von selber. Bei züchterisch unveränderten Wildstauden kann uns das oft willkommen sein. Bei Hybriden erhält man durch selbstausgesuchte Jungpflanzen aber nicht die gleiche Sorte, sondern Gewächse mit ganz verschiedenen Eigenschaften der Elternsorten, aus denen diese Sorte gekreuzt wurde. Deshalb ist es empfehlenswert, solche Stauden entweder vegetativ oder durch im Fachhandel gekauften Samen zu vermehren.

Bei der Aussaat ist es wichtig, die richtige Temperatur und die richtige Jahreszeit zu berücksichtigen. Bei selbstgewonnenem Samen muß bei manchen Arten eine gewisse Samenruhe berücksichtigt werden, in der Hemmstoffe innerhalb der Samenkörner abgebaut werden. Erst dann sind diese Samen fähig zu keimen. Allgemeine Regeln lassen sich hierzu jedoch nicht aufstellen. Mit gekauften Staudensamen hat man es auf jeden Fall einfacher. Dort sind die richtigen Aussaatzeiten auf der Packung angegeben. Schwierigkeiten können dann eigentlich nur noch die Stauden bereiten, deren Aussaatzeit entweder zu Beginn des Frühsommers oder im Spätherbst liegt. Das späte Frühjahr ist für den gärtnerisch noch unerfahrenen Laien deshalb ein wenig kritisch, weil er mit dem Auflaufen der Sämlinge und der Anzucht seiner Jungpflanzen in die heiße Jahreszeit hineinkommt. Er muß seine Saat sorgfältig überwachen, also feucht halten und vorsichtig und abgestuft lüften. Eine Unachtsamkeit kann dazu führen, daß die Sämlinge durch die Sonne Schaden erleiden und verbrennen. Im Spätherbst hat man es dagegen mit den sogenannten Frostkeimern zu tun. Die Samen dieser Pflanzen brauchen eine gewisse Periode von kalten Temperaturen (deshalb besser: Kaltkeimer) um keimen zu können. Das Verfahren ist nicht

ganz einfach und verlangt ebenfalls gärtnerisches Geschick. Man sät in eine Schale und stellt diese in einen offenen Frühbeetkasten. Wenn es geschneit hat, wird diese Schale zusätzlich mit umliegenden Schnee eingedeckt und der ganze Kasten mit Fenstern geschlossen. Im März holt man die Schale ins Haus. Dort gehen die Samen auf.

Später werden die jungen Pflänzchen im Frühbeetkasten und schließlich im Freiland weiterkultiviert. An solche besonderen Aussaat- und Anzuchtmethoden sollten sich Gartenfreunde erst mit einiger Erfahrung heranwagen. Zu den Frostkeimern gehören fast ausschließlich Stauden aus der alpinen Flora. Wichtig ist auch, zu beachten, ob es sich um Licht- oder Dunkelkeimer handelt. Die meisten unserer Kulturpflanzen sind Dunkelkeimer und müssen nach der Aussaat mit einer dünnen Schicht Erde bedeckt werden. Zu den Lichtkeimern gehören die meisten Wildpflanzen, die auch für unsere Teichflora von Bedeutung sind und sich willig aussäen. Die Samen der Lichtkeimer werden nach der Aussaat nur angepreßt oder ganz dünn mit Sand bedeckt.

Empfehlenswert ist die Aussaat in Gefäße oder im Frühbeetkasten. So können die Samen frühzeitig keimen und die jungen Pflänzchen nach und nach abgehärtet werden. Die Aussaaterde sollte locker, durchlässig, feinkrümelig und gleichmäßig feucht sein. Nährstoffe braucht sie nicht zu enthalten. In einem nährstoffarmen Substrat ist die Wurzelbildung meistens besser.

Die Aussaattechnik hängt von der Größe der Samenkörner ab. Wenn sie die Größe eines Stecknadelkopfes haben, kann man sie direkt aus der Tüte aussäen. Größere Samen, etwa so wie die der Erbsen, Bohnen oder Sonnenblumen lassen sich am leichtesten von Hand in den Boden legen. Manchmal gibt es aber auch pulverfeinen Samen, den man nur schwer gleichmäßig über die Fläche einer Blumenschale verteilen kann. Hier hilft es, den Samen mit ein wenig trockenem Sand zu vermischen und mit einem postkartengroßen geknickten Stück Pappe auszusäen.

Nach dem Auflaufen muß die Saat möglichst gleichmäßig warm und feucht gehalten werden. Draußen paßt man sich freilich den gegebenen Temperaturen an und sät nicht bei kaltfeuchtem Wetter. Durch die aufgelegten Fenster eines Frühbeetkastens oder zusätzlich darübergedeckte Rohrmatten bei Nacht lassen sich allzu extreme Temperaturschwankungen überwinden. Sobald die Temperaturen steigen, sollte man die jungen Pflänzchen durch abgestuftes Lüften nach und nach abhärten und schließlich an ihren endgültigen Standort pflanzen. Für den noch unerfahrenen Gartenfreund ist die generative Vermehrung nicht ganz unproblematisch. Der Vorteil besteht jedoch darin, daß man durch sie qualitativ hervorragende Pflanzen gewinnt.

Gehölze am Teichrand

Ohne Gehölze wäre unsere Staudengesellschaft rund um den Teich unvollkommen. Bäume und Sträucher müssen dabei nicht in unmittelbarer Nähe des Ufers stehen. Denn dort können sie auch Probleme verursachen, zum Beispiel durch in den Teich fallendes Laub. Die Blätter sinken zu Boden und bilden bald eine dicke Schicht Faulschlamm, aus denen Faulgase aufsteigen. Dies sollte uns jedoch nicht dazu verleiten, statt Laubgehölze Nadelbäume an den Teich zu pflanzen. Sommergrüne Laubgehölze sind nun mal im Wechsel der Jahreszeiten lebendiger. Im Sommer beschatten sie, richtig plaziert, den Teich zur heißesten Tageszeit, im Winter sind sie jedoch kahl und halten dem Wasser keinen der Sonnenstrahlen fern, die es zu dieser Jahreszeit so dringend braucht. Nadelgehölze werfen dagegen auch im Winter ihren Schatten auf den Teich. Außerdem sind Nadelgehölze in der Natur selten mit Wasser kombiniert, die Ufer von Gebirgsseen ausgenommen. Welche Gehölze im einzelnen mit dem Teich kombiniert werden sollen, hängt von der Gesamtgestaltung und vom Stil des Teiches und Gartens ab. In einem naturnahen Garten wird man sicher auf die Gehölze des Auenwaldes zurückgreifen, wie zum Beispiel Erlen, Weiden, Hasel oder Kreuzdorn, jedoch keine Pappeln. Sie sind für einen Hausgarten zu groß. Auch viele Ahornarten sind die idealen Teichbegleiter. Die japanischen, rotlaubigen und geschlitzt-blättrigen Arten machen sich in architektonisch gepflanzten Gärten besonders gut. Auch der Katsurabaum fühlt sich in Wassernähe sehr wohl.

Ganz gleich, welche Bäume oder Sträucher Sie für Ihren Teichgarten auswählen: pflanzen Sie nur wenige Exemplare und geben Sie denen genug Raum zum Wachsen. Eine Gehölzpflanzung, die nach zwei Jahren ausgelichtet werden muß, weil die Bäume und Sträucher zu dicht gesetzt wurden, büßt immer an Schönheit und Harmonie ein. Gehölze müssen in den Gärten alt werden können. Die Wurzeln mancher Bäume und Sträucher können Teichen, die mit Ton oder Folie abgedichtet wurden, zu schaffen machen. Dies ist ein Grund, warum zum Beispiel Pappeln im Hausgarten nichts zu suchen haben. Aber auch die heimische Sandbirke (*Betula pendula*) und die Rot- und Blaufichte haben flach unter der Bodenoberfläche wachsende Wurzeln. Man sollte solche Gehölze meiden oder einen sogenannten Wurzelvorhang zum Teich hin anbringen. Dazu schachtet man einen Graben von maximal 50 cm Tiefe aus und schlägt im Abstand von 1–2 m Pfähle in die Sohle des Grabens. Von Pfahl zu Pfahl wird nun eine doppelte oder dreifache Lage Jute oder Dachpappe gespannt. Eine andere Möglichkeit besteht darin, ausrangierte Betonplatten senkrecht in den Boden zu stellen. Auch sie können ein Hindernis für allzu wuchsfreudige Baumwurzeln sein. Eine letzte Möglichkeit schließlich: das Gehölz in einen versenkten Betonring, so wie man ihn für Kanalschächte verwendet, pflanzen.

Weiden gibt es überall an natürlichen Gewässern. So ist es auch naheliegend, am Ufer eines naturnahen Teiches eine Weide zu pflanzen. Die Uferweidenarten mit ihren schmalen Blättern

passen nicht nur zum Wasser und der Uferflora, sondern bieten auch zahlreichen Käfern und Insekten, von denen einige sogar schon auf der Roten Liste der gefährdeten Tierarten stehen, Unterschlupf und Nahrung. Früher waren Kopfweiden überall in Nord- und Ostdeutschland sowie in den Niederlanden verbreitet. Dabei handelt es sich um baumartig wachsende Uferweiden, deren Kronen aus wirtschaftlichen Gründen im Abstand einiger Jahre bis auf die Astansätze geschnitten wurden. Die abgeschnittenen Triebe wurden zum Ausflechten von Fachwerkhäusern, zur Korbflechterei, zur Herstellung von Gerätestielen und Holzschuhen

verwendet. Durch den wiederholten Schnitt entstanden kopfähnliche Verdickungen am Ende der Weidenstämme, von denen diese Bäume ihren Namen bekommen haben. Zwischen den Aststummeln sammelte sich Wasser. Das Holz begann nach und nach zu faulen und der Stamm wurde schließlich hohl. Was zunächst wie »Baumquälerei« aussieht, hat aber durchaus seine positiven Seiten. In dem durch Fäulnis entstehenden Mulm fanden Käferarten ihre Nahrung, wie zum Beispiel der Weidenbock, der fast schon eine Rarität geworden ist. Wenn der Stamm erst einmal teilweise oder ganz ausgehöhlt war, bot er sogenannten Höhlenbrütern, so zum Beispiel der selten gewordenen Hohltaube Unterschlupf und Nistgelegenheit, ebenso Fledermäusen und kleinen Tieren des Feldes. Heute haben Kopfweiden keine wirtschaftliche Bedeutung mehr. Der ökologische Nutzen ist jedoch um so wichtiger geworden. Denn mit den abgeholzten Kopfweiden, die den Bauern, auf deren Wiesen sie standen, zu lästig geworden waren, verschwanden auch zahlreiche Käfer, Vögel, die auf den hohlen Stamm angewiesen sind, und Fledermäuse.

Seit Beginn der siebziger Jahre bemüht sich eine Projektgruppe des Deutschen Bundes für Vogelschutz (DBV) um die Erhaltung und Wiederanzucht von Kopfweiden am Niederrhein. Besonders verdient hat sich der Leiter dieser Projektgruppe Erich Staudt aus Moers gemacht, der für seinen Einsatz von Loki Schmidt, der Gattin des früheren Bundeskanzlers, mit der Silberpflanze ausgezeichnet wurde.

Die Anzucht einer Kopfweide im eigenen Garten ist durchaus möglich und nach der Methode von Erich Staudt gar nicht schwer. Man besorgt sich im Februar/März einen etwa 3 m langen Ast einer älteren Weide. Bevorzugt verwendet man die Weidenarten *Salix alba, Salix viminalis* und *Salix frangula*. Diese armdicken Äste werden etwa 1 m tief in den Boden gesteckt. Weidenstecklinge wachsen schnell an. In den ersten Jahren treiben sie am ganzen Stamm aus. Den Austrieb entfernt man bis auf die Zweige an der Spitze, die bald eine Krone bilden. Im vierten bis sechsten Jahr werden die Kopfäste zum ersten Mal dicht über dem Stammende abgeschnitten. Diesen Schnitt wiederholt man alle 2–4 Jahre. So entsteht der typische Weidenkopf und nach vielen Jahren auch ein Hohlraum im Stamm. Natürlich braucht man viel Geduld, bis es soweit ist. Geduld ist aber eine der wichtigsten Tugenden im Garten überhaupt, und je geduldiger man einen Garten reifen läßt, desto schöner und reichhaltiger an Pflanzen und Tieren wird er mit zunehmendem Alter. Eine Weide ist jedoch von Anfang an ein nützlicher Baum. Neben den erwähnten Käfern, die sich auf ihr niederlassen, bietet sie auch den Bienen im Frühjahr reichlich Nahrung und in der Krone können vorab auch andere Vögel schon nisten. Auch die abgeschnittenen Triebe lassen sich im Garten verwenden. Aus ihnen kann man einfache und kunstvolle Flechtzäune herstellen, oder man schichtet sie einfach in der Nähe des Teiches am Rand der Gehölze zu einem Reisighaufen auf. Darunter können sich Frösche, Kröten, Molche oder Salamander verbergen, je nachdem, was aus der Umgebung des Gartens zuwandern kann.

Rückschnitt von Kopfweiden im zeitigen Frühjahr.

Tiere des Wassergartens: Vom Urtierchen zum Wasserfrosch

Nicht nur die Pflanzen haben sich, von den Algen ausgehend, aus dem Wasser entwickelt. Eine ähnliche Folge verschiedener, voneinander abhängiger Entwicklungsstufen hat es auch bei den Tieren gegeben. Die ersten einzelligen tierischen Lebewesen waren, analog zu den Algen, die Urtiere. Und wie die Algen gibt es sie heute noch. Sie besiedeln jedes Gewässer, von der Pfütze bis zum See und in jedem Fall auch unseren Gartenteich. Unseren Augen verborgen erfüllen sie wichtige Funktionen innerhalb der Nahrungskette aller Lebewesen im Teich. Gäbe es die Urtierchen im Teichwasser nicht, so würden die Algen überhand nehmen und größere Tiere im Teich überhaupt nicht existieren können. In der Natur baut sich alles Leben von unten nach oben, von primitiv bis hochentwickelt auf. Die jeweils höher entwickelten Lebewesen sind von vielen weniger entwickelten abhängig. Je höher ein Lebewesen entwickelt ist, desto mehr ist es gefährdet, wenn in der langen Nahrungskette, an dessen Ende es steht, Störungen auftreten. Am gefährdetsten sind wir Menschen. Als höchst entwickelte Lebewesen dieser Erde sind wir direkt oder indirekt vom gesamten Ökosystem abhängig. Je lückenhafter dieses System wird, desto mehr geht von unserer gesamten Lebensgrundlage verloren, desto mehr ist unser Fortbestand in Gefahr, auch wenn wir uns durch die Umsetzung unserer wissenschaftlichen Erkenntnisse noch einige Jahrzehnte über Wasser halten können. Die ersten Urtiere gab es schon in der Erdfrühzeit, vor rund einer Milliarde Jahren. Im darauffolgenden Kambrium besiedelten, gemeinsam mit den Algen, schon zahlreiche wirbellose Tiere, von den Zoologen kurz »Wirbellose« genannt, den Meeresboden. Im Silur, von 500 Millionen Jahren gab es schon etwa 26 000 Arten von Wirbellosen.

Zu den Urtierchen gehören die Amöben, auch Wechseltierchen genannt. Sie bestehen aus nur einer Zelle und können sich durch die ständige Veränderung ihrer Zellmasse (Protoplast) fortbewegen. Eine andere Gruppe sind die Wimperntierchen, die vor allem im Abwasser und anderem verschmutzten Wasser eine wichtige Funktion erfüllen. Sie ernähren sich von Bakterien. Außerdem gibt es Sonnentierchen, die einen kugeligen Körper mit strahlenförmig auseinandergehenden Scheinfüßen haben. Sie halten sich vor allem dort auf, wo faulige Pflanzenmasse im Wasser liegt. Sonnentierchen ernähren sich von Pantoffeltierchen. Auch die Geißeltierchen gehören zu den Urtierchen, wie zum Beispiel das grüne Augentierchen. Sie alle sind nur unter einem Mikroskop zu erkennen. Limnologen messen an ihrem Vorkommen die Qualität des Wassers. Die in Wasser gelösten Mineralsalze werden von Algen aufgenommen, die sich unter dem Einfluß des Sonnenlichts rasend vermehren können. Zum Teil werden die Algen von den Urtierchen »gefressen«. Danach ist das ursprünglich trübe Wasser wieder klar.

Würmer im Teich

Bei genauerem Hinsehen ins sonnendurchflutete Wasser entdeckt man eine Vielzahl von verschiedenartigen winzigen Lebewesen. Zum Beispiel die Strudelwürmer, die sich von totem organischen Material oder von anderen kleinen Tieren ernähren. Sie sind nicht länger als 1–2 cm, die meisten Arten messen nur wenige Millimeter. Zu den Würmern gehören auch die sog. Rädertierchen, die gar nicht wie Würmer aussehen. Sie sitzen an Pflanzen und Steinen fest oder schweben frei im Wasser und ernähren sich ebenfalls von winzigen Algen oder Bakterien. Rädertierchen sind ihrerseits wieder eine gute Nahrung für Fischlarven. Auf dem Boden kann man oft eine ganze Anzahl dünner Würmer erkennen, die mit ihrem Ende im Wasser ständig hin- und herschlängeln. Dabei handelt es sich um die zu den Ringelwürmern gehörenden Schlammröhrenwürmer, den Aquariumfreunden unter dem Namen Tubifex bekannt. Sie ernähren sich von dem Mulm, der aus herabgefallenen Pflanzenteilen auf dem Teichboden entstanden ist. Bei der Umsetzung organischer Substanzen in ihre Ausgangsmineralien (Mineralisierung) spielen die Schlammröhrenwürmer, ähnlich wie die Regenwürmer an Land, eine entscheidende Rolle. Sie verwandeln die Pflanzenabfälle in nährstoffreichen Kot und arbeiten sie in den Teichboden ein, wo die Nährsalze wiederum den Pflanzen zur Verfügung stehen. Zu den Ringelwürmern gehören auch Egel. Sie setzen sich an Schnecken und Fischen fest und saugen Blut aus ihnen. Egel sind dabei aber nur auf bestimmte Tiere spezialisiert und richten allenfalls bei Überbesatz von Fischen und anderen Tieren Schaden an. Im Übermaß treten sie nur bei ungünstigen Bedingungen im Wasser auf, wie zum Beispiel Sauerstoffmangel oder sonstiger schlechter Wasserbeschaffenheit. Ihre »Opfer« sind Kleinkrebse und Ringelwürmer.

Wasserflöhe

Ein Blick ins sonnendurchflutete Teichwasser läßt uns vielleicht einen ganzen Schwarm winziger kleiner Tiere entdecken, die sich im erwärmten Wasser tummeln. Man faßt sie unter der Bezeichnung

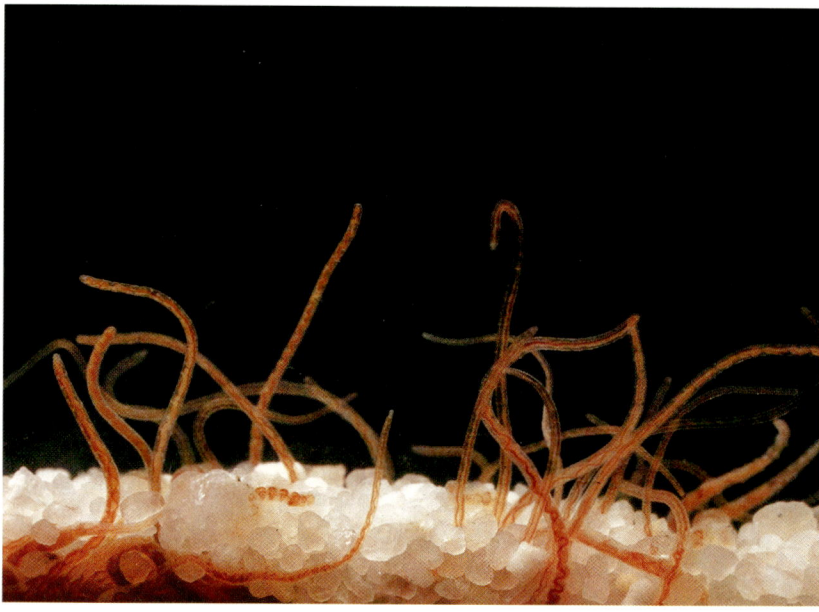

Bachröhrenwürmer verarbeiten die organische Substanz auf dem Gewässerboden.

Rechts: Wasserläufer

Wasserflöhe zusammen. Genau genommen gehören diese Wesen zu den Krebstieren. Außer den Wasserflöhen gehören Hüpferlinge (auch Ruderfüßer genannt), Muschelkrebse, Wasserasseln und Flohkrebse dazu. Wasserflöhe gelangen über die sogenannten Dauereier ins Wasser. Die Dauereier werden wiederum von verschiedenen Tieren eingeschleppt. Aus den Dauereiern schlüpfen nur Weibchen. Deren Eier entwickeln sich ohne Befruchtung eines Männchens auf dem Rücken der Weibchen. Aus der junggeschlüpften Generation können auch wiederum Männchen hervorgehen, welche die Weibchen befruchten. Aus dieser Verbindung entstehen dann die sogenannten Dauereier. Ihren Namen haben die Eier bekommen, weil sie längere Trockenperioden und sogar Frost und Eis überstehen können.

Wasserflöhe ernähren sich hauptsächlich von einzelligen Algen, während die anderen Arten den Gewässerboden nach toten Tieren und Pflanzen absuchen und diese vertilgen. Sie übernehmen damit die wichtige Funktion einer Gesundheitspolizei im Wasser.

Fliegen und Mücken

Als fliegendes Insekt leben Eintagsfliegen nur wenige Stunden oder Tage, daher haben sie ihren Namen. Die Larven leben im Wasser und ernähren sich von Pflanzen, abgestorbener pflanzlicher und tierischer Masse.
Faszinierend ist es, dem Wasserläufer zuzuschauen, wie er blitzschnell über den blanken Wasserspiegel flitzt. Merkwürdig, mit welcher Sicherheit und Geschwindigkeit diese kaum 2 cm langen Insekten sich auf dem Wasser fortbewegen können, ohne unterzugehen. Die Unterseite ihres Körpers ist mit einer Vielzahl von Härchen besetzt, welche die Tierchen von Zeit zu Zeit mit einem aus einer Drüse ausgeschiedenen Sekret einfetten. So ist der Körper des Wasserläufers gänzlich wasserabstoßend. Mit ihren langen Mittelbeinen rudern die Tiere schnell und ruckartig und steuern mit den Hinterbeinen. Mit den Vorderbeinen fangen sie dagegen kleine, ins Wasser gefallene Insekten. Wasserläufer überwintern an Land, in Verstecken

Eine Eintagsfliege ist gerade aus ihrer Hülle geschlüpft.

111

an steinigen Ufern. Dafür sollte bei der Anlage des Teiches gesorgt werden.

Unter Wasser und merkwürdig ruckartig bewegen sich viele Wasserwanzen fort. Zu ihnen gehören die Rückenschwimmer, die Ruderwanzen sowie die Wasserskorpione. Rückenschwimmer und Wasserskorpione (auch Skorpionwanzen genannt) können auch Menschen unangenehm stechen.

Unter Wasser fangen Rückenschwimmer kleine Tiere wie zum Beispiel Mückenlarven, Kaulquappen und Fischlarven.

Wo Wasser ist, da gibt es auch Mücken. Diese allgemein bekannte Tatsache hält sicher manchen Gartenfreund davon ab, einen Teich anzulegen. Doch kaum bekannt ist, daß unter den vielen Mückenarten, die es gibt, nur wenige stechen, wie zum Beispiel die Stechmücken. Von dieser Art kann wiederum nur das Weibchen stechen. Die Mücken legen ihre Eier im Wasser ab, wo die Larven dicht unter der Oberfläche heranwachsen. Mit ihrem am Hinterleib befindlichen Atmungsorgan hängen sie sich an die Wasseroberfläche. Bei einer Störung tauchen sie mit schnellen, schlängelnden Bewegungen in tiefere Bereiche, kommen aber bald zum Luftholen wieder nach oben.

Völlig harmlos sind die Zuckmücken, deren manchmal blutrot schimmernde Larven im Mulm des Gewässerbodens leben und diesen verarbeiten. Ebenso ungefährlich ist die Büschelmücke, deren glasartig durchsichtige Larven waagerecht im Wasser schweben. Mückenlarven ernähren sich je nach Art von den Larven anderer Mückenarten, von Kleinkrebsen und anderen winzigen Wassertierchen sowie von Grünalgen und dem Mulm des

Mückenlarven dicht unter dem Wasserspiegel. Mit ihrem schlauchartigen Organ am Hinterleib versorgen sie sich mit Luft.

Die Larve der Köcherfliege fertigt sich ein kunstvolles Gehäuse. Rechts daneben, die erwachsene Köcherfliege.

Gewässerbodens. Und auch die Mückenlarven werden gefressen, von Käfern, Libellenlarven, Amphibien und, wo vorhanden, Fischen. Von einer Mückenplage kann allenfalls bei einem jungen, stark veralgten Teich die Rede sein. Später gibt es am Gartenteich nicht mehr Mücken als anderswo auch. Bemerkenswert ist die Lebensweise der Köcherfliegen. Die Weibchen legen ihre Eier nach der Paarung unter Wasser an Pflanzen oder Steinen ab. Vom Eistadium machen die Köcherfliegen alle Stationen der vollkommenen Verwandlung durch, über die Larve zur Puppe und zum fertigen Insekt, von Wissenschaftlern Imago genannt. Die Larven bauen unter Wasser aus verschiedenen Materialien, also Pflanzenteilen, Sand, mitunter auch kleinen Steinen ein köcherartiges Gehäuse, das sie ständig mit sich herumtragen. Mit diesem Köcher schützen die Larven ihren weichen Hinterleib. Sie können sich darin auch völlig verbergen. Die gesammelten Materialien werden durch ein Sekret, das die Köcherfliegenlarven ausscheiden, zusammengehalten. Sie ernähren sich meist von Algen, frischen

oder faulenden Pflanzenteilen. Zur Verpuppung befestigen die Larven ihre Köcher am Grund des Gewässers und verschließen sie bis auf wenige kleine Öffnungen für den Wasseraustausch. Nach etwa 14 Tagen klettert die bewegliche Puppe an die Wasseroberfläche und die ausgewachsene Fliege schlüpft aus.

Schnecken und Käfer

Von wichtiger Bedeutung für den Gartenteich sind verschiedene Arten von Schnecken, die sich ganz von selber im Teich ansiedeln, meistens mit den Pflanzen in den Teich eingeschleppt werden. Am häufigsten kommen die Schlammschnecken vor, die eine wichtige Funktion erfüllen, indem sie von Steinen und Beckenwänden Algenbewuchs abraspeln. Außerdem verzehren sie abgestorbene Wasserpflanzen und tote Tiere. Die Tellerschnecke ernährt sich dagegen nur von abgestorbenen Pflanzen und Tierresten. Die Sumpfdeckelschnecken nehmen Schwebteilchen vom Teichboden auf. Auch einige Käfer finden sich sicher in unserem Teich ein. Zu den bekanntesten Wasserkäfern gehört der Gelbrandkäfer, der mit seinen 3 cm Länge schon recht stattlich ist. Der Gelbrandkäfer ist braun und hat, wie der Name sagt, ein gelbgerandetes Halsschild. Allerdings ist dieser schöne Käfer ein schlimmer Räuber. Er fällt nicht nur über Amphibien- und Fischlaich, nicht nur über die Larven, sondern auch über ausgewachsene Tiere her. Ebenso räuberisch sind seine Larven. Das Ausmaß und die Folgen seiner Jagd auf Amphibienlarven

Die Spitzschlammschnecke raspelt Algen von den Pflanzen und dem Teichboden.

Der Gelbrandkäfer (links) und seine Larven (rechts) machen Jagd auf Amphibienlarven.

hängt vor allem von der Teichgröße und der Menge der Larven ab. Meistens taucht der sonst selten gewordene Käfer nur einen Sommer lang auf und verschwindet so schnell wie er gekommen ist.

Friedlich, sehr selten, sogar fast ausgestorben ist der Kolbenwasserkäfer. Mit einer Länge von 5 cm ist er der größte aller im Wasser vorkommenden Käfer. Der Kolbenwasserkäfer ernährt sich von Fadenalgen oder toten Tieren. Lediglich seine Larven stellen auch anderen Tieren nach. Sie sind jedoch sehr schwerfällig, so daß sie allenfalls Schnecken erbeuten. Das Glück, einen solchen kohleschwarzen Käfer im eigenen Teich begrüßen zu können, wird wohl kaum jemand haben; wenn doch, so wissen Sie es nun zu würdigen.

Nicht selten entdeckt man dagegen den Taumelkäfer auf dem Wasserspiegel, den man als kleinen Punkt erkennt, der ruhelos unregelmäßige Kreise beschreibend auf dem Wasser tanzt. Ein reizvoller Käfer, dem man bei seinem lebhaften Spiel gern zuschaut. Der ebenfalls gelbgerandete Furchenkäfer bewegt sich ähnlich wie der Gelbrandkäfer im Wasser, ist aber mit einer Länge von 1 cm wesentlich kleiner als dieser.

Schillernde Libellen

Diese kleinen Wassertiere entdeckt man meistens schon nach recht kurzer Zeit im Wasser, ohne daß man sie eingesetzt hätte. Viele von ihnen werden mit den Wasserpflanzen eingeschleppt, andere, wie die Käfer, fliegen über Nacht hinzu. Es ist richtig spannend mitanzusehen, wie sich das Kleintierleben im Wasser entwickelt und wie sich enorm schnell etwas tut. Welche Tiere von selbst zuwandern, hängt auch von der Umgebung des Gartens ab. In der Stadt wird nicht so leicht etwas zuwandern wie im ländlichen Raum. Und dennoch: gegen Anfang Juni glitzert es plötzlich stahlblau in der Sonne. Dieser schmale blaue Strich huscht über den Teich und läßt sich an einem Binsenhalm nieder. Die erste Libelle! Bald entdecken wir eine zweite und nicht selten kann man an einem kleinen Gartenteich sogar zwei oder drei verschiedene Arten unterscheiden. In der Sonne tänzeln sie über den Blüten der Schwanenblume, um die Rohrkolben herum oder die Fruchtkolben des Kalmus. Mit erstaunlich hoher Geschwindigkeit jagen sie unter Zurren und Brummen über den Teich, manchmal

114

auch haarscharf an uns vorbei. Doch keine Angst – Libellen können nicht stechen!

Bevor die Libellen in der Lage sind, über den Teich zu schwirren, leben sie lange, manche von ihnen einige Jahre, als Larve im Wasser. Aus den Eiern, die das Libellenweibchen an den Wasserpflanzen, manchmal unter Seerosenblättern, ablegt, entwickeln sich Larven, die 1–5 Jahre im Teich leben und sich während dieser Zeit bis zu fünfzehnmal häuten. Die herangewachsenen Larven kann man im klaren Wasser gut erkennen. Sie leben räuberisch. Zu ihrer Ernährung dienen Flohkrebse, Wasserflöhe, aber auch vor Amphibienlaich, Kaulquappen und Molchlarven, ja sogar kleinen Fischen schrecken sie nicht zurück. Nach 1–5 Jahren krabbeln sie am Stengel eines Rohrkolbens oder ähnlichem aus dem Wasser, zu ihrer letzten Häutung.

Ein amphibisches Leben – es erinnert an die Evolutionsgeschichte, in der das Leben im Wasser begann und in deren Verlauf sich einige Lebewesen dem Landleben anpaßten. Libellen gehören zu den ältesten Insektenarten, die sich in ihrem Aussehen und ihrer Lebensweise über Jahrmillionen hinweg kaum verändert haben. Tiere, die als Larven bereits gut ausgebildete Augen haben und mit ihrer zu einem kräftigen Fangorgan ausgebildeten Unterlippe ihre Beute packen – diese Tiere verlassen nun das Wasser. An einem Grashalm oder einem Ast klammert sich die Larve fest, um ihre letzte, sie in ihrer Bewegung einengende Hülle abzuwerfen. Zwischen der letzten Haut und der darin verborgenen Libelle bildet sich ein Luftpolster, das immer größer wird und diese Haut schließlich auf dem Rücken platzen läßt. Die Libelle schlüpft behutsam; Stück für Stück pellt sie sich aus dieser Larvenhaut, die sie zuvor noch im Wasser trug, heraus. Nach 2–3 Stunden hat sie es endlich geschafft. Langsam entfaltet sie ihre Flügel und läßt den Sommerwind hindurchstreichen. Zartgeadert glitzern die Flügel in der Sommersonne und dann ist sie auf einmal verschwunden, einfach davongeflogen.

Libellen sind enorme Kunstflieger. Kaum zu glauben, daß diese höchstens 7 cm langen Tiere eine Geschwindigkeit von 50 km/h erreichen können. Die zwei Flügelpaare schlagen im Gegensinn. Die Libellen können sie sogar unabhängig voneinander bewegen. Sie können mit diesem Flugapparat seitwärts und sogar rückwärts fliegen. Diese einzigartige Beweglichkeit ermöglicht es ihnen, im Flug andere Insekten zu fangen. Faszinierend sind die großen Facettenaugen der Libellen, die einen großen Teil ihres Kopfes einnehmen und sich aus 30 000 winzigen Einzelaugen zusammensetzen. Diesen Augen kann kaum ein Beutetier entgehen.

Zur Paarungszeit besetzen die Männchen einiger Arten ein bestimmtes Revier am Ufer und verteidigen es gegen artgleiche Männchen. Wenn sich ein Weibchen gefunden hat, verläßt das Männchen sein Revier und fliegt es an. Die Libellenmännchen haben an ihrem Hinterleib zangenähnliche Organe ausgebildet, die genau in entsprechende Ausbildungen am Kopf des artgleichen Weibchens passen. So ist ausgeschlossen, daß sich artfremde Libellen paaren können. Aneinandergekoppelt können Libellenmännchen und -weibchen miteinander fliegen, bis es zur Paarung kommt. Dabei krümmt das Männchen seinen Hinterleib, und Libellenmännchen und -weibchen bilden das für Libellen typische Paarungsrad, im Fliegen oder an einem Schilfhalm, wo man die Tiere gut beobachten kann. Selbst bei der Eiablage begleitet das Männchen das Weibchen, ohne sich von ihm zu lösen. Einige Kleinlibellenarten legen ihre Eier unter den Blättern der Seerosen ab, wobei das Weibchen ganz untertaucht. Wenige Wochen nach der Eiablage schlüpfen die jungen Larven, die heranwachsen und im Laufe von 1–5 Jahren mehrere Häutungen durchleben, bis sie wiederum das Wasser verlassen.

Grundsätzlich unterscheidet man Groß- und Kleinlibellen. Zu den Großlibellen gehören die bekannte Blaugrüne Mosaikjungfer und die große Königslibelle, zu den Kleinlibellen die Gemeine Heidelibelle und die Hufeisenazurjungfer.

Blaugrüne Mosaikjungfer

Heidelibelle

Azurjungfer bei der Eiabla

Larve einer Großlibelle

Die Libelle ist gerade geschlüpft

Plattbauchlibelle

Lurche oder Amphibien

»Amphibie« ist ein griechisches Wort und heißt »Doppellebige«. In der Biologie versteht man darunter Pflanzen und Tiere, die einen Teil ihres Lebens im Wasser und den anderen Teil auf dem Land verbringen. Sie brauchen sowohl das Wasser als auch das Land zu ihrer Entwicklung. Dabei entwickeln sich die Eier und Larven im Wasser, während die erwachsenen Tiere an Land leben. Ein solches Leben führen zum Beispiel auch Libellen, Mücken, Eintagsfliegen und manche andere Insekten. Doch diese Tiere bezeichnet man nicht als Amphibien. Die unter dem Oberbegriff Amphibien zusammengefaßten Tiere nennt man mit einem deutschen Wort »Lurche«. Dieses Wort ist aus dem niederdeutschen Wort luren = lauern abgeleitet und bezeichnet wohl die Jagdgewohnheiten dieser Tiere. Zu den Lurchen oder Amphibien gehören Frösche, Kröten, Unken, Molche und Salamander. So wie sich bei den Pflanzen im Laufe ihrer Entwicklung Übergangsformen herausgebildet haben, die sowohl im flachen Uferwasser als auch außerhalb des Gewässers an Land gedeihen konnten, haben sich auch die Tiere in einigen Formen und Arten dem Landleben angepaßt. Im Zeitalter Devon, vor etwa 395 Millionen Jahren, trat das Wasser zurück und Sumpflandschaften, in denen Nacktfarne, Bärlappgewächse und Schachtelhalmwälder wuchsen, prägten das Bild der Erdoberfläche. Aus einigen der altertümlichen Fische entwickelten sich Formen, die sich dem Leben an Land anpassen konnten. Im Devon gingen die ersten dieser Tiere an Land. Sie waren den Fischen noch sehr ähnlich. In der Erdfrühzeit hatten sie Organe ausgebildet, mit denen sie sich auch an Land fortbewegen konnten. Man nennt diese Tiere Quastenflosser. Lange Zeit waren diese Urfische den Wissenschaftlern nur aus fossilen Funden bekannt. 1938 machten sie jedoch einen sensationellen Fund vor der Küste Ostafrikas: einen Hochstachler, ein Fisch, der mit den Quastenflossern eng verwandt ist. Diesen Fisch gibt es an der Ostküste Afrikas noch heute, wo er in Meerestiefen von über 400 m lebt. Quastenflosser haben bereits Atemhöhlen, aus denen sich Lungen entwickeln können. Die Brust- und Bauchflossen sind durch Knochen versteift, die dem Hand- und Fußknochen der Amphibien sehr ähnlich sind.

Wissenschaftler vermuten, daß regelmäßige Trockenperioden in langen heißen Sommern, die ganze Flüsse und Seen austrockneten, dazu beitrugen, daß sich einige Fischarten dem Landleben anpaßten. Als »vierfüßige« Fische konnten sie kurze Strecken zurücklegen, um die nächstgelegenen Wasserstellen zu erreichen. Über unzählige Generationen verbesserten sie ihre Fortbewegungsmittel und waren in der Lage, auch an Land größere Entfernungen zurückzulegen. Im Zeitalter Karbon, in der Steinkohlezeit, in deren feuchtwarmem Klima riesige Wälder aus Baumschachtelhalmen und Farnen entstanden, hatten sich die Lurche schon recht gut auf das Doppelleben zu Wasser und an Land eingestellt. Über 60 Millionen Jahren waren die Amphibien die beherrschende Tiergruppe unter den Wirbeltieren. Mit dem Anlandgehen der Quastenflosser wurde eine wichtige Entwicklungskette eingeleitet. Aus den Amphibien entwickelten sich die Kriechtiere (Reptilien), die sich an Land noch besser fortbewegen können und das Wasser als Lebensraum nicht mehr brauchten. Als weitere höhere Stufen folgten die Vögel und Säugetiere.

Seit ihrer Entwicklung aus den Fischen vor 360 Millionen Jahren haben Amphibien ihre Doppellebigkeit beibehalten. Bis heute haben sie sich vom Wasser nicht ganz lösen können. Sie brauchen das nasse Element ebenso wie ihren Lebensraum an Land. Nicht zuletzt deshalb sind sie heute vielen Gefahren ausgesetzt, einige Arten von ihnen selten geworden und sogar vom Aussterben bedroht.

Frösche, Kröten, Unken, Molche und Salamander paaren sich in der Zeit von Februar bis Juni, je nach Art, und legen ihre Eier im Wasser ab. Nur die Salamander setzen lebende Junge ins Wasser. Die Eier der anderen Lurche sind bei der Ablage und nach der Besamung durch das Männchen noch sehr klein. Sie sind von einer Gallerthülle umgeben, die nach kurzer Zeit, von Wasser getränkt, aufquillt. Die Frösche legen ihre Eier in großen Klumpen im flachen Wasser ab. Kröten wickeln ihr Laich in langen Bändern um die Stengel der Wasserpflanzen. Molche heften ihre Eier dagegen einzeln an Stengel und Blätter der Pflanzen unter Wasser. In der gallertartigen Hülle ist zunächst alles enthalten, was die Eier zu ihrer Entwicklung brauchen. Wenige Stunden nach der Ablage setzt bereits die Zellteilung ein. Zum Beispiel beim Laich des Grasfroschs kann man die Gestalt der Larven, auch Kaulquappen genannt, schon nach drei Tagen erkennen. Nach weiteren drei Wochen sind die Kaulquappen geschlüpft. Einige Tage sitzen sie noch mit ihren Ruderschwänzchen zuckend an der von ihnen verlassenen Gallerthülle. Über ihre Kiemen wächst eine Hautfalte, die wiederum die Ausbildung der inneren Kiemen einleitet. Dann brechen die Mund- und Afteröffnungen durch, der Darm ist ausgebildet und die eigene Nahrungsaufnahme möglich. Auch der Schwanz ist nun mit einem Flossensaum ausgestattet und zum Rudern, der für Kaulquappen einzigen Möglichkeit sich fortzubewegen, tauglich.

Der Mund der Kaulquappen besteht aus verhornten Kieferplatten und ist mit Hornstiftchen anstelle von Zähnen ausgestattet, so daß die Larven in der Lage sind, Algen von Steinen abzuraspeln, Bakterien, Pantoffeltierchen und Rädertierchen zu fressen. Nach und nach wachsen den Kaulquappen Beine, während der Schwanz bei den Froschlurchen zurückgeht. Schließlich können sie als fertige junge Tiere das Wasser verlassen und ihr Leben an Land fortsetzen. Je nach Art wandern sie nur wenige Meter bis zu 3 km weit von ihrem Geburtsgewässer fort. Die weitesten Entfernungen legen der Grasfrosch, die Erdkröte und der Kammolch zurück, während zum Beispiel Unken in unmittelbarer Nähe ihres Laichgewässers bleiben. Den Grund für die ausgedehnten Laichwanderungen hat noch kein Wissenschaftler herausgefunden. Die Treue zur ihrem Geburtsgewässer mag in der Erfahrung begründet sein, daß sie dort gut aufgewachsen sind und dies folglich auch ein günstiges Gewässer für den Nachwuchs sein muß. Manche Amphibien halten sich überwiegend im Wasser auf und können darin überwintern, ja sogar vorübergehend im Eis einfrieren, ohne Schaden zu nehmen. Trotz ihrer großen Anpassungsfähigkeit sind sie im Laufe ihres Amphibienlebens großen Gefahren ausgesetzt. Bereits im Wasser haben sie eine große Anzahl von Feinden, die sich über ihren Laich hermachen. Sogar verschiedene Amphibien untereinander machen vor den Eiern der anderen nicht halt, so verspeisen Molche die Eier der Frösche. Räuberisch sind ebenso die Libellenlarven, die sich auch über Kaulquappen hermachen. Der Gelbrandkäfer hat es ebenso auf Amphibienlarven abgesehen wie die Fische, ganz gleich, ob es sich um Raub- oder Friedfische handelt. Aus den vielen, im Wasser abgesetzten Eiern wachsen nur wenige Tiere heran.

Kaum dem nassen Element entschlüpft, sind sie fast noch größeren Gefahren ausgesetzt als im Wasser. Dem Storch würden wir noch manchen Frosch gönnen, nur damit er bliebe und Jahr für Jahr wiederkäme. Denn Störche sind nicht zuletzt deshalb selten geworden, weil der Bestand an Fröschen zurückgegangen ist. Ebenso würden wir uns freuen, wenn gelegentlich eine Ringelnatter zu Besuch käme und sich einen Frosch schnappen würde. Auch sie ist selten geworden. Selbst die Gefahr, die von Hunden und Katzen ausgeht, ist nicht so groß, wie die von uns Menschen. Im Laufe der letzten drei Jahrzehnte haben wir den Amphibien einen Lebensraum nach dem anderen zerstört, durch Trockenlegungen, Zuschüttungen, Zersiedelung der Landschaft und unseren wahnwitzigen Straßenbau. Um Frösche und Erdkröten auf ihren Laichwanderungen vor dem tausendfachen Tod auf der Straße zu bewahren, errichteten Naturschützer Jahr für Jahr Amphibienzäune, hinter denen sie Fanggefäße aufstellen, um die gesammelten Tiere über die Straße zu tragen.

Auf Äckern, in Weinbergen und vielen Gärten sind sie jedoch noch immer durch den massiven Einsatz giftiger Schädlingsbekämpfungsmittel stark gefährdet. Diese Gefährdung ergibt sich vor allem durch die Beschaffenheit und Funktion der Amphibienhaut. Durch sie nehmen die Tiere sowohl Luft als auch Wasser auf. Und durch die unter der glitschigen, leicht verschiebbaren Haut befindlichen zahlreichen Lympfräume besteht über die Lympfflüssigkeit eine direkte Verbindung mit dem Herzen. Ihre Haut bedecken Amphibien mit einem in Hautdrüsen gebildeten Schleim, den sie ausscheiden, um sich vor Sonne und damit vor Austrocknung zu schützen. Außerdem schützt sie dieser Schleim vor eindringenden Pilzen und Bakterien. Hinzu kommen die Giftdrüsen in der Haut der Amphibien, die Feinde abschrecken sollen. Wenn ein zubeißender Feind dieses Gift durch seinen Rachenraum aufnimmt und in die Blutbahn bekommt, so wirkt dieses Gift herzlähmend. Oft sind die Giftdrüsen mit der auffälligen Farbe mancher Amphibien kombiniert, wie zum Beispiel der auffälligen Rückenzeichnung des Feuersalamanders oder der roten oder gelben Bauchzeichnung der Rot- und Gelbbauchunke, die sie zeigt, wenn sie auf dem Rücken liegend ihre Schreckstellung einnimmt. Die Haut der Amphibien erfüllt eine mehrfach wichtige Funktion, eine lebenswichtige Aufgabe. Aber mit der Atemluft und dem Wasser nehmen die Amphibien auch alles auf, was an Giften in ihrer Umgebung versprüht wird. So schön und wichtig es ist, einem Frosch, einer Kröte, Molchen oder vielleicht auch der Gelb- und Rotbauchunke oder einem Feuersalamander einen Lebensraum im Garten zu bieten, so gefährlich kann dieser Aufenthalt für die Tiere sein, wenn auf den umliegenden Feldern und in den umliegenden Gärten giftige Schädlingsbekämpfungsmittel gespritzt werden. Dennoch sollten wir uns nicht davon abbringen lassen, einen Lebensraum aus zweiter Hand zu schaffen. Mit Engelszungen und viel Geduld, in gemeinsamen Aktionen mit anderen Teichfreunden und Naturschützern läßt sich auf lange Sicht sicher erreichen, daß die Giftspritze in unserer Umgebung zur Ruhe kommt.

Grob teilt man die Amphibien in Froschlurche und Schwanzlurche ein. Zu den Froschlurchen gehören außer den Fröschen selbst alle Amphibien, die eine ähnliche Gestalt haben, nämlich Kröten und Unken. Als Schwanzlurche bezeichnet man dagegen Molche und Salamander. Sie erinnern mit ihrem Körperbau noch am meisten an den Urlurch, der sich aus dem Quastenflosser entwickelt hat und vor 360 Millionen Jahren an Land ging. Sie haben einen langgestreckten Rumpf und vier kurze Beine, die etwa dort angeordnet sind, wo ein Fisch seine Flossen hätte.

Die Froschlurche haben sich dagegen in ihrer Gestalt verändert. Ihre Hinterbeine sind so ausgebildet, daß sie sich nicht nur laufend, sondern hauptsächlich springend fortbewegen können. Der Springfrosch hat es auf eine Sprungweite von mehr als 2 m gebracht. Auf diese Weise sind die Froschlurche auch in unwegsamem Gelände noch recht beweglich und in der Lage, relativ große Entfernungen zurückzulegen.
Zur Laichzeit sind vor allem die Frösche mit dem Knurren und Quaken ihrer Männchen nicht zu überhören. Früher waren das vertraute Töne in ländlichen Gebieten, die dort einfach zum Leben gehörten. Damals hätten die Menschen diese Musik sicher vermißt, wenn sie ausgeblieben wäre. Heute sind wegen des Quakens der Frösche schon Prozesse geführt worden. Doch in letzter Zeit haben die Teichbesitzer und damit die Frösche Recht bekommen. Die Frösche dürfen quaken, auch in unserem Gartenteich. Dabei kann man im eigenen Garten am eigenen Teich diesem Schauspiel zusehen, wenn sich die Wasserfrösche versammeln, ihre weißen Schallblasen aufblähen und sich mit ihrem Laichgesang versuchen. Den Grasfrosch, der nur innere Schallblasen besitzt, kann man etwa 50 m weit hören. Teich- und Wasserfrösche, deren Quaken durch die beiden äußeren Schallblasen verstärkt wird, hört man zehnmal weiter.
Von allen Fröschen kommt der Grasfrosch am häufigsten vor. Er ist bis zu 10 cm lang, gelblich bis schwarzbraun gefärbt und mit dunklen Flecken

Ein Teich mit abwechslungsreich gestaltetem Uferbereich bietet Amphibien optimale Lebensbedingungen.

Der Laubfrosch ist der kleinste, stimmgewaltigste und der einzige heimische Frosch, der klettern kann.

gezeichnet. Sein länglicher brauner Schläfenfleck ist typisch für alle Braunfrösche, zu denen auch diese Froschart gehört. Das Grasfroschmännchen hat zwei innen liegende, nicht ausgestülpte Schallblasen. Zur Paarungszeit ist seine Haut mit Lymphe angefüllt. Die Bauchseite des Grasfrosches ist immer gefleckt. Damit unterscheidet er sich von den ihm sonst sehr ähnlichen Springfrosch, dessen Bauchseite gleichmäßig gefärbt ist. Der Landlebensraum des Grasfrosches sind die Laubwälder und deren Ränder und Lichtungen, auch Riedbereiche, Heide oder der Rand von Moorgebieten. Als Laichgewässer sucht er alle Flachwasserzonen stehender und sachte fließender Gewässer auf. Der Grasfrosch ist von allen Fröschen als erster, oft schon Anfang Februar am Laichgewässer, wo er aus einer Entfernung von 100–1400 m zugewandert ist. Am Laichplatz bevorzugt der Grasfrosch besonnte Stellen mit 10–15 cm Wassertiefe. Die Männchen geben ihre Anwesenheit am Laichgewässer durch lautes Knurren bekannt. Wie auch bei den Erdkröten tragen die Weibchen die Männchen ein Stück weit »huckepack« zum Laichgewässer. Die Laichballen eines Weibchens enthalten bis zu 3500 Eier und schwimmen an der Wasseroberfläche, bis die Kaulquappen schlüpfen. Grasfrösche sind sowohl tag- als auch nachtaktiv, vor allem bei Regenwetter. Sie ernähren sich von Würmern, kleinen Insekten

und deren Larven und Käfern. Sie sind stark an das Landleben angepaßt und überwintern teilweise in Verstecken an Land, manchmal aber auch im Schlamm des Gewässerbodens. Gefährdet sind Grasfrösche vor allem durch stark befahrene Straßen, über die sie ihre Laichwanderungen führen. Außerdem sind sie in der Landschaft durch Entwässerungsmaßnahmen und die Umwandlung von Laub- in Nadelwald gefährdet. Mit einem Gartenteich und einer naturnahen Gehölzpflanzung, einem Reisighaufen und Mulm im Unterholz können wir dem Grasfrosch ein Stück des verlorenen Lebensraumes zurückgeben.

Dem Grasfrosch ähnlich ist der Springfrosch. Mit einer Länge des Männchens von 6 cm und des Weibchens von 8 cm ist er jedoch etwas kleiner als dieser. Der Springfrosch ist schlanker als der Grasfrosch und seine Hautfarbe variiert zwischen lehmgelb, hellbraun bis rötlichbraun. Sicheres Unterscheidungsmerkmal zum Grasfrosch ist die ungefleckte Unterseite des Springfroschs. Das Springfroschmännchen hat keinerlei Schallblasen. Zur Laichzeit bilden sich graue Brunftschwielen an seinem ersten Finger. Der Lebensraum des Springfrosches ähnelt dem des Grasfroschs. Der Springfrosch kommt aber nur im süddeutschen,

122

Amphibien, hier die Grasfrösche, brauchen das Wasser zu ihrer Fortpflanzung. Nur im Wasser können ihre Larven aus dem Laich heranwachsen und schließlich als junger voll ausgebildeter Frosch das Laichgewässer verlassen. Grasfrösche sind oft schon im Februar am Teich.

Grasfroschpärchen lieben's kalt:
Hochzeit im eisigen Wasser.

Das Weibchen setzt bis zu 3500 Eier ab. Die Laichballen der Grasfrösche schwimmen oben.

Drei Wochen später schlüpfen die Larven. Bei den Frosch-lurchen nennt man sie Kaulquappen.

Etwa 9 Wochen nach der Geburt erkennt man den kleinen Frosch. Bald verläßt er das Wasser.

schweizerischen und österreichischen Raum vor. Er bevorzugt lichte Eichen- und Buchenwälder, die höhergelegen sind, selten jedoch über 800 m. Seinen Namen hat dieser Frosch erhalten, weil er über 2 m weit springen kann. Die Laichzeit liegt etwa zwischen März und April. Die unter Wasser schwimmenden Laichklumpen enthalten ungefähr 1000 Eier. Sie sind auf der Oberseite dunkel, auf der Unterseite hell gefärbt. Der Springfrosch bevorzugt flaches Wasser zwischen 10 und 30 cm zum Ablaichen, das nur spärlich bewachsen ist. Am nahegelegenen Ufer sollte sich etwa 30 cm hoher Kraut- und Grasbewuchs befinden, in den sich der Springfrosch bei Gefahr mit einem Sprung hin-retten kann. Dieser Frosch ist ebenfalls tag- und nachtaktiv, überwintert an Land und manchmal im Wasser. Der Springfrosch ist noch stärker bedroht als der Grasfrosch.

Ebenfalls ein Braunfrosch, den beiden beschriebe-nen ähnlich, ist der Moorfrosch. Er ist 6–7,5 cm lang, hat einen schlanken Körper und einen zuge-spitzten Kopf. Auch seine Hautfarbe variiert von

Der Grasfrosch gehört zu den Braunfröschen. Man erkennt sie alle an dem braunen Schläfenfleck.

hell- bis dunkelbraun. Oft ist er dunkel gefleckt und hat zwei Warzenreihen, die parallel zur Rükkenlinie verlaufen. Das Moorfroschmännchen besitzt zwei innere, nicht ausstülpbare Schallblasen. Zur Laichzeit färbt es sich gelegentlich blau und an seinem ersten Finger wachsen schwarze Brunftschwielen. Der Moorfrosch lebt am Rand von Hochmooren, in Niedermooren, an moorigem Grünland oder in Erlenbruchwäldern. Ideale Laichgewässer für den Moorfrosch sind flache Weiher und Tümpel oder Wassergräben. Oft laichen sie auch auf überschwemmten Wiesen ab. Das Laichgewässer für den Moorfrosch braucht nicht groß oder tief zu sein – 5–10 cm Wassertiefe und 2 m² Wasserfläche reichen aus. Wichtig ist eine möglichst großzügige sumpfige Umgebung des Teiches. Gegen Ende März fangen die Männchen an, in gluckernden Tönen zu rufen. Das Weibchen legt etwa 1000–2000 Eier in zwei Laichballen ab, die sofort auf den Boden des Tümpels sinken. Der Moorfrosch überwintert meistens auf dem Boden des Gewässers, gräbt sich aber auch in den weichen Boden in der Umgebung des Tümpels ein. Der im Bundesgebiet weit verbreitete Moorfrosch ist durch die Abtorfung der Moore und deren Entwässerungen sowie veränderte landwirtschaftliche Nutzungen, zum Beispiel Wiesenumbruch zu Maisacker, gefährdet.

Drei Frösche, die grün sind, lassen sich nicht immer leicht voneinander unterscheiden. Einen davon wissen selbst Wissenschaftler noch nicht so richtig einzuordnen. Es handelt sich um die sogenannten Wasserfrösche, von denen einer als Teichfrosch, der zweite als Seefrosch und ein dritter als Wasserfrosch bezeichnet wird. Alle drei laichen später als andere Frösche und sonstige Amphibien ab. Gemeinsam sind ihnen auch die großen äußeren Schallblasen.

Der kleinste von ihnen ist der Teichfrosch, der so genannt wird, weil er sich vorwiegend in Sümpfen, Tümpeln und gut bewachsenen Teichen aufhält. Größere Gewässer bevorzugt dagegen der Seefrosch, der zudem wesentlich größer ist als der Teichfrosch. Der dritte, Wasserfrosch genannt, ist etwas größer als der Teichfrosch und etwas kleiner als der Seefrosch, kann aber in den Lebensräumen beider anderer Frösche vorkommen. Einer früheren Hypothese zur Folge soll der Teichfrosch eine verkümmerte Form des Wasserfrosches sein, die sich mit ihrer geringeren Größe den ungünstigen Bedingungen ihrer Umgebung angepaßt hat. Heute wird dagegen vermutet, daß es sich bei dem Wasserfrosch um einen Bastard, biologisch ausgedrückt, um eine Hybride, zwischen Teich- und Wasserfrosch handelt.

Dem Gartenteichbesitzer und Amphibienliebhaber kann es letztendlich egal sein, ob sich ein Teich- oder Wasserfrosch eingefunden hat. Ihm werden beide Arten gleichermaßen willkommen sein. Den Seefrosch, der ja größere Gewässer bewohnt, wird er wohl kaum im eigenen Teich begrüßen können, es sei denn, er ist in der glücklichen Lage, am Ufer eines Sees zu wohnen und dort ideale Bedingungen für den Seefrosch zu haben.

Mit 16 cm ist der Seefrosch der größte heimische Frosch. Sein Körper ist gedrungen, sein Kopf breit mit spitzer Schnauze. Die Oberseite ist olivgrün bis bräunlich gefärbt, oft durch einen hellen Rückenstreifen und regelmäßig angeordnete dunkle Flecken gezeichnet. Trotz seiner Größe läßt er sich, vor allem, wenn er noch nicht ausgewachsen ist, nur schwer von den beiden anderen Fröschen unterscheiden. Ein weiteres Merkmal ist seine Hautfarbe, die nie grasgrün ist, wie es bei den anderen der Fall sein kann. Auch seine Oberschenkel sind nie hellgelb marmoriert. Der Seefrosch lebt an den Ufern und im seichten Wasser größerer Seen und Flüsse, wo das Wasser stillsteht. Er sonnt sich gern am Ufer. Seine Nahrung sind Würmer, Schnecken, Gliederfüßer, Insekten und sogar Mäuse und kleinere Vögel. Seine Laichzeit erstreckt von von Ende Juli bis Anfang August. Die Larven schlüpfen bereits nach 5–8 Tagen und bis gegen Ende September haben sich die Larven zum fertigen Jungfrosch von 2 cm Länge entwickelt. Wie alle Wasserfrösche ist der Seefrosch zur Laichzeit sehr ruffreudig. Er überwintert im Schlamm des Gewässergrundes. Der Seefrosch ist vor allem durch Uferbefestigungen und Flußregulierungen bedroht, bei denen seine Lebensräume zerstört werden. Wer ein Grundstück an einem Seeufer besitzt, sollte ihm seichte, ungestörte Uferbereiche schaffen, mit einigen herausragenden großen Steinen, auf denen sich der prächtige Frosch sonnen kann.

Der Teichfrosch erreicht eine Länge von etwa 9 cm. Er hat eine spitze Schnauze und relativ kurze Hinterbeine. Seine Hautfarbe ist überwiegend hellgrün, variiert aber auch bis hin zu unterschiedlichen Brauntönen. Der Rücken ist meistens durch einen hellgrünen Streifen und dunkle Flecken gezeichnet. Seine Oberschenkel haben eine gelb-schwarzbraun marmorierte Zeichnung. Typisch wie für alle Wasserfrösche: die großen weißen Schallblasen.
Der Wasserfrosch erreicht eine Länge von 12 cm. Das einzige Unterscheidungsmerkmal zum Teichfrosch sind seine offenbar längeren Beine. Wasser- und Teichfrösche können in fast allen kleineren und gut bewachsenen Teichen und Tümpeln vorkommen, wo sie sich hauptsächlich am Ufer aufhalten. Dort sitzen sie stundenlang, sonnen sich und sind wegen ihres tagaktiven Wesens leicht zu beob-

achten. Ihre Beute, zum Beispiel Mücken oder Fliegen können sie im Sprung oder mit ihrer dafür geschaffenen ausklappbaren Zunge erhaschen. Ansonsten ernähren sie sich auch von Würmern, Schnecken und Gliederfüßern. Auch diese beiden Arten überwintern im Schlamm des Teichbodens, gelegentlich auch in Verstecken an Land.
Zur Laichzeit von April bis Mai sind beide Arten sehr ruffreudig. Die Laichballen bestehen aus 600–1500 Eiern und sinken nach der Ablage auf den Teichboden. Der Teich im Garten sollte für diese beiden Frösche nicht zu klein bemessen und reichlich bepflanzt sein. Ein Durchmesser von 6 m

Der Springfrosch kann bis zu 2 m weit springen.

Der Wasserfrosch mit aufgeblähten Schallblasen.

und eine Wassertiefe von 40 cm im Uferbereich sind empfehlenswert. Ebenso sollten der Garten und seine Umgebung so gestaltet sein, daß der Wasserfrosch auch dort ein Stück Lebensraum findet. Durch die Zerstörung von Kleingewässern in unserer Landschaft sind Teich- und Wasserfrosch gefährdet. Unverwechselbar, selten geworden und stark gefährdet ist der Laubfrosch, der kleinste unserer heimischen Frösche. Er wird nur 5 cm groß. Zwei weitere Besonderheiten: Als einziger einheimischer Frosch kann der Laubfrosch an den Trieben von Sträuchern emporklettern. Zweite Besonderheit: es gibt sogar einen Albino unter den Laubfröschen, der blau gefärbt ist. Normalerweise ist der Laubfrosch grasgrün, kann aber auch in anderen Farbtönen, wie hellgrün, grau, braun, gelblich oder sogar schwarzgrau variieren. Der Laubfrosch lebt an Waldrändern in flachem oder

leicht hügeligem Gelände. Im Frühjahr hält er sich in Gras- und Schilfbeständen am Ufer auf. Zu seinen bevorzugten Laichgewässern gehören vegetationsreiche Weiher, Teiche, Tümpel und Wassergräben. Die Laubfrösche suchen sie im März und April auf und veranstalten dort unüberhörbare Laichkonzerte. Das Laubfroschweibchen setzt 150–300 Eier in kleinen Ballen ab, die dann auf den Boden des Gewässers sinken. Zwischen Ende Juli und Anfang September verlassen die etwa 1 cm großen Jungfrösche das Wasser. Nach der Laichzeit hält sich der Laubfrosch auf Sträuchern und Stauden auf, die er, dank seiner Haftscheiben an den Zehen, mühelos erklimmen kann. Dort sucht er sich sonnige Plätze aus, auf denen er stundenlang sitzenbleibt. Im Winter sucht er sich ein Quartier an Land, zum Beispiel unter Moospolstern, in der weichen Erde unter verrotteten Baumstämmen

126

oder Wurzeln oder in Steinhöhlen. Seine Nahrung besteht aus Insekten, Würmern und Schnecken. Wer den Laubfrosch in den eigenen Garten locken will, sollte seiner Gewohnheit, auf Stauden und Sträuchern zu klettern, Rechnung tragen und diese höchstens 2 m vom Teich entfernt anpflanzen. Zwischen den Sträuchern und dem Ufer ist eine Feuchtwiese eine ideale Ergänzung dieses Lebensraumes. Draußen in der Landschaft ist der Laubfrosch vor allem durch die Trockenlegung von Feuchtgebieten und Kleingewässern sowie durch eine umweltfeindliche Landwirtschaft mit erhöhtem Biozideinsatz gefährdet. Auch Fischbesatz und erhöhter Freizeitbetrieb gehören zu den Ursachen für den drastischen Rückgang dieses putzigen kleinen Frosches.

Erdkröten: Die größeren Weibchen tragen die kleineren Männchen ein Stück weit zum Laichgewässer.

Vom Leben der Kröten

Kröten galten jahrhundertelang als Ekeltier. Seit sich ihre Nützlichkeit in bezug auf die Schneckenplage herumgesprochen hat, ist auch die Einstellung zu diesen Froschlurchen anders geworden. Ein wenig nur; denn noch immer werden ihre Lebensräume zerstört, noch immer wird ihnen der Weg auf ihren Laichwanderungen abgeschnitten, noch immer werden sie zu Tausenden auf den Straßen überfahren. Doch die Kröten werden stellvertretend für alle wandernden Amphibien genannt, wenn man gutwillig ein Gefahrenzeichen mit dem Hinweis aufstellt: Achtung Krötenwanderung!

Die Erdkröte ist die größte aller einheimischen Kröten. Das Männchen erreicht eine Länge von 8, das Weibchen von 13 cm. Der Körper der Erdkröte ist plump und gedrungen, der Kopf breit mit gerundeter Schnauze. Die Rückenfarbe ist bräunlich oder graubraun und mit zahlreichen größeren und kleineren Warzen besetzt. Das Männchen der Erdkröte besitzt keine Schallblase. Zur Laichzeit ist es mit hornigen schwarzen Brunftschwielen an den ersten drei Fingern ausgestattet. Erdkröten halten sich außerhalb der Laichzeit in mehr als 2 km Entfernung vom Laichgewässer auf. Im Nachwinter kehren sie auf ihren ausgedehnten Laichwanderungen dorthin zurück.

Dabei sind sie besonders gefährdet, wenn sie eine Straße überqueren. Wie bei den Grasfröschen, deren Lebensweise ähnlich ist, trägt das größere Weibchen das kleinere Männchen ein Stück weit zum Laichgewässer. Das Erdkrötenweibchen legt bis zu 6000 Eier in langen zwei- bis vierreihigen und bis zu 5 m langen, von einer Gallertblase umgebenen Schnüren ab. Diese Schnüre wickelt es geschickt um die Halme der Wasserpflanzen. Die Larven der Kröten schlüpfen nach 12–18 Tagen. Doch bis die jungen, nur 1 cm langen Kröten das Wasser verlassen, vergehen noch einmal 3–4 Monate. Erdkröten verbergen sich an Land im Laubwald, unter freiwachsenden Feldhecken, in Weinbergen und Gärten, in Steinbrüchen, naturnahen Parkanlagen, Ruinengrundstücken und sogar Kellern. Als Laichplätze dienen die Uferzonen von Teichen, Weihern und Tümpeln bis zu einer Wassertiefe von 50 cm. Zur Überwinterung sucht die Erdkröte Hohlräume unter Wurzeln, Baumstämmen, Reisighaufen oder Steinhaufen auf. Meistens ist sie nachtaktiv, wobei ihr Jagdgebiet rund um den Aufenthaltsort sehr groß ist. Sie ernährt sich von Würmern, Gliederfüßern, Spinnen und Nacktschnecken. Über eine allzugroße Schneckenplage vermag allerdings auch eine größere Anzahl von Kröten nicht Herr zu werden. Nicht ganz so häufig und weniger bekannt ist die Wechselkröte. Sie stammt ursprünglich aus den Steppen Zentralasiens und ist auch bei uns in weiten Gebieten heimisch geworden. Aufgrund ihrer Herkunft fühlt sie sich auf Landlebensräumen mit steppenartigem, sonnig warmem Charakter wohl. Sie kommt in steinigen Flußniederungen, in Ton- und Sandgruben, Steinbrüchen und gelegentlich auch in Weinbergen mit Trockenmauern (!) vor. Als Laichgewässer braucht die Wechselkröte flache vegetationslose Pfützen und Tümpel, denen sie im Gegensatz zu anderen Amphibien nicht treu bleibt. Die Wechselkröte erreicht eine Länge von 7–9 cm und ist schlanker, als zum Beispiel die Kreuzkröte. Ihr Rücken ist mit zahlreichen kleinen Warzen und einem Fleckenmuster bedeckt, das in seinen Färbungen stark variieren kann. Die Wechselkröte hat einen großen Aktionsradius, erträgt sehr gut Trockenheit und gräbt sich tagsüber in Erdlöcher in lockeren, besonnten Boden ein. Nachts geht sie auf Jagd, wobei sie sich von den gleichen Tieren ernährt wie die Erdkröte. In der Zeit von Anfang April bis Anfang Mai sucht die Wechselkröte ihr Laichgewässer auf, von wo das »Trillern« der Männchen bis zu 500 m weit zu hören ist. Das Weibchen legt bis zu 12 000 Eier in 2–4 m langen, zwei- bis vierreihigen Schnüren ab. Die Wechselkröte ist vor allem durch die Zerstörung ihrer Lebensräume bedroht. Im Garten kann man an sonnenexponierten Hanglagen durch Trockenmauern, durch die Gestaltung von Steingärten, Steppenflurgesellschaften oder eines Heidegartens etwas für sie tun. Das Ufer und seine nähere Umgebung sollte sonnig sein. Locker aufgeschüttete Steine und eine krautreiche Vegetation tragen dazu bei, einen geeigneten Aufenthaltsort für diese Kröte zu schaffen. Die ideale Wassertiefe des Laichplatzes liegt zwischen 15 und 30 cm.

Die Kreuzkröte erreicht eine Länge von etwa 8 cm. Sie fällt auf, weil sie nicht wie die anderen Froschlurche hüpft, sondern auf allen Vieren läuft. Sie kann sich auf diese Weise sogar recht flott fortbewegen, so daß man sie bei Nacht leicht mit einer Maus verwechselt. Die Beine der Kreuzkröte sind kurz, ihr Körper ist gedrungen, der Kopf fällt

128

nach vorne ab. Die Rückenfarbe variiert zwischen grau, gelblichgrün, bräunlich oder dunkelgrau mit hellen unregelmäßigen Flecken und rötlich getupften Warzen. Der Bauch der Kreuzkröte ist weißlichgrau und hat dunkle Tupfen. Das Männchen hat eine Schallblase an seiner Kehle und zur Laichzeit Brunftschwielen an den Fingern. Die Kreuzkröte fühlt sich in einem vegetationsarmen Landlebensraum wohl, in sonnenbeschienenen Sand- und Kiesgruben, Steinbrüchen, Heidegärten und Ruderalflächen. Wie die Wechselkröte bevorzugt sie vegetationsarme, flache und gut besonnte Tümpel als Laichgewässer mit einer Tiefe zwischen 5 und 20 cm. Die Kreuzkröte ist tag- und nachtaktiv und gräbt sich wie die Wechselkröte in Erdhöhlen ein, die inmitten des Jagdgebiets liegen. Mit ihren Rufen zur Laichzeit sind die Männchen die lautesten aller Kröten. Sie sind bis zu 1 km weit zu hören. Die Laichzeit erstreckt sich von Ende März bis Anfang April, manchmal bis in den Juni. Das Weibchen legt 3000–4000 Eier in bis zu 2 m langen Schnüren. Die Larven schlüpfen 4–6 Tage nach der Eiablage. Auch die Kreuzkröte ist durch die Vernichtung der Lebensräume, durch Flußbegradigungen und Rekultivierungsmaßnahmen gefährdet. Als Ersatzlebensraum für den Garten empfiehlt sich eine spärlich bepflanzte Sand- und Steinlandschaft mit teilweise weichem und sandigem Untergrund und einem flachen Tümpel oder Teich, der ein vegetationsarmes, flaches Ufer aufweist.

Die Knoblauchkröte liebt das Flachland und darin vor allem sandige Ackerfluren (Spargelfelder) und Sandgruben. Im Hügel- und Bergland sowie im Wald ist sie nicht zu finden. Sie hat eine schwerfällige Gestalt. Ihr Kopf fällt nach vorn ab und hat einen für diese Kröte typischen Höcker zwischen den stark vorstehenden Augen. Typisch sind für die Knoblauchkröte auch die senkrecht stehenden Pupillen. Das Männchen hat keine Schallblase. Es erreicht eine Länge von 6,5 cm, das Weibchen wird 8 cm lang. Die Oberseite des Männchens ist hellbraun und mit großen olivbraunen

Flecken gezeichnet. Beim Weibchen ist der Rücken hellgrau und hat oliv bis kastanienbraune Flecken sowie dunkelrote Punkte. Die Unterseite ist meistens grauweiß und hat manchmal dunkle Flecken. Als Laichgewässer bevorzugt die Knoblauchkröte gut besonnte, flache und vegetationsarme Tümpel, Wassergräben oder die flachen Randzonen tieferer Teiche. Die Knoblauchkröte ist nachtaktiv, vor allem bei feuchtwarmer Witterung, wo sie auf Würmer, Schnecken und Käfer Jagd macht. Am Tag verkriecht sie sich in selbstgegrabene Löcher. Ihre Zehen am Hinterfuß sind mit guten »Grabwerkzeugen« zu diesem Zweck ausgestattet. Die Laichzeit der Knoblauchkröten erstreckt sich von April bis Mai, manchmal sogar bis in den August hinein. Das Weibchen legt etwa 1000 Eier in mehreren, je 15–20 cm langen Schnüren. Die Kaulquappen erreichen eine Länge von 12,5 cm, sind also länger als später das ausgewachsene Tier, das sich manchmal erst im darauffolgenden Frühjahr entwickelt, nachdem es als Larve im Teich überwintert hat. Da die Knoblauchkröte ihren Lebensraum vor allem im Ackergebiet hat, ist sie dort durch die intensive Landwirtschaft, die mit ihr einhergehende Zerstörung der Lebensräume und die Anwendung von Pflanzenschutzgiften stark gefährdet.

Als einziger Froschlurch kann sich die Kreuzkröte laufend fortbewegen.

Das Geburtshelferkrötenmännchen mit Laichschnüren am Hinterleib.

Die leuchtendgelbe Schreckzeichnung der Gelbbauchunke bekommt man nur selten zu sehen.

Ein einmaliges und eigenartiges Laichverhalten zeichnet die Geburtshelferkröte aus. Von April bis in die Sommermonate hinein ertönt der flöten- und glockenartige Gesang der Männchen, die, unscheinbar und klein, nur 4 cm groß, in Erdlöchern verborgen sitzen. Sogar das laichbereite Weibchen hat Schwierigkeiten, das Männchen in seiner Erdhöhle zu finden. Wenn beide zusammenkommen, umklammert das Männchen das Weibchen in der Lendengegend. Das Weibchen legt seine Eier ab, die das Männchen abwechselnd mit den Hinterfüßen aus der Kloake des Weibchens herausstreicht. Nachdem das Männchen die Eier besamt hat, wickelt es die Laichschnüre um seine Hinterbeine. Dann rutscht es vom Weibchen, die Gallertschnur reißt ab und das Weibchen ist entbunden. Manchmal paart sich das Männchen auf diese Weise noch mit zwei weiteren Weibchen an den folgenden Abenden, bis es sich endlich in sein Versteck zurückzieht. Dort verbringt es mehrere Wochen. Die Kaulquappen leben noch in der Gallerthülle der Eier. Die Aufgabe des Männchens besteht darin, sie in der Erdhöhle vor Erschütterungen und Austrocknung zu bewahren. Nach 3–6 Wochen sind die etwa 15 mm großen Larven schlüpfbereit. Erst dann suchen die Männchen ihr Laichgewässer auf und setzen sich soweit ins flache Wasser, daß die Kaulquappen aus der Gallerthülle ausbrechen und in Wasser schlüpfen können. Nach etwa drei Stunden sind alle Larven geschlüpft.

Dann streift das Männchen die Hüllen ab, geht an Land und sucht wieder sein Versteck auf. Dort beginnt er erneut mit seinem Glockengesang. Mit einer Länge von 4–5 cm ist die Geburtshelferkröte recht klein. Ihr Körper ist gedrungen, die Schnauze zugespitzt. Wie die Knoblauchkröte hat auch die Geburtshelferkröte senkrechte Pupillen. Der Rücken der Geburtshelferkröte ist dunkel getupft und mit kleinen runden Warzen besetzt. Das Männchen hat keine Schallblasen und auch keine Brunftschwielen zur Laichzeit. Auf sonnenexponierten, steinigen Geröllhängen ist die Geburtshelferkröte im hügeligen Gelände zuhause. Spärlich bewachsene Geröllböschungen liebt sie ebenso wie locker aufgeschichtete Trockenmauern. Ihr Aktionsradius ist sehr klein. Das ideale Laichgewässer ist sonnig, flach, schlammig und vegetationsarm. Tagsüber versteckt sich die Geburtshelferkröte in Steinhaufen und Trockenmauern und wird erst bei Einbruch der Dunkelheit aktiv. In der Landschaft sind die Geburtshelferkröten vor allem durch Zerstörung sogenannter Sekundärbiotope, also Ton-, Kies- und Sandgruben gefährdet.

Selten gewordene Unken

Sie kennen sicher die Redensart: »Allen Unkenrufen zum Trotz...« Der Unkenruf gilt im Volksmund als etwas Pessimistisches, Warnendes, wie etwa: »Laß es sein – das bringt nichts«. Ihrem Ruf gemäß sind die Unken stark zurückgegangen und gefährdet. Die Rotbauchunke ist sogar vom Aussterben bedroht. Von den winzigen Froschlurchen, die selten eine Länge von 5 cm erreichen, gibt es zwei Arten: die Gelbbauchunke und die Rotbauchunke. Ihr gemeinsames Kennzeichen ist die herzförmige Pupille.
Die Rückenhaut der Gelbbauchunke ist warzig und mit Hornhöckern besetzt, die Farbe dunkelbräunlich, manchmal oliv. Das Männchen hat keine Schallblase. Bei Gefahr legt sich die Gelbbauch-

unke auf den Rücken, macht ein steifes Hohlkreuz und zeigt dem Verfolger zur Warnung ihr leuchtend gelbes Fleckenmuster auf der Bauchseite. Gelbbauchunken leben im Hügelland und Mittelgebirge, das ganze Jahr über an ihrem Laichgewässer. Sie nimmt mit vegetationsarmen Tümpeln und mit wassergefüllten Wagenspuren vorlieb, wo sie durch wiederkehrende LKWs und Traktoren bedroht ist. Bedroht ist sie auch in sogenannten Sekundärbiotopen wie Kies- und Sandgruben und Steinbrüchen, wo ihre Kleinstlebensräume durch ständige Veränderungen zerstört werden.

Die Rotbauchunke ist in der Regel etwas kleiner als die Gelbbauchunke und lebt im Flachland. Die Überschwemmungsgebiete der Flüsse, feuchte Wiesenniederungen und klare, reichlich besonnte kleine Gewässer mit üppigerer Vegetation sind ihr Lebensraum. Die Rückenhaut der Rotbauchunke ist schwarzbraun, graubraun, manchmal auch grünlichbraun gefärbt und hat dunkle Flecken. Das Männchen hat eine innere Schallblase. Die Rotbauchunke bewohnt ihr Laichgewässer von April bis Oktober und bleibt auch außerhalb dieser Zeit in dessen Nähe.

Die Nahrung der beiden Arten besteht aus Insekten, zum Beispiel Mücken die zur Eiablage kommen und deren Larven. Sowohl Rot- als auch Gelbbauchunken überwintern in Verstecken an Land. Bei Gefahr können sie ganz ins Wasser eintauchen und sich im Schlamm vergraben. Die Laichzeit erstreckt sich von Anfang Mai bis Mitte Juni. Die Weibchen beider Arten legen etwa 100 Eier einzeln oder in kleinen Klumpen an Wasserpflanzen oder auf dem Boden des Gewässers ab.

Die Gelbbauchunke ist durch Lastwagenverkehr im Wald, Steinbrüchen und ähnlichen Bereichen gefährdet. Die Rotbauchunke ist vor allem noch in Schleswig-Holstein zuhause und dort durch Gewässerregulierungen und Umlegungen, Wiesenumbrüche und intensive Landwirtschaft bedroht. Da sie keine Laichwanderungen unternehmen, können sie im Garten heimisch werden, vorausgesetzt, ihr Lebensraum in der Umgebung wird zu klein, so daß sie von selbst zuwandern und den Gartenteich annehmen.

Leider hat man nur selten das Glück, einen Feuersalamander im Garten anzutreffen.

Würmern, Nachtschnecken oder Kerbtieren. Salamander paaren sich im Sommer an Land. Im März des darauffolgenden Jahres setzt das Weibchen 20–50 Larven im flachen Wasser ab.
Gefährdet sind die Salamander durch die Umwandlung von Laub- in Nadelwald, Gewässerverschmutzung und die Neuanlage von Straßen und Wegen im Wald. Im Hausgarten kann man auf Salamander als ständige Gäste nur hoffen, wenn das Grundstück an einem Waldrand liegt, wo es bereits Feuersalamander gibt. Vielleicht kann man ihm dann mit einem beschatteten Teich oder einem künstlichen Bachlauf ein geeignetes Laichgewässer bieten.

Prächtige Salamander

Der bekannteste Schwanzlurch ist sicherlich der Feuersalamander. Von ihm gibt es zwei Formen, nämlich den gefleckten und den gebänderten Feuersalamander. Der Gebänderte Feuersalamander ist am weitesten verbreitet und wer das Glück hat, ihn im eigenen Garten anzutreffen, wird vor allem diese Form finden. Außerdem gibt es noch den Alpensalamander, dessen Lebensraum allerdings auf Alpenregionen über 700 m begrenzt ist. Er ist ganz schwarz.
Der Gebänderte Feuersalamander unterscheidet sich vom Gefleckten Feuersalamander durch die Form der gelben, von Kopf bis Schwanz verlaufenden Zeichnung. Während es sich beim Gefleckten Feuersalamander nur um Flecken handelt, sind diese Flecken beim Gebänderten Feuersalamander in zwei von Kopf bis Schwanz durchgehenden Bändern miteinander verbunden.
Der Gebänderte Feuersalamander lebt im Hügelland bis zu einer Höhe von über 1000 m. Sein Lebensraum sind feuchte Buchenwälder und klare, sauerstoffreiche Gewässer, die auch im Sommer kalt bleiben. Tagsüber versteckt sich der Feuersalamander im Laub, unter Steinen oder Baumstümpfen und geht bei Regen oder nachts auf Jagd nach

Liebenswerte Molche

Molche sind gar nicht so selten, wie man denken mag. Die vier verschiedenen einheimischen Arten sind über das ganze Bundesgebiet und das benachbarte Ausland verbreitet. Dennoch bekommt sie nur zu sehen, wer die Natur intensiv beobachtet und weiß, wo er sie finden kann. Molche leben in klaren Gewässern und kommen nur gelegentlich zum Luftholen an die Wasseroberfläche. Von ihnen gibt es vier einheimische Arten: den Kammolch, den Bergmolch, den Fadenmolch und den Teichmolch.
Der Teichmolch ist mit Sicherheit die am weitesten verbreitete Art, die sich auch am häufigsten im Gartenteich einfinden wird, ausgenommen allerdings in Höhenlagen über 400 m.
Das Teichmolchmännchen erreicht eine Länge von 11 cm und das Weibchen von 9,5 cm. Der Teichmolch ist ein schlankes Tier mit einem schmalen Kopf und leicht gekörnter Haut, die an Land trocken und samtig wird. Seine Grundfarbe ist hellbraun, die Unterseite orangefarben und rundum mit bunten Tupfen versehen. Das Männchen bildet während der Laichzeit einen gewellten Kamm aus, der ununterbrochen bis zur Schwanzspitze verläuft. Die vom Teichmolch bevorzugten Gewässer,

Links: Ein Teichmolchpärchen, im Bild oben das Männchen mit aufgerichtetem Kamm in Laichtracht.
Rechts: Ein farbenprächtiger Bergmolch.

Teiche, Tümpel und Wassergräben sind vegetationsreich und leicht beschattet, also nicht zu warm. Die Umgebung besteht aus Wiesen, Feldrändern, Parkanlagen, lichten Waldbeständen und Gärten. Nachts, bei feuchtem und warmem Wetter geht der Molch an Land auf Jagd nach Spinnen, Kerbtieren und Würmern. Das Laichgewässer sucht er ab Februar auf und die gesamte Laichzeit erstreckt sich bis in den Mai hinein. Das Weibchen legt die Eier einzeln in eingeknickte Blätter der Wasserpflanzen ab. Im zeitigen Frühjahr, wenn die Seerosen ihre Blätter noch nicht auf dem blanken Wasserspiegel ausgebreitet haben, kann man die Molche mit etwas Geduld und aus dem richtigen Blickwinkel (Wasserspiegelungen vermeiden!) beobachten. Später sieht man sie nur noch gelegentlich zwischen den Blättern der Seerosen auftauchen, um Luft zu schnappen. Im Juni verlassen die Teichmolche das Gewässer und halten sich in der Nähe, in ihren Verstecken unter Laub, modernden Baumstämmen, Steinen oder Reisighaufen auf. Im Winter graben sie sich tief und frostsicher in den Boden ein.

Der Fadenmolch ist dem Teichmolch ähnlich, jedoch wesentlich kleiner. Das Männchen erreicht eine Länge von 6 cm, das Weibchen von 9 cm. In Landtracht verläuft auf dem Rücken des Weibchens eine rote Mittellinie. Das Männchen bildet dagegen einen leistenartigen, glattrandigen Hautsaum auf seinem Rücken aus, der in einen Faden als Fortsatz des Schwanzes übergeht. Wie der Teichmolch sucht auch der Fadenmolch kleine und kleinste Gewässer auf, so zum Beispiel auch mit Wasser gefüllte Radspuren. Er bevorzugt allerdings schattigere, kühlere Gewässer als der Teichmolch. Im Gegensatz zu diesem kommt der Fadenmolch hauptsächlich in Mittelgebirgsgegenden über 500 m vor. Der Fadenmolch sucht sein Laichgewässer von März bis Ende Juni auf und legt wie die anderen Molche seine Eier einzeln an Wasserpflanzen ab.

Gemeinsam mit dem Fadenmolch kommt auch der Bergmolch im selben Laichgewässer vor. Das Männchen ist etwa 8 cm, das Weibchen bis zu 11 cm lang. Mit seiner grau- bis schwarzblauen Rückenfärbung und der hellbeige und oft orange leuchtenden Bauchseite ist der Bergmolch der farbenprächtigste aller Molche. Die orangefarbene Unterseite ist im Gegensatz zum Teich- und Fadenmolch ohne Tupfen. Zur Laichzeit trägt das Männchen eine glattrandige Rückenleiste. Der Bergmolch kommt nicht ausschließlich im Bergland,

Zauneidechsen, oben
das smaragdgrüne
Männchen.

sondern auch im hügeligen Flachland vor. Dort bevorzugt er beschattete und etwas kühlere, vegetationsarme Tümpel, Wassergräben und Wagenspuren. Die Laichzeit des Bergmolches erstreckt sich von Mitte März bis Ende Mai. Der Bergmolch ist ebenfalls nachtaktiv und versteckt sich nach der Laichzeit unter morschen Baumstümpfen, Moos oder Steinhaufen, nur wenige Meter vom Ufer entfernt. An solchen Plätzen überwintert er auch, höchstens 5 m vom Laichgewässer entfernt.

Der größte einheimische Molch ist der Kammolch, dessen Männchen 14 cm, das Weibchen 18 cm lang werden kann. Typisch ist der gezackte Hautsaum, den das Männchen zur Laichzeit auf seinem Rükken ausbildet und der dem Kammolch seinen Namen gab. Das Laichgewässer sollte nicht zu klein bemessen, krautreich und gut mit Unterwasserpflanzen bestückt sein. Der Kammolch sucht es schon oft im Februar auf. Die Laichzeit erstreckt sich bis Mitte Mai. Meistens nachts heftet das Weibchen 100–250 Eier einzeln an geknickte Blätter von Wasserpflanzen, aus denen die Larven nach 2–3 Wochen schlüpfen. Der Kammolch ist nachtaktiv und ernährt sich wie die anderen Molche von Würmern, Kerbtieren, Spinnen und Gliederfüßern. An Land und zur Überwinterung versteckt er sich, wie alle anderen Molche, unter Holzhaufen, Laub und Steinhaufen, hält sich aber auch außerhalb der Laichzeit im Wasser auf. In bodenfeuchter Umgebung wandern die jungen Kammolche mitunter bis zu 3 km weit vom Laichgewässer weg – zu einem anderen Gewässer, einem neuen Lebensraum. Auf diesen Wanderungen sind sie gefährdet, wenn sie ihr Weg über eine stark befahrene Straße führt. Durch Überdüngung umliegender Felder und Fischbesatz der Laichgewässer und der damit einhergehenden Verunreinigung ist der Kammolch die am meisten bedrohte Molchart.

Reptilien in Wassernähe

Gegen Ende des Zeitalters Karbon, also vor etwa 270 Millionen Jahren, entwickelten sich aus dem ersten Urlurch, der aus dem Wasser an Land ging, nicht nur die Schwanzlurche, nicht nur die Froschlurche, sondern auch Kriechtiere, Reptilien genannt, die auf das Wasser als Lebensraum ganz verzichten konnten. Dies ist auch heute noch so. Dennoch kommen die in unserem Garten und unserer Landschaft befindlichen Reptilien, die Zaun- und Mauereidechsen, die Blindschleiche und die Ringelnatter gern ans Wasser. Eidechsen und Blindschleichen brauchen versteckte Steinhaufen und Trockenmauern als Unterschlupf. Sonnige Trockenmauern und Steingärten sind ihnen als Lebensraum willkommen. Und am Wasser gibt es nicht nur ein angenehmes Kleinklima, sondern auch viele Insekten als Beutetiere.

Wer besonders viel Glück hat, kann sogar eine, leider auch selten gewordene Ringelnatter im Garten begrüßen. Die Ringelnatter ist eine ungiftige und völlig harmlose Schlange, die etwa 80–120 cm lang werden kann. Allein schon wegen des für sie angenehmen feuchtwarmen Klimas kommt sie gern ans Wasser. Die Ringelnatter ist am Tag aktiv und jagt Amphibien, Fische und Mäuse. Gern geht sie auch ins Wasser. Im Garten kann die Ringelnatter sehr zutraulich und somit auch gut beobachtet werden. Ihre Eier vergräbt sie in von der Sonne beschienenen Erde, wie auch im warmen Komposthaufen. Gegen Ende Juni schlüpfen die Jungen, die etwa so dünn wie ein Bleistift und 14–18 cm lang sind. Die Ringelnatter überwintert im Boden vergraben.

Die Ringelnatter kommt gern ins Wasser; leider ist sie selten geworden.

Das ökologische Gleichgewicht

Ein Gartenteich voller Leben! Wo noch vor einem oder zwei Jahren Rasen war, eine eintönige Sammlung gleichmäßig geschnittener Gräser, ist heute eine kleine Welt mit einer Vielfalt von Pflanzen und Tieren. Nachdem wir den Teich voller Wasser gelassen hatten, sahen wir, wie sich vom Einzeller bis zum Frosch eine eigene kleine Welt von Lebewesen in unserem Teich aufbaute, ähnlich der Entwicklungsgeschichte des Lebens auf unserem Planeten. Waren es nicht die Algen, die als Einzeller, als erste Pflanzen den Teich besiedelten? Waren es nicht die Urtierchen, ebenfalls Einzeller, die sich aus den Algen entwickelten und sich davon ernährten? Diese Millionen von Jahren zurückliegende Entwicklung, der Beginn des Lebens auf der Erde ist Vergangenheit und noch immer Gegenwart, in unserer Umwelt, in unserer Natur, soweit wir sie erhalten haben und ihr diese ständig neue Entwicklungschance gewähren. Mit dem Gartenteich haben wir ein Stück dieser Entwicklungsgeschichte hautnah in unseren Garten geholt. Wir haben zwar sofort die Endstufe der pflanzlichen Entwicklung hergestellt, indem wir höher entwickelte Pflanzen gemäß ihren Standortansprüchen in unser künstliches Gewässer einsetzten. Doch die Natur läßt sich nicht überlisten. Die frisch eingesetzten Wasserpflanzen mußten ja erst einmal Fuß auf dem Teichboden fassen, mußten junge Faserwurzeln bilden, um überhaupt Nährstoffe aufnehmen zu können. In der Zwischenzeit waren die Algen da und bald darauf die Urtierchen, die Pantoffeltierchen, die Rädertierchen und wie sie alle heißen. Eine Pflanze zieht eine andere nach sich und viele Tiere. Viele kleine Tiere ziehen große Tiere an. Die Kette der Lebewesen baut sich von unten nach oben, vom primitiven Einzeller zur hochentwickelten Pflanze bis zum Säugetier auf. Man braucht keines dieser Lebewesen einzusetzen, sondern muß nur das richtige Medium bereitstellen und viele Lebewesen stellen sich von selbst ein. Wasser ist ein solches Medium, unser Gartenteich.

Alles entwickelt sich in einem jungen Teich folgerichtig, wenn man der Natur nur freien Lauf läßt. Die anfänglich auftretenden Algen verschwinden nach kurzer Zeit. Viele am Anfang dieses Kapitels beschriebenen Tiere haben sich eingestellt. Das gesunde und feuchte Klima am Teich läßt Flora und Fauna gedeihen. Von Jahr zu Jahr wird die Lebensgemeinschaft in und um unseren Teich üppiger und schöner. Ein wundervolles Erfolgserlebnis für den Teichgärtner hinter dem Haus. Zu dem gärtnerischen Erfolg kommt ein anderer, den man als ökologischen Erfolg bezeichnen könnte.

Ökologie ist eine Zweigwissenschaft der Biologie und beschäftigt sich mit den Wechselwirkungen der Lebewesen untereinander. Darunter ist auch der Begriff »Biotop« einzuordnen, worunter man einen Lebensraum von Pflanzen und Tieren mit ganz bestimmten chemischen und physikalischen Bedingungen versteht. Heute, wo man angesichts der zunehmenden Umweltzerstörung zunehmend ökologische Gesetzmäßigkeiten ins Denken und Handeln einbezieht (oder es zumindest versucht), ist »Biotop« fast zu einem Modewort geworden und man bezeichnet fast ausschließlich Gartenteiche mit diesem Begriff. Doch gibt es ebenso Trockenbiotope, karge Geröllhalden, auf denen nur Moose und Flechten, vielleicht Disteln und Dornengestrüpp wachsen und nur wenige Käfer und Insekten leben können. Auch ein mit Wasser gefüllter Eimer kann schon einen Lebensraum für Algen und Mückenlarven bieten, also ein Biotop sein. Doch unter einem Biotop – siehe Modewort – stellen wir uns gemeinhin etwas anderes vor. Wir wünschen uns einen Lebensraum, in dem sich eine Gemeinschaft von Pflanzen und Tieren dauerhaft ansiedelt und ohne wesentliche Eingriffe von uns weiterentwickelt. Wem es gelingt, einen derart vielfältigen Lebensraum in seinem Teich, in seinem Garten dauerhaft herzustellen, kann mit berechtigtem Stolz von seinem Biotop sprechen.

In diesem Kapitel wurde eine Vielzahl von Tieren, vor allem auch Amphibien angesprochen, die in

Ein solcher Miniteich kann schon ein kleines Biotop sein.

136

Uferzonen voller Leben! In der Kopfweide (links) finden Käfer Unterschlupf und Höhlenbrüter eine Nistgelegenheit. Ein idealer Zufluchtsort für allerlei Tiere rund um den Teich ist auch der Reisighaufen dahinter sowie die Trockenmauer am gegenüberliegenden Ufer. Gras- und Springfrosch können sich in den Stauden verstecken und in den Gehölzen (hinten rechts) finden Molche, vielleicht sogar Salamander einen Zufluchtsort. Kreuz- und Geburtshelferkröte bevorzugen dagegen das steinige Ufer im Vordergrund.

den Garten und zum Teich zuwandern können. Ob und welche Tiere zuwandern, hängt von der jeweiligen Umgebung des Gartens ab und den Möglichkeiten, die die Tiere haben, in den Garten zu gelangen. Über stark befahrene Straßen und in innerstädtische Wohngebiete kommen sie nur schwer hinein. Am Rand eines Dorfes, wo der Garten an eine Wiese oder einen Waldrand grenzt, können Amphibien aus der Umgebung sehr schnell zuwandern. Dies hängt aber auch davon ab, wie unser Lebensraum aus zweiter Hand beschaffen ist. Ob er gerade den Tieren, die es in der näheren Umgebung gibt den idealen Laichplatz, Nahrung und Unterschlupf bietet. In diesem Buch wurden nicht nur die Tiere, sondern auch ihre Ansprüche an den Lebensraum beschrieben. Der Gartenteichfreund steht nun vor der Frage, welchen Amphibien er einen Lebensraum einrichten soll, denn da gibt es Unterschiede, was die Beschaffenheit des Teiches und seiner Umgebung im Garten betrifft. Am sinnvollsten ist es deshalb, vor der Anlage des Teiches erst zu erkunden, welche Tiere es in der näheren Umgebung des Gartens gibt. Wer es selbst nicht herausfinden kann, fragt bei der unteren Naturschutzbehörde oder einem der örtlichen Naturschutzverbände nach. Dort hat man oft schon eine Kartierung der Lebensräume und der darin vorkommenden Tierarten vorgenommen und kann ziemlich genau Auskunft darüber geben, welche Frösche, Kröten oder Molche, vielleicht sogar Unken oder Feuersalamander im Umkreis von 100–3000 m vom Garten entfernt vorkommen. So kann man den Gartenteich und seine Umgebung den Ansprüchen dieser Amphibien gemäß gestalten.

Und dann muß für diese Tierchen das Nahrungsangebot wachsen, in Form von Pantoffeltierchen, Rädertierchen, Wasserflöhen, Mückenlarven, Käfern und anderem Kleingetier. Erst wenn diese Mikrofauna vorhanden ist und ständig nachwächst, kommen und bleiben auch die Amphibien.

Dann ist für sie aus unserem Gartenteich ein Biotop geworden. Die Chancen, daß es eines wird, sind zwar auf dem Land größer als in der Stadt, doch in meiner Tätigkeit als Gartenjournalist habe ich selbst im dichten Siedlungsbereich und sogar in der Stadt eine erstaunliche Besiedlung von Gartenteichen mit verschiedenen Fröschen und Kröten gesehen. In einem Fall waren sogar Grasfrösche und Erdkröten von draußen aus der landwirtschaftlichen Umgebung in einen Garten, der mitten in der Stadt liegt, zugewandert. Also nicht den Mut verlieren. Ökologisch gärtnern heißt Lebensräume schaffen. Mehr kann man nicht tun!

Auf keinen Fall sollten Sie Amphibien an natürlichen Gewässern fangen und im eigenen Gartenteich aussetzen! Die erwachsenen Tiere der weitwandernden Amphibienarten streben immer zu ihrem Laichgewässer zurück und finden möglicherweise auf der nächsten Straße den sicheren Tod. Aber auch bei den Tieren, die relativ standorttreu sind, ist nicht gesagt, daß sie im Garten bleiben. Wenn ihnen eine Kleinigkeit nicht zusagt, wenn sie ein wenig außerhalb einen Lebensraum wittern, der ihnen günstiger erscheint, können auch sie abwandern.

Dies gilt auch für alle Amphibien, sowohl heimischer als auch exotischer Herkunft, die seit einiger Zeit von Geschäftemachern angeboten werden. Die Gefahr der Abwanderung ist immer gegeben. Lassen Sie sich deshalb von derartig verlockenden Angeboten nicht täuschen. Selbst wenn Sie den Teich liebevoll auf die Bedürfnisse der Tiere abgestimmt haben, ist nicht immer gesagt, daß er auch von den Tieren angenommen wird. Wenn Frösche, Kröten, Molche oder sogar Unken von selbst zuwandern und den von Ihnen geschaffenen Lebensraum aus zweiter Hand annehmen, haben Sie Gewißheit, daß es Ihnen gelungen ist, mit viel ökologischem Einfühlungsvermögen einen für diese Tiere optimalen Lebensraum zu gestalten. Zum gärtnerischen kommt dann ein ökologisches Erfolgserlebnis hinzu. Was sich dann in und um einen derart lebendigen Gartenteich abspielt, ist

einfach faszinierend. Die Teich- und Wasserfrösche werden bald sehr zutraulich und lassen sich gut beobachten. Die Kröten bemerkt man vor allem während der Laichzeit und kann ihre kunstvoll um die Halme gewickelten Laichschnüre bewundern. Grasfrösche sind in der Regel etwas scheuer, und um Molche zu Gesicht zu bekommen, muß man oft einige Zeit still am Teichufer verweilen und tief ins Wasser schauen. Vor allem im klaren Frühjahrswasser kann man sie erkennen.

Zu den größten Freuden am Gartenteich gehört es, im Frühjahr die ersten Laichklumpen der Frösche oder Laichschnüre der Kröten zu registrieren. Tag für Tag kann man beobachten, wie die kleinen schwarzen Punkte, die Eier in den Gallerthülsen wachsen, wie plötzlich eines Tages die winzigen Larven schlüpfen. Einige Tage hängen sie noch zappelnd an den leeren Gallerthüllen. Dann verteilen sie sich oft über die gesamten Uferbereiche unseres künstlichen Gewässers. Später, im Sommer huschen auf einmal winzige Fröschchen und Kröten zwischen den Grashalmen und Stauden umher.

Das alles kann sich in unserem neuen Gartenteich sehr schnell einstellen. Dennoch braucht man oft Geduld. Geduld ist eine der wichtigsten Tugenden im Garten überhaupt. Geduld, Beobachtungssinn und Einfühlungsvermögen in natürliche Vorgänge. Im sonnendurchfluteten Wasser können wir die räuberischen Aktivitäten der Libellenlarven beobachten. Dann, im Mai oder Juni entdecken wir eine solche Larve an einem Grashalm, einem Baum oder einer Schuppenwand und können zuschauen, wie dem kleinen Unterwasserungetüm eine herrlich schillernde Libelle entschlüpft. All diese Beobachtungen erschließen uns neue kleine in sich geschlossene und dennoch mit dem großen Naturhaushalt verbundene Welten. Wir sind eins mit unserem Fleckchen Erde.

Doch es kann auch alles anders kommen. Der Teich kann sich in eine ganz andere Richtung entwickeln oder auch gar nicht. Wo größere Tiere leben sollen, müssen sie immer genügend Nahrung an kleineren Lebewesen vorfinden. Die kleineren Lebewesen dürfen weder überhandnehmen, noch so wenig werden, daß sie von den größeren ganz aufgefressen, ausgerottet und verdrängt werden. Wenn immer soviele kleine Lebewesen vorhanden sind, daß sich die größeren von ihnen ernähren können, ohne ihren Bestand zu gefährden, spricht man vom biologischen Gleichgewicht. Ein Zustand, den wir auch in unserem Gartenteich anstreben sollten, vor allem, wenn wir an den Besatz mit Fischen denken.

Fische

In der Entwicklung der Lebewesen auf der Erde waren sie schon vor den Lurchen da. Es gab schon im Silur Fische, vor 500 Millionen Jahren. Zu dieser Zeit herrschte noch das Wasser und die darin befindlichen Lebewesen vor. Und es gab eine große Anzahl von Insekten und Krebstieren, von denen sich die Fische ernähren konnten. Als das Wasser weniger wurde, haben sich die Lurche aus dem Quastenflosser entwickelt und sind an Land gegangen. Diesen Schritt haben die Fische nie vollzogen. Bis heute sind sie auf das Wasser, und zwar auf eine ganz bestimmte Menge Wasser und ein ganz bestimmtes Nahrungsangebot angewiesen. Deshalb kommen in der Natur Fische in Gewässern der Größenordnung unserer meisten Gartenteiche überhaupt nicht vor. Sie sind bis heute auf größere Gewässer angewiesen, in denen sie immer genügend Wasser und Nahrung vorfinden. Viele frischgebackene Teichbesitzer, die diese Zusammenhänge nicht kennen, begehen den Fehler, in den frisch angelegten Teich sofort Goldfische einzusetzen. Nicht selten ist ihnen von Anglern oder Zoofachhändlern das Märchen aufgetischt worden, daß Fische das Wasser sauber halten. Dies trifft allenfalls für größere Gewässer in der Landschaft zu, nicht aber für den kleinen Gartenteich. Im Zoofachhandel wird dem unwissenden und ahnungslosen Wassergartenfreund dann mit den Goldfischen auch gleich noch einen großen Topf mit Fischfutter verkauft, und er füttert die Fische dreimal pro Tag.

Aus vielen Leserbriefen, die ich aufgrund meiner Artikel über Gartenteiche bekam, kenne ich die verheerenden Folgen für den Gartenteich. Verschiedene Wasserpflanzengärtner, Naturschützer bis hin zum promovierten Biologen haben es mir bestätigt: Wer auf diese Weise »Leben« in den Teich bringen will, würgt dem Wassergarten, seinen Pflanzen und Tieren jegliche gesunde Weiterentwicklung ab. Tödlich kann allein schon das Füttern sein. Durch heruntergefallenes Futter und einen erhöhten Anfall an Fischkot wird das Wasser permanent mit Nährstoffen angereichert. Dies fördert den ohnehin in einem jungen Teich sehr starken Algenwuchs. Die Fische müssen von dem leben können, was der Teich natürlicherweise an Nahrung bietet. In einem jungen Gewässer ist jedoch noch nicht viel Kleingetier vorhanden. Der Goldfisch macht sich über die wenigen im Wasser schwebenden Kleintiere her und verhindert, daß sie die Algen, deren Bewuchs immer mehr zunimmt, abbauen. Außerdem verunreinigen die Goldfische das Wasser, daß sie über die Kiemen durch ihren Körper ziehen durch ihre Ausscheidungen.

Wer partout nicht auf Fische in seinem Gartenteich verzichten will, sollte auf jeden Fall warten, bis sich das biologische Gleichgewicht eingependelt hat, bis es also keine Algenplage mehr gibt und bis sich eine Vielzahl unterschiedlicher Kleintiere im Wasser eingestellt hat, von der sich die Fische ausschließlich ernähren können. Es kommt aber auch auf die Größe des Teiches an. Er sollte so beschaffen sein, daß es Zonen gibt, die für die Fische nicht zugänglich sind und in denen die Amphibien ungestört ablaichen und deren Larven sich entwickeln können. Denn viele Fische – Friedfische hin, Friedfische her – machen auch vor Amphibienlaich nicht halt. Der Teich muß groß genug sein, um solche Schutzzonen zu ermöglichen und den Fischen genug Lebensraum zu bieten. Und hier sei mit einem zweiten weit verbreiteten Märchen aufgeräumt. Es ist nicht wahr, daß sich Fische in ihrer Größe und Vermehrung dem zur Verfügung stehenden Wasservolumen anpassen. Ich habe selbst schon beobachten können, wie sich Goldfische, die in Bleistiftlänge in einen Fertigteich von 7,5 m² Wasserfläche und einer maximalen Tiefe von 60 cm, die nur auf der halben Grundfläche vorhanden war, eingesetzt wurden, innerhalb eines knappen Jahres auf die Größe kapitaler Karpfen herangewachsen waren.

Ein Leser schrieb mir einmal, voller Verzweiflung: »Vor zwei Jahren setzte ich in meinen 2 m² großen Teich zehn Goldfische ein. Heute drängeln sie sich darin wie in einem Heringsfaß. Was soll ich tun?« »Da gibt es nur eines«, habe ich diesem Leser geantwortet, »eine Angel oder einen Köcher nehmen und herausfangen. Petri heil!« Zehn Goldfische sind für einen so kleinen Teich entschieden zu viel. Und der geringen Größe haben sie sich in diesem Fall auch nicht angepaßt.

Dr. Hartmut Wilke, Leiter des zoologischen Gartens in Darmstadt, empfiehlt in seinem Buch »Der Naturteich im Garten« eine Mindestgröße von 15 m² und eine Mindesttiefe von 1 m an mindestens einer Stelle des Teiches, um Fische darin halten zu können. Diese Angaben bezieht er allerdings nicht auf Goldfische, die er ebenfalls für naturnahe Teiche für völlig ungeeignet hält, sondern auf kleine heimische Wildfische. Eine Teichgröße von 15 m² bei einer Tiefe von 1 m ist für einen normalgroßen Hausgarten keineswegs utopisch. Mit einer Seitenlänge von knapp 3,90 m hat man diese Teichgröße erreicht.

Eine andere Faustregel für das Verhältnis Wasser zu Fische lautet: Ein Fisch auf 1000 Liter Wasser. Doch müssen hierbei unbedingt die ausgewachsene Größe und die Vermehrungsfreudigkeit der Fische berücksichtigt werden. Für unsere Gartenteiche, die ja wesentlich kleiner sind als die Fischgewässer in der Landschaft, sind die kleinen heimischen Wildfische, die man auch kaufen kann, günstiger als Goldfische oder Koikarpfen.

Der sicher bekannteste kleine Wildfisch ist der Dreistachelige Stichling. Er erreicht eine Länge von etwa 10 cm. Einmalig ist sein Laich- und Brutverhalten. Außerhalb der Laichzeit ist das Männchen auf der Oberseite bläulich-schwarz oder grünlichbraun und am Bauch silbrig. Kurz vor der Laichzeit färbt sich seine Unterseite leuchtend rot. Auf dem sandigen Grund im flachen Wasser sucht er nach einem geeigneten Laichplatz. Hat er ihn gefunden, so wird das Revier rundherum gegen andere Männchen aus der Nachbarschaft verteidigt. Dabei hat die rote Farbe Signalwirkung. Vermutlich reizen sich die Stichlingsmännchen mit dieser Färbung gegenseitig und lösen wiederholte Kämpfe untereinander aus, bis die Reviergrenzen eines jeden einzelnen Männchens festgelegt sind. Aus Pflanzenteilen, die es mit einer selbstausgeschiedenen klebrigen Flüssigkeit zusammenklebt, baut das Männchen auf dem Gewässerboden ein Nest mit zwei Öffnungen. Mit einem zickzackförmigen Balztanz lockt es nun ein laichbereites Weibchen an, schwimmt voraus durch das Nest hindurch, in welchem das Weibchen anschließend seine Eier ablegt. Nachdem das Männchen die Eier besamt hat, vertreibt es das Weibchen und pflegt und bewacht das Gelege, bis die jungen Stichlinge nach etwa 1–2 Wochen schlüpfen. Das Stichlingsmännchen kümmert sich noch lange um die Jungen, bis sie nach einigen Wochen selbständig werden.

Der dreistachlige Stichling ist ein Fisch für große Gartenteiche mit sandigem Boden und reichlichem Bewuchs. Man sollte ihn als Fischart allein im Teich halten, weil das Männchen während der Laich- und Brutzeit aggressiv ist und auch große Fische angreift. Amphibien sollten einen, den Stichlingen nicht zugänglichen Bereich zum Ablaichen bekommen. Außer den Eiern und Larven von Amphibien und anderen Fischen ernährt sich der Dreistachelige Stichling auch von Mückenlarven. Man sollte von ihm höchstens acht Exemplare einsetzen. Später kann es ratsam sein, den Bestand von Zeit zu Zeit zu verringern, weil Stichlinge sehr vermehrungsfreudig sind.

Das Männchen des dreistacheligen Stichlings ist zur Laichzeit einer der prächtigsten heimischen Fische.

Das Moderlieschen ist ein heimischer Schwarmfisch, lebt also gesellig und erreicht eine Länge von etwa 9 cm. Sein natürlicher Lebensraum sind die vegetationsreichen Uferbereiche der Flüsse und Seen im Flachland, aber auch Teiche und Wassergräben. Das Moderlieschen ernährt sich von Schwebalgen, Mücken und deren Larven, Rädertierchen und Kleinkrebsen. In der Zeit von April bis Juni legt das Weibchen die Eier spiralförmig an den Wasserpflanzen ab und das Männchen bewacht die Brut, bis die Jungen ausschlüpfen. Da es sich um einen Schwarmfisch handelt, sollte man nicht weniger als zehn Exemplare einsetzen. Der Teich sollte größer als 15 m² und einen üppigen Pflanzenbewuchs aufweisen.

Ebenfalls ein Schwarmfisch ist der Ukelei. Er wird etwa 17 cm lang und lebt in Seen, Teichen und Flüssen mit klarem Wasser, wo er sich gern

dicht unter der Oberfläche aufhält. Wie das Moderlieschen ernährt sich der Ukelei von Schwebalgen, Mücken, Insektenlarven, Rädertierchen und Kleinkrebsen. Der Ukelei laicht von April bis Juni im flachen Wasser am kiesbeschütteten Ufer ab. Auch von ihm sollte man etwa zehn Exemplare einsetzen.

Der Bitterling lebt im vegetationsreichen Uferwasser von Flüssen, Seen und Teichen. Er ernährt sich von Pflanzenteilen, Würmern, Kleinkrebsen und Insektenlarven. Die Fortpflanzung der Bitterlinge ist nur in Gemeinschaft mit der Teich- oder Malermuschel möglich. Das Weibchen hat dazu eine Legröhre entwickelt, die doppelt so lang ist, wie ihr Körper. Mit dieser Legröhre legt es die Eier in der Mantelhöhle der Teichmuschel ab. Die anschließend vom Männchen abgegebene Spermawolke gelangt mit dem Atemwasser der Muschel an die Eier. Die geschlüpften Larven verlassen die Muschel, sobald sie frei schwimmen können. Das

Männchen entwickelt herrlich schillernde Farben, sobald es eine Muschel gefunden hat. Damit macht es das Weibchen auf die gefundene Muschel aufmerksam. Ansonsten hält sich der etwa 10 cm lange Bitterling in der Nähe schlammig sandiger Tonböden auf.

Die Elritze ist ebenfalls ein Schwarmfisch, von dem man etwa zehn Stück in den Teich setzen sollte. Sie erreicht eine Länge von 14 cm und lebt in natürlichen Gewässern als Begleitfisch von Forellen in kühlem, klaren, sauerstoffreichem Gebirgswasser. Der Untergrund des Gartenteiches, in den Elritzen eingesetzt werden sollen, muß sandig und kiesig wie die Gebirgsgewässer sein. Der Teich sollte im zumindest teilweise beschatteten Bereich des Gartens liegen. Die Elritze ernährt sich von Krebstieren und Insektenlarven. Zur Laichzeit nehmen die Männchen eine smaragdgrüne, an ihrer Bauchseite rote Färbung an. Zwischen April und Juni laichen Elritzen in sauberen Uferbereichen ab. Alle diese kleinen, hier aufgezählten heimischen Wildfische kann man in Fischzuchtanstalten bekommen. Zum Bitterling gibt es auch die obligatorische Süßwassermuschel. Für alle Arten sollte der Teich eine Oberfläche von mindestens 15 m² und eine Tiefe von 1 m an einer Stelle aufweisen. In dieser Tiefe können die Fische sicher den Winter überleben. Mit dem Einsetzen von Fischen muß auf jeden Fall gewartet werden, bis der Algenbewuchs zurückgegangen und sich eine reichhaltige Mikrofauna im Teich eingestellt hat, von der sich die Fische ernähren können. Für Amphibien müssen eigene, den Fischen nicht zugängliche Zonen geschaffen werden, vielleicht sogar eigene kleine Tümpel.

Der Goldfisch ist, wie bereits erwähnt, für den Gartenteich und seine Lebensgemeinschaft denkbar ungünstig. Es handelt sich bei ihm um eine Zuchtform der ostasiatischen Silberkarausche, die im 13. Jahrhundert nach Europa kam und züchterisch weiterentwickelt wurde. Zweifellos sind Goldfische zutrauliche Tiere, die sich leicht durch Futter anlocken lassen – wie übrigens viele andere Fische auch. Jedoch gerade das Füttern kann für den Teich so verderblich sein. Goldfische können sich rasend vermehren und den Teich derart verunreinigen, daß aus dem ursprünglich klaren Teichwasser eine schmutzige stinkende Brühe wird. In sommerlichen Hitzeperioden kommt es dann zum »Umkippen« des Teichwassers. Durch Nährstoffreichtum und starke Erwärmung des Wassers nehmen die Algen stark zu. Beim Absterben der Algen und dem Abbau ihrer Substanz durch Bakterien wird dem Wasser und den darin lebenden Pflanzen und Tieren der nötige Sauerstoff entzogen. Dann kann kein Fisch, kein Frosch und keine Pflanze mehr darin leben. Für naturnahe Teiche, wie sie in diesem Buch dargestellt wurden, eignen sich Goldfische nicht. Wer dennoch nicht auf sie verzichten will, sollte ihnen ein eigenes Wasserbecken einrichten. Dies kann ein Betonbecken mit steilen Wänden oder auch ein Fertigteich sein, mit einer Mindesttiefe von 1 m an einer Stelle, damit die Fische darin überwintern können. Für ein solches Fischbecken empfiehlt sich eine Umwälzpumpe mit Filter, die das Wasser reinigt und mit Sauerstoff anreichert. Diese Pumpe kann

Der Bitterling kann sich nur mit Hilfe der Teichmuschel fortpflanzen.

Die Elritze ist in unseren Bächen häufig gemeinsam mit Forellen anzutreffen.

man sehr gut mit einem Springbrunnen oder Wasserspiel kombinieren. Doch Vorsicht bei Seerosen und anderen Schwimmblattpflanzen: sie vertragen die ständige Wasserbewegung nicht. In einem solchen reinen Fischbecken gibt es aber auch keine anderen Lebewesen. Man könnte es auch als Freilandaquarium bezeichnen. Hier müssen die Fische gefüttert werden wie im Aquarium, hier muß das Wasser mit zum Teil hohem technischen Aufwand gefiltert und mit Sauerstoff angereichert werden. Hier muß von Zeit zu Zeit ein teilweiser Wasseraustausch und eine erneute Aufbereitung des Wassers unter Anwendung chemischer Mittel vorgenommen werden.

Nur wenige Gartenbesitzer werden soviel Platz haben, um einen derart großen Teich anlegen zu können, in dem Goldfische, Amphibien, Insekten und die ganze Microfauna ohne diesen technischen Aufwand miteinander leben können. Man sollte nie vergessen, daß sich die Goldfische stark vermehren. Die jungen Goldfische sind übrigens schwarz. Erst im zweiten Jahr nehmen sie die typisch rotgoldene Färbung an. Ein Teichfreund mit langjähriger Erfahrung sagte mir, daß er mit den Goldfischen Goldrotfedern im Teich hält. Sie fressen Laich und Jungfische der Goldfische, wie auch einen Teil ihres eigenen Nachwuchses, so daß die Fische im Teich nicht überhandnehmen.

Solche speziellen Erfahrungen eines einzelnen Teichbesitzers lassen sich jedoch selten auf andere Teiche mit anderen Gegebenheiten übertragen. Ein dem Goldfisch ähnlicher Fisch ist die Goldorfe. Sie ist jedoch schlanker als der Goldfisch und bei weitem nicht so behäbig wie dieser. Die Goldorfe ist ein Schwarmfisch, der sich im Gegensatz zum ewig gründelnden und Schlamm aufwirbelnden Goldfisch, dicht unter der Oberfläche aufhält. Goldorfen lieben allerdings sauerstoffreiches und klares Wasser. Sie eignen sich deshalb für einen größeren und tiefen Teich mit teilweiser Beschattung oder einem ständigen natürlichen Durchfluß oder durch eine Pumpe umgewälztes Wasser. Auch alle anderen, für Teiche in Frage kommenden Fische, wie zum Beispiel Koikarpfen, Sonnenbarsche oder auch die heimischen Plötzen und Rotfedern verlangen einen größeren Lebensraum und möglichst tiefes Wasser von 2 m Tiefe. Aus unseren kleinen naturnahen Teichen, in denen wir uns an den Fröschen oder einem Molchpärchen erfreuen wollen, sollten wir sie heraushalten. Außer all den beschriebenen Amphibien und Reptilien lockt ein Gartenteich auch viele andere Tiere an, wie zum Beispiel die Vögel, die gern in seinem seichten Uferwasser ein Bad nehmen. Wasser erzeugt ein gutes Klima, das allen Lebewesen gut tut und sie deshalb auch anzieht. Von diesen geheimnisvollen Kräften soll im folgenden Kapitel die Rede sein.

Vom sauberen Wasser und gesunden Klima

Wenn die Seerosen, Rohrkolben, Tannenwedel, Sumpfschwertlilien und anderen Pflanzen in unserem Teich eingewachsen sind; wenn die Algen zum größten Teil zurückgegangen sind (ganz verschwinden sie nie), sich eine Vielzahl kleinerer und größerer Insekten und vielleicht sogar einige Frösche eingestellt haben, die regelmäßig in unseren Garten zum Ablaichen kommen, ist die Welt in unserem Teich in Ordnung. Die Pflanzen werden von Jahr zu Jahr üppiger und schöner. Die Seerosen bedecken mit ihren Blättern die Wasserfläche und bringen immer mehr Blüten hervor. Die Gauklerblume ist fast um den ganzen Teich herumgewachsen und auch der Rohrkolben hat sich weiter ausgebreitet. Doch in der Natur bleibt nichts, wie es ist. Alles ist in ständiger Veränderung begriffen. Unser Teich gibt das beste Beispiel.

Wo Pflanzen wachsen, sterben sie auch wieder ab, vor allem, wenn es Winter wird. Die Blätter von Froschbiß, Wasserlinse und Seerose werden braun und sinken zu Boden. Sie sammeln sich an der tiefsten Stelle und dienen manchen Fröschen als Unterschlupf für den Winter. Schlammschnecken und Wasserasseln gehen zu Werk und zerkleinern die herabgesunkenen Blätter und Halme. Die Schlammröhrenwürmer setzen diese Arbeit fort, bis sich schließlich die zahlreichen auf dem Teichboden lebenden Bakterien über die zerkleinerte organische Substanz hermachen. So werden Nährstoffe aus der abgestorbenen organischen Masse wieder freigesetzt. Die Wurzeln der Pflanzen können sie wieder aufnehmen und im nächsten Jahr um so üppiger und schöner gedeihen. Dieser perfekte Kreislauf ist ein Grund dafür, warum man Wasserpflanzen nie zu düngen braucht. Kein Nährstoff geht verloren, alles wird wiederverwertet. Das Wachstum der Pflanzen nimmt ja in den ersten Jahren sogar zu. Dementsprechend größer ist auch die Menge der abgestorbenen Substanz. Und immer mehr Kleintiere und Bakterien müssen diese organische Substanz auflösen und Nährstoffe freisetzen. Dazu brauchen – verbrauchen – sie Sauerstoff, je intensiver sie arbeiten um so mehr.

Nun können viele Aspekte zusammenwirken. Zum einen sammelt sich im Laufe von vielen Jahren eine mehr oder weniger große Menge an organischer Masse, sogenanntem Faulschlamm auf dem Boden des Teiches an, und zwar bei gleichbleibender – nein, bei geringerer Wassermenge, denn ein Teil des Wassers wird ja durch das Volumen des Faulschlamms verdrängt. Das Wasser wird aber auch weniger, weil jeder Teich im Laufe der Jahre in seinen Flachwasserzonen nach und nach verlandet, so wie jedes natürliche stillstehende Gewässer auch. Das Verhältnis Wasser zu Pflanzen, Wasser zu Tieren und Wasser zu abgestorbener organischer Masse wird also immer enger. Die Sommersonne leistet einen zusätzlichen Beitrag, indem sie die Verdunstung verstärkt. Die Wassermenge im Teich kann sich also während einer sommerlichen Hitzeperiode erheblich verringern. Außerdem sinkt der Gehalt des Sauerstoffs im Wasser, je wärmer es wird. Die Sonne fördert aber auch das Algenwachstum, vor allem, wenn viele Nährstoffe im Wasser gelöst sind. In einem Teich, auf dessen Boden Bakterien ständig Nährstoffe freisetzen, gibt es auch viele gelöste Nährstoffe im Wasser. Die Algen setzen, wie alle Pflanzen am Tage eine Menge Sauerstoff frei. Doch bei Nacht verbrauchen sie ihn wieder. Mehr noch: infolge von Nährstoffmangel sterben Algen auch wieder ab und sinken zu Boden. Dort bieten sie den Bakterien reichlich Nahrung, die sich aufgrund des Angebots rasend vermehren und durch ihre Aktivität jede Menge Sauerstoff verbrauchen. Eine Zeit lang kann dies alles ganz gut gehen. Die aus den Algen freigesetzten Phosphate, die von den Pflanzen nicht mehr aufgenommen werden, verbinden sich auf dem Teichboden mit Eisen, welches in Ionenform von den Pflanzenwurzeln ausgeschieden wird, und sind dort festgelegt. Sie können nicht ins Teichwasser gelangen. Doch die Entwicklung geht weiter. Immer mehr organische Masse wird von den Mikroorganismen zersetzt, immer mehr Phosphate freigesetzt, die dann keine Eisenionen mehr vorfinden, mit denen sie sich verbinden können. So gelangen sie doch ins

Teichwasser, was wiederum eine starke Vermehrung der Algen zur Folge hat. Auch einige Schwimmpflanzen, wie die Wasserlinse, der Froschbiß oder das Feenmoos profitieren von dem Phosphatreichtum und vermehren sich stark. Sie sind deshalb wichtige Konkurrenten der Algen. Wenn sie jedoch wie die Watten dichter Fadenalgen den Wasserspiegel ganz bedecken, dringt kein Licht mehr bis auf den Teichboden. Algen und Unterwasserpflanzen sterben deshalb schlagartig ab, sinken zu Boden und liefern den Bakterien wieder reichlich Nahrung. Je eifriger und schneller die Bakterien die tote organische Substanz abbauen, desto mehr Sauerstoff verbrauchen sie. Dicht über dem Teichboden wird das Wasser äußerst sauerstoffarm. Sinkt der Sauerstoff im Wasser unter ein gewisses Minimum, so können die Sauerstoff verbrauchenden (aeroben) Bakterien abgelöst, die mit den geringen Sauerstoffmengen auskommen. Diese Bakterien setzen jedoch neben den auf dem Teichboden festgelegten Phosphaten auch giftigen Schwefelwasserstoff aus dem Faulschlamm des Bodens frei.

Nachts sind die Pflanzen aufgrund des fehlenden Lichts nicht zur Photosynthese fähig und produzieren deshalb auch keinen Sauerstoff. Die aeroben Bakterien haben fleißig gearbeitet und über Nacht große Sauerstoffmengen verbraucht. Dann, meistens gegen Morgen, übernehmen die anaeroben Bakterien die Arbeit und setzen zuvor festgelegte Phosphate und Schwefelwasserstoff frei. Das Wasser verwandelt sich in eine stinkende Brühe. Man sagt: Der Teich ist »umgekippt«. Am häufigsten tritt dieser Zustand in Teichen und Seen der Landschaft ein, die durch Abwässer mit phosphathaltigen Waschmittelrückständen sowie mit den Sickerwässern aus den umliegenden überdüngten Äckern angereichert sind. In unseren Teich kommen solche Stoffe in der Regel nicht, es sei denn, es besteht eine Verbindung zu einem verunreinigten Gewässer oder das Wasser kommt aus einem Brunnen, dessen Wasser ebenfalls mit Phosphaten angereichert ist. Zu hohe Nährstoffkonzentrationen im Teichwasser können auch entstehen, wenn die Erde stark gedüngter Beete am Rand bei einem Wolkenbruch ins Wasser gespült wird, durch Fischfutter oder größere Mengen von Herbstlaub, das in den Teich gefallen ist. Randbeete und Teich sollten deshalb gut voneinander getrennt sein, zum Beispiel durch die auf Seite 43 erwähnte Kapillarsperre. Herbstlaub kann man aus einem kleineren Teich fernhalten, indem man im Herbst ein engmaschiges Netz, wie man es zur Abwehr von Vögeln benutzt, über den Teich spannt. Sogar das zufließende Wasser, mit dem wir in heißen Sommer fließende Wassermengen ergänzen, läßt sich entsprechend aufbereiten. Solange sich die heranwachsenden Algen, ihr Absterben und Abbau durch die Bakterien die Waage halten, ist alles in Ordnung. Selbst gelegentlich aus dem Mulm des Teichbodens aufsteigende Faulgase müssen noch keine Gefahr darstellen. Sie bestehen zu 65–95% aus Methan, 5–35% aus Kohlendioxid, geringen Spuren Stickstoff, Wasserstoff und Schwefelwasserstoff. Im Winter können sie sich auf das Leben im Teich tödlich auswirken, wenn sie nicht durch die geschlossene Eisdecke abziehen können. Deshalb sollte man die Halme des Rohrkolbens und andere abgestorbene Pflanzen nicht abschneiden, sondern stehenlassen. Bei ihrer Verwesung entwickeln sie Wärme, so daß sich die Eisdecke um sie herum einige Öffnungen bleiben, durch die Faulgase abziehen können.

Behutsame Eingriffe

Auch bei einem naturnahen Teich geht es nicht ohne Eingriffe. Ließe man seiner Entwicklung dauerhaft freien Lauf, würden innerhalb vieler Jahre manche Lebewesen darin zugrunde gehen oder abwandern. In der Natur ist ja nichts beständig, alles entwickelt sich weiter. In unserem Teich wollen wir jedoch ein bestimmtes, für möglichst viele Lebewesen optimales Stadium der Sukzession aufrechterhalten.

Dort, wo Schilf und Rohrkolben wachsen (im Foto links) werden die Abwässer des Wohnhauses im Wurzelraumverfahren geklärt.

Gegen Algenwuchs hilft nur eines: jede zusätzliche Anreicherung von Nährstoffen, die von außerhalb kommen, aus dem Teich fernhalten. Auch das Wasser sollten wir etwas kritisch betrachten. Regenwasser kann aus der Luft herausgewaschene oder vom Dach gespülte Rußpartikel enthalten, Brunnenwasser mit Nitraten, Phosphaten oder ins Grundwasser gelangte Phenole (Ölrückstände) angereichert sein. Auch Leitungswasser enthält mehr oder weniger Kalk aber auch Nitrate, Phosphate und Chlor.

Auf eine dieser Wasserquellen ist man angewiesen und muß damit den Teich füllen. Bei der ersten Füllung sollte man dies ohnehin sehr langsam und mit mehreren Pausen tun, damit sich das Wasser ein wenig erwärmen kann. Wenn man später noch einmal geringere Mengen nachlaufen lassen muß, so sollte man dies gegebenenfalls auch etappenweise tun, damit es nicht zu einer zu plötzlichen großen Anreicherung mit Nährstoffen kommt. Verdunstungs- und Sauerstoffverluste lassen sich durch eine teilweise Beschattung des Teiches verringern. Man pflanzt in seine Nähe Bäume oder Sträucher, die ihren Schatten zwischen 11 und 15 Uhr auf die Wasserfläche werfen. Auch Schwimm- oder Schwimmblattpflanzen beschatten das Wasser.

149

doch sollten sie nicht die ganze Fläche bedecken und den Unterwasserpflanzen das Licht nehmen. Was daraus entstehen kann, wurde bereits beschrieben.

Algenwatten, die sich trotz aller Vorsicht gelegentlich bilden können, fischt man, so gut es geht, mit einem Stock oder Rechen heraus. So werden dem Wasser auch Nährstoffe entzogen.
Jeder Teich entwickelt sich anders. Bei einem nährstoffreichen Teich ist das Algenwachstum am Anfang sehr stark. Später entwickelt sich ein üppiges Pflanzenwachstum. Bei einem nährstoffarmen Teich halten sich die Algen von vornherein in Grenzen. Die Pflanzen entwickeln sich dennoch gut, wuchern aber nicht. Je nährstoffreicher der Teich, je üppiger das Wachstum, desto mehr lagert sich auf dem Teichboden ab. Man kann diesen Faulschlamm zum Teil mit einem Schlauch absaugen. Der Schlauch wird mit Wasser gefüllt und eines seiner Enden in die tiefste Stelle auf den Teichboden gebracht. Das andere Ende legt man an einer unterhalb des Wasserspiegels liegende Stelle auf den Boden, so daß das Wasser herauslaufen kann. So wird auch ein Teil des Faulschlamms auf dem Teichboden abgesaugt. Wenn der Wasserspiegel stark sinkt, sollte man den Schlauch herausnehmen. Auf keinen Fall darf der Teich ganz geleert und wieder neu gefüllt werden. Dies käme einer Neuanlage gleich.
Wenn der Teich vom Ufer her langsam aber sicher zu verlanden droht, sollte man im Herbst einen Teil des Bodenschlicks mit einem Krail herausholen. Doch Vorsicht! Achten Sie auf die Folie. Am besten feilen Sie die Zinken stumpf. Natürlich kann man den Schlick auch von Hand ausräumen, doch sollte man manche Binsen nur mit Handschuhen anfassen, sonst kann man sich unangenehme Schnittverletzungen zuziehen.
Ein zu radikaler Eingriff wäre es auch, den gesamten Teichboden auf einmal auszuräumen. Immerhin leben dort unzählig viele Kleintiere und Bakterien, die für den Nährstoffkreislauf des Teiches unentbehrlich sind. Deshalb empfiehlt es sich, jeweils nur einen Teil, zum Beispiel ein Drittel oder ein Viertel des Teichbodens auszuräumen, im darauffolgenden Jahr einen weiteren Teil und so weiter. Je nach der Entwicklung im Teich kann man diese Arbeit auch im Abstand von zwei oder drei Jahren vornehmen. Aufgrund der veränderten Bedingungen stellen sich auf dem Teichboden andere Gesellschaften von Microorganismen ein, die sich mit erneuter Absetzung von Schwebstoffen natürlich wieder verändern. Auf diese Weise entstehen auf dem Teichboden mehrere unterschiedliche Altersstufen, eine reichhaltige Welt von Mikroorganismen also.
Wie im ersten Kapitel erwähnt, kann man die Qualität des Wassers mit Indikatoren aus dem Fachhandel feststellen, im einzelnen den pH-Wert, den DH-Wert, Nitrat- und Phosphatgehalt. Diese Indikatoren sind zwar fürs Aquarium gedacht, doch ungefähr läßt sich auch die Qualität des Leitungs-, Brunnen-, Regen-, Bach- oder Teichwassers bestimmen. Doch was hilft es, wenn man nun weiß, daß das Wasser, welches man in den Teich laufen lassen will, mit Nitraten oder Phosphaten oder anderen sich schädlich auswirkenden Anreicherungen durchsetzt ist? Der Teich und seine Organismen müssen damit fertig werden. Und er wird damit fertig, denn Nitrate und Phosphate werden sofort von Algen, andere, zum Beispiel auf Kohlenstoff beruhende Verbindungen, werden ebenfalls von Pflanzen abgebaut.

Biologische Kläranlage

Pflanzen können erstaunliches leisten. Sie können verunreinigtes, mit Schadstoffen belastetes Wasser wieder klar und sauber bekommen. Dies ist eine alte, bei den Naturvölkern seit langem bekannte Methode. Eingeborene aus dem Sudan füllen ihre Tonkrüge, in denen grüne Pflanzen wachsen, mit schlammigem Nilwasser und können daraus bereits am nächsten Tag klares Trinkwasser entnehmen. Genauso reinigen auch die Pflanzen in

Eine Pflanzenkläranlage – in mehreren kaskadenartig angeordneten Becken können sich Schadstoffe aus dem Regen- und Leitungswasser absetzen. Von den Pflanzen werden sie gebunden und der Teich erhält klares Wasser.

150

unserem Teich das Wasser, allerdings über einen wesentlich längeren Zeitraum. Diese Fähigkeit hat man sich beim Bau biologischer Pflanzenkläranlagen zunutze gemacht. Als erste deutsche Wissenschaftlerin entdeckte Frau Prof. Dr. Käthe Seidel vom Max-Planck-Institut in Krefeld die reinigende Wirkung einiger Sumpfpflanzen, wie zum Beispiel die Flechtbinse *(Scirpus lacustris)*. Heute gibt es schon biologische Pflanzenkläranlagen unterschiedlicher Systeme, die seit Jahren zuverlässig und gut arbeiten. Mit ihnen werden Privathäuser, Hotels und Campingplätze, sogar ganze Gemeinden gleichermaßen gut entsorgt.

Eines dieser Systeme arbeitet im Wurzelraumverfahren. Man könnte von einer gesteuerten Eutrophierung sprechen, bei der die Verlandungszone von vornherein und in voller Absicht geschaffen wird. In einer mit PVC-Folie ausgelegten Teichmulde wird der ausgehobene Boden wieder eingetragen, das Ganze überflutet und mit einigen weitverbreiteten heimischen Sumpfgewächsen bepflanzt, die sich schon seit Jahren für diesen Verwendungszweck bewährt haben.

Dazu sind an erster Stelle das Schilfrohr *(Phragmites communis)*, die Flechtbinse *(Scirpus lacustris)*, die Flatterbinse *(Juncus effesus)*, der Rohrkolben *(Thypha latifolia)* sowie die Sumpfschwertlilie *(Iris pseudacorus)* zu nennen. Aber auch mit anderen Sumpf- und Wasserpflanzen hat man gute Erfahrungen gemacht. Das Sumpfbeet wird ganz mit Wasser geflutet. Auf diese Weise entsteht in dieser künstlichen Sumpflandschaft ein sauerstoffarmes Milieu, in dem eigentlich nur die Bakterien arbeiten können, die mit wenig Sauerstoff auskommen, also die anaeroben Bakterien. Die genannten Sumpfpflanzen sind jedoch in der Lage, aus ihren Stengeln und Blättern über dem Boden Sauerstoff in ihren Wurzelbereich zu transportieren. Auf diese Weise entsteht im Boden ein Netz unterschiedlicher Zonen. Rund um die Wurzeln können nun die sauerstoffhaltigen (aeroben) Bakterien ihr Werk vollbringen. Um die mit Sauerstoff versorgten Zonen herum herrschen im sumpfigen Boden anaerobe Verhältnisse. So können verschiedene Stoffe, die das Wasser verunreinigen und belasten, von beiden Bakteriengruppen Hand in Hand und gleichzeitig abgebaut werden. Stickstoffverbindungen werden in pflanzenverfügbares Ammonium verwandelt und dieses wiederum in den mit Sauerstoff versorgten Zonen in Nitrat umgebaut. Unter Sauerstoffmangel in den benachbarten Zonen wird das Nitrat weiter umgewandelt, bis es in seiner elementaren Form, nämlich als zweiatomiges Stickstoffgas aus dem Sumpfbeet in die Atmosphäre aufsteigt. Alle Kohlenstoffverbindungen, wie zum Beispiel Fette, Eiweiße und Kohlenhydrate werden in den mit Sauerstoff versorgten Wurzelzonen zu Kohlendioxid also auch ein Gas, das der Anlage entweicht, und Wasser aufgespalten. Dieselbe Spaltung kann aber auch zusammen mit Nitraten in sauerstoffarmen Bereichen des Sumpfbeets stattfinden. Unter Sauerstoffmangel bilden sich organische Säuren, aus denen dann wieder unter dem Einfluß von Sauerstoff Kohlendioxid und Methangas freigesetzt werden. Gemeinsam mit den Wurzelausscheidungen entstehen aber auch Verbindungen mit Eisen.

Ein großer Belastungsfaktor für das Wasser sind die Phosphorverbindungen, die in menschlichen Ausscheidungen und Waschmitteln vorhanden sind. Die Phosphorverbindungen werden zunächst in Phosphate umgewandelt, welche sich wiederum mit den zuvor aus den organischen Säuren gebildeten Eisenverbindungen zu Eisenphosphat vereinigen. Diese Verbindung scheidet aus dem Stoffkreislauf und den damit verbundenen Umsetzungsprozessen aus und setzt sich in der Anlage ab. Das kann jedoch, wie bereits auf Seite 148 beschrieben, nur bis zu einer bestimmten Menge geschehen. Danach hat die Anlage ausgedient, das heißt, der eisenphosphathaltige Schlamm muß ausgeräumt und mit neuer Erde und neuen Pflanzen besetzt werden. Immerhin werden durch solche biologischen Kläranlagen 85% des eingebrachten Stickstoffs abgebaut. Einer solchen biologischen Kläranlage ist ein Dreikammersystem vorgeschaltet, indem sich die größten Schlämme absetzen. Und immerhin sollte man bedenken, daß diese Kläranlagen in der Tat anstelle der bisher herkömmlichen Anlagen eingesetzt werden und in mancher Hinsicht wesentlich leistungsfähiger als diese sind. Man hat sogar festgestellt, daß neben den Nitrat-, Kohlenstoff- und Phosphorverbindungen auch Krankheitserreger, wie zum Beispiel Salmonellen, dem Wasser ganz entzogen werden.

Wenn Pflanzen in einer biologischen Kläranlage mit Schadstoffen belastetes Wasser so reinigen können, daß man es in einen Fluß, Bach oder See leiten kann, so läßt sich Leitungswasser, Brunnenwasser oder das einem nahegelegenen Gewässer entnommene Wasser ebenfalls von Nitrat- und Phosphatüberschüssen und möglichen Schadstoffen befreien. Eine solche Anlage braucht noch nicht einmal mit der Perfektion einer für Abwässer gedachten biologischen Kläranlage zu sein. Diese ist hier als Beispiel dafür aufgeführt worden, um zu zeigen, was Pflanzen zu leisten vermögen. In einem Garten könnte die biologische Kläranlage ebenfalls in Form eines Sumpfbeetes angelegt werden. Als Dreikammersystem könnten mehrere miteinander verbundene Regentonnen dienen, in denen sich die gröbsten Schmutzteile erst einmal absetzen. Aus der letzten Tonne läuft das Wasser ins Sumpfbeet, das sich von hier aus bis an den Rand des Teiches erstreckt. Man kann aber auch etwas ähnliches mit einem künstlichen Wasserlauf erreichen, bei dem einzelne flache, jeweils unterschiedlich bepflanzte Becken terrassenförmig hintereinander angeordnet sind.
Gespeist wird dieser Wasserlauf jeweils vom Leitungswasser, Brunnenwasser, Regenwasser oder auch dem Wasser eines Baches, das jedoch den Wasserlauf nicht sofort durchfließt, sondern in jedem Becken erst einmal zur Ruhe kommt. So können sich zuerst grobe Schwebstoffe absetzen. Wenn das Wasser aus dem ersten Becken ins darunterliegende zweite überläuft, ist es schon ein wenig sauberer. In den nächsten Becken setzen sich weitere Schwebstoffe ab, und die Pflanzen können darin ebenso wirken, wie in einer richtigen biologischen Kläranlage. Außerdem kommt das Leitungswasser vorgewärmt und abgestanden und weitgehend kalkfrei in den Teich.

Die Firma re-natur in Schleswig-Holstein hat eine Sumpfbeetkläranlage entworfen und in vielen Orten gebaut, bei der das in einer Dreikammeranlage vorgeklärte Wasser von der Schmalseite zunächst in eine keilförmige Lage Kies versickert, damit das Wasser ungehindert bis auf den Boden vordringen kann. Eine solche Kiesschüttung gibt es auch am Ende des Beets, gewissermaßen als Dränage, um einen ungehinderten Abzug des geklärten Wassers zu gewährleisten. Dazwischen wurde bindiger Boden aufgeschüttet. Kleine keilförmige Kanäle, die quer zur Fließrichtung an der Oberfläche verlaufen, sorgen dafür, daß das Wasser, wenn es einmal in größeren Mengen anfällt, nicht über die Oberfläche hinweglaufen kann, sondern den Wurzelbereichen der Pflanzen zugeführt wird. Die Bepflanzung besteht auch hier aus Rohrkolben, Flatterbinse, Sumpfschwertlilie (im Randbereich), Schilf und Flechtbinse. Diese Pflanzen, vor allem Schilf und Flechtbinse sind äußerst wuchsfreudig. In unseren kleinen Anlagen, in denen es uns wirklich nur darum geht, hartes Wasser weich zu machen und von Chlor und Nitrat zu befreien, können wir auf Schilf und die Flatterbinse verzichten. Sie würden in Kürze alles überwuchern. Außer diesen Pflanzen hat man auch den Froschlöffel *(Alisma plantago-aquatica),* die Wasserminze *(Mentha aquatica),* den Wasserfenchel *(Oenanthe aquatica),* den Wasserschwaden *(Glyceria maxima)* und die allerdings nicht winterharte Wasserhyazinthe *(Eichornia crassipes)* für biologische Kläranlagen verwendet. Wer die Aufbereitung des Wassers mit einem Sumpfbeet oder künstlichen Wasserlauf verbinden will, muß sich nicht ausschließlich an diese Pflanzen halten, sondern kann außerdem auch andere Pflanzen, die in der Sumpfzone zuhause sind, einbringen. Ein nicht zu unterschätzender positiver Nebeneffekt besteht darin, daß die biologische Kläranlage nach kurzer Zeit, so wie auch ein Teich, zum Lebensraum aus zweiter Hand wird und zahlreiche Insekten, Amphibien und Vögel anlockt. Aufgrund des Nährstoffreichtums im Wurzelbereich ist der Pflanzenbewuchs sehr dicht, so daß die Tiere darin Schutz und Nahrung finden und sich vermehren.

Die Seesimse *(Scirpus lacustris)* hat sich zur Klärung von Abwässern bewährt.

Wasser ist in jeder Hinsicht ein vermittelndes Medium. Nicht nur die Flüssigkeit, die chemische Verbindung aus den beiden Gasen Wasserstoff und Sauerstoff im Verhältnis zwei zu eins miteinander verbunden ist es, die das nasse Element so wertvoll macht. Wasser ist auch Träger wichtiger Substanzen und Elemente, die alle Pflanzen, Tiere und nicht zuletzt wir Menschen zum Leben brauchen. Wasser hat auch die Fähigkeit zu waschen, also Schmutz und Schadstoffe von anderen Trägern abzulösen, in sich aufzunehmen und wegzutragen. Es kann diese Stoffe aber auch wieder abgeben, wenn es zur Ruhe gekommen ist, indem es Schwebeteilchen einfach zu Boden sinken läßt oder im Austausch von Ionen an die Pflanzen abgibt. Dies sind die chemischen Eigenschaften des Wassers. In Verbindung mit Pflanzen ist das Wasser auf diesem Gebiet zu ungeheuren Leistungen fähig, wie das Beispiel der biologischen Kläranlagen gezeigt hat. Daran wird aber auch deutlich, welch schwere Geschütze diejenigen Industriebetriebe auffahren, die das Wasser unserer Flüsse derart verunreinigen, daß es zu massenhaftem Fischsterben kommt.

Spiegelbilder im Wasser erhöhen den Reiz der herbstlichen Landschaft.

Reflektion und Wärmespeicherung des Wassers

Wasser hat auch physikalische Eigenschaften, die sich von denen anderer Stoffe erheblich unterscheiden. Eine blanke Wasserfläche wirkt wie ein großer Spiegel. Diesen optischen Effekt können wir gestalterisch ausnutzen, indem wir Bäume und Sträucher, Stauden und Gräser mit besonders malerischem oder bizarrem Wuchs an das Ufer unseres Gartenteiches pflanzen. Die Pflanzen erscheinen dann noch einmal aus der spiegelverkehrten Perspektive im Wasser. Besonders im Winter, wenn die Blätter der Seerosen und anderen Schwimmblattpflanzen auf den Boden gesunken sind, kommt das Spiegelbild eines am Ufer stehenden Chinaschilfs oder einer Herkulesstaude besonders zur Geltung.

Das Wasser reflektiert das Sonnenlicht und sorgt so dafür, daß auch Gartenbereiche mit Licht versorgt werden, die normalerweise im Schatten lägen, so zum Beispiel die Stauden unter Bäumen und Sträuchern. Mit dem Licht wird aber auch Sonnenwärme weitergegeben und damit Temperaturschwankungen in der Umgebung eines Gewässers ausgeglichen. So reflektiert die riesige Wasserfläche des Bodensees große Mengen an Licht und Wärme an die umliegenden Berghänge ab. Das Klima ist dort

milder und ausgeglichener als anderswo in Deutschland. Überall wo Wein angebaut wird, trägt auch die Reflektion des Wassers der Flüsse dazu bei, daß die Trauben genügend Sonnenlicht und Wärme bekommen, um ausreifen zu können. Wasser speichert auch Wärme und gibt sie langsam an die Umwelt ab. Deshalb dient das Wasser bei allen unseren Zentralheizungen als Transportmedium der Wärme, ebenso in den Solarkollektoren. Viele Bauherren beziehen heute einen Wintergarten in die Planung ihres Hauses ein. Ähnlich dem Wasser läßt Glas die kurzwelligen Strahlen hindurch. Diese verwandeln sich, sobald sie auf einen festen Körper stoßen, in langwellige Strahlen, die dann durch das Glas nicht mehr nach außen dringen können. Durch geöffnete Türen vom Wintergarten zum Wohnhaus oder eigens zu diesem Zweck angebrachte Ventilatoren wird die erwärmte Luft ins Haus geleitet und hilft Heizkosten sparen. Man nennt dies passive Solarenergie. Diesen Effekt kann man verstärken, indem man einen Gartenteich vor dem Wintergarten anlegt. Vor allem im Winter, wenn die Sonne tief steht, werden die schräg von Süden auf den Wasserspiegel treffenden Sonnenstrahlen im gleichen Winkel gegen die Glaswand des Wintergartens geworfen. Ganz bewußt legt man einen solchen Reflektorteich nicht allzu vegetationsreich an, um eine möglichst große, schattenfreie Wasserfläche zur Reflektion zu

154

haben. Auf Seerosen braucht man dennoch nicht zu verzichten, denn im Sommer, wenn sie den Wasserspiegel bedecken, ist eine Reflektion ohnehin nicht erwünscht, und im Winter sterben die Blätter ab und geben die Wasserfläche frei. Bei der Plazierung des Teiches direkt vor dem Wintergarten sollte allerdings für einen geregelten Wasserabfluß, der überschüssiges Wasser vom Haus weg führt, gesorgt sein.

Der durch Wärmespeicherung und Abstrahlung entstehende klimaausgleichende Effekt eines Gartenteiches kann durch entsprechende Gestaltung des Umfeldes noch verstärkt werden. Dazu gehört nicht nur die Anlage des Teiches an exponierter Stelle, zum Beispiel vor einem Wintergarten, sondern auch die Abschirmung des gesamten Gartens vor Wind und Frost. In Hanglagen zieht im Winter die kalte Luft am Boden des Hanges zu Tal. Am tiefsten Punkt sammelt sie sich und bleibt lange dort stehen. Wer in einem solchen »Frostloch« wohnt, kann die kalte Luft aussperren, indem er zum Hang hin einen kleinen Erdwall mit dichter Bepflanzung errichtet. Vor diesem Wall kommt die kalte Luft dann zum Stillstand. An seiner Innenseite kann dieser Hang mit einer Trockenmauer kombiniert werden. Die Steine nehmen ebenfalls Sonnenwärme auf und strahlen sie in den

Gartenraum hinein ab. Eine Hecke oder dichte Gehölzpflanzung nach Westen und Osten ausgerichtet, sorgt für geeigneten Windschutz. Nur nach Süden wird der Garten möglichst offen gehalten, damit die Sonne hineinscheinen kann. So herrscht im Gartenraum auch im Frühjahr und Herbst, ja sogar im Winter ein milderes und angenehmeres Klima als außerhalb der Schutzpflanzungen. Im Sommer macht es sich auf andere Weise bemerkbar. Je wärmer es wird, desto mehr Wasser verdunstet im Teich. Dieses verdunstete Wasser geht aber nicht verloren, sondern wird zunächst von der ebenfalls stark erwärmten Luft aufgenommen. Die Luft wird auf diese Weise ein wenig abgekühlt und ihr Feuchtigkeitsgehalt erhöht. Bei der, den Schutzpflanzungen zu verdankenden relativen Windstille bleibt diese Luftfeuchtigkeit im Gartenraum bestehen. So läßt sich auch die sommerliche Hitze besser ertragen.

Der sich bildende Tau schlägt sich aber auch auf den Blättern der Pflanzen nieder und wird dort zum Teil direkt von den Spaltöffnungen der Blätter aufgenommen. Dies ist vor allem für Stauden alpiner Herkunft besonders wichtig. Oberflächlich gesehen glaubt man, es handele sich um Pflanzen, die in Felsspalten, fast ohne Boden gedeihen und dazu noch viel Sonne lieben. Ebenso wichtig ist jedoch die Luftfeuchtigkeit. Nachts und in den Morgenstunden fällt, durch die Nähe der Wolken bedingt, viel Tau auf die Pflanzen hernieder. Sie brauchen den Tau, um einen Teil ihres Wasserbedarfs zu decken. Deshalb gibt es kein Alpinum in einem botanischen oder privaten Garten ohne Wasser. Im kleinen Garten genügt oft ein kleiner Tümpel ohne Bepflanzung, einer Vogeltränke ähnlich, der diese Aufgabe erfüllt. In größeren Anlagen kann ein Gartenteich diese Aufgabe erfüllen. Ideal zur Klimaverbesserung im Steingarten ist jedoch ein kleiner Bach, also bewegtes Wasser. Bei einem Bach profitiert beides, sowohl die Luft als auch das Wasser von dessen Bewegung. Die Luft wird mit Wassertropfen, das Wasser mit Sauerstoff angereichert. Auf diese Weise entsteht im Garten ein feuchtwarmes Kleinklima, das dem Hochgebirgsklima ähnlich ist.

Die Ökostation in Freiburg. Die Sonnenstrahlen werden vom Wasser reflektiert und gegen die Glasfläche des Wintergartens sowie die eingebauten Solarkollektoren geworfen.

155

Wo Wasser in Bewegung ist, grünt es nochmal so üppig.

Meditation am bewegten Wasser

Bewegtes Wasser bringt viele Vorteile. Wer verweilt nicht gern an einem dahinplätschernden Bach, an einem tosenden Wasserfall oder gemächlich dahinfließenden Strom? Fließendes, strömendes, rauschendes Wasser ist einfach faszinierend. Wasser kann anregend und beruhigend sein. Es verleitet zum Träumen und ist sicherlich an vielen neuen Ideen beteiligt. Bewegtes Wasser öffnet uns die Augen für andere Dimensionen. Zwar beurteilen wir das Wasser in unserem materialistisch orientierten Zeitalter nur von seinem materiellen Nutzen, zum Beispiel als Trinkwasser oder als Mittel, das unsere Umwelt wieder sauberwäscht. Doch holen wir uns das Wasser nicht deshalb in den Garten, sondern ausschließlich, um uns und unsere Umwelt damit zu erfreuen. Bewegtes Wasser regt nicht nur zum Philosophieren an, sondern bildet unterschiedliche Formen und hinterläßt Spuren in seiner Umwelt. Auch darin liegt sein besonderer Reiz. Der Anthroposoph Theodor Schwenk beschäftigt sich in seinem Buch »Das sensible Chaos« zu einem großen Teil mit den Formen und Spuren, die bewegtes Wasser bildet und hinterläßt. Wie immer sich das Wasser auch bewegt, hat der Autor festgestellt, strebt es der Kugelform zu, der Urform, die ein Abbild des Kosmos ist. Er macht dies an vielen Beispielen deutlich. Ein Wasserstrahl löst sich immer in Tropfen – in kugelförmige Tropfen auf. Jeder Bach und jeder Fluß hat das Bestreben, in Mäandern zu fließen. Diese Mäanderbögen zeigen immer das Bestreben, runde, geschlossene Formen zu bilden. Auch die Wellen des Meeres, die sich auf ihrem Höhepunkt überschlagen, bilden runde Formen. Gleichbleibend sind die Figuren, die entstehen, wenn fließendes Wasser einen Stein umspült, obwohl sie doch von immer neuem Wasser durchströmt werden. Kunstvolle Gebilde entstehen im Wasser, wenn es durch einen hineinragenden Zweig in seinem Fluß gestört wird. Schwenk geht noch einen Schritt weiter. Bildet nicht das Wasser genau die Formen, die wir auch in allen Lebewesen wiederfinden, zum Beispiel in einem Schneckenhaus, dem Vegetationskegel einer Pflanze, dem Gehörn einer Antilope, in Quallen, aber auch in Knochen, in Muskeln oder dem Gehörgang des Menschen. – Parallelen, die zunächst ungewohnt erscheinen, die

Schwenk anhand vieler Abbildungen jedoch belegt. Selbst das Bestreben des Wassers runde Formen zu bilden ist nicht von der Hand zu weisen. »Das Wasser hat das Bestreben ein Abbild des Kosmos zu sein«, schreibt Theodor Schwenk. Deshalb die Mäander. »Leblos und verödet nimmt sich dagegen ein geradeaus gelegter Fluß aus. Er spricht von der inneren Seelenlandschaft des Menschen, welcher nicht mehr mit den Rhythmen der lebendigen Natur zu schwingen vermag«, schreibt Theodor Schwenk und sieht im flüssigen Element ein geistiges Wesen: »Das Wasser strebt immer nach Gleichgewicht, aber zu lebensvollem Gleichgewicht, nie zu dem ruhenden, in dem das Leben verlöschen müßte. Es ist überall Vermittler der Gegensätze, die sich verschärfen, wo es fehlt. So führt es Widerstrebendes und Getrenntes zusammen und schafft dauernd Neues daraus...«. Soweit Theodor Schwenk. Seine Betrachtungsweise ist weit davon entfernt, Wasser einfach in H_2O zu zerpflücken, sondern drückt Ehrfurcht vor dem nassen, alles Leben erfüllenden Element aus.

Wasser war auch in früheren Zeiten ein Symbol der Reinheit und des Lebendigen. Seit altersher holten sich Menschen das Wasser in ihren Wohnbereich, nicht nur zum Trinken und Waschen, sondern um sich einfach daran zu erfreuen. Bereits die wohlhabenden herrschenden Ägypter bezogen Wasser vor mehr als 1000 Jahre v. Chr. in die Gestaltung ihrer Gärten ein. In den zu den sieben Weltwundern gehörenden »Hängenden Gärten der Semiramis« war Wasser ein wichtiges Gestaltungselement. Auch bei den Burgen des Mittelalters wurde Wasser, bewegtes Wasser, immer in die Gestaltung des Hofes mit einbezogen. Das Wasser bewegte sich schon sehr früh in den Gärten – ganz ohne elektrischen Strom. Man suchte die Nähe von Quellen auf und baute ein höher gelegenes Wasserreservoir, von wo aus das Wasser dem Brunnen oder einer Fontaine zufließen konnte. Wenn der Vorrat verbraucht war, mußte man warten, bis sich das Reservoir wieder mit Regenwasser gefüllt hatte.

Wassertechnik in der Geschichte

In den Gärten Roms hatte man schon die Möglichkeit, mit Wasserleitungen eine Verbindung zwischen der Quelle und den Wasserspielen herzustellen. Mit diesen einfachen römischen Wasserleitungen wurde Quellwasser oft Hunderte von Kilometern von der Quelle zu den menschlichen Siedlungen transportiert. Die alten Römer verstanden es sogar, künstliche Quellen zu bauen oder Quellwasser so zu fassen, daß sie es über ihre Wasserleitungen mühelos zu ihrem Bestimmungsort bringen konnten.

Als Vorbild dienten die natürlichen Quellen. Das Regenwasser dringt in den Boden ein, versickert darin und wird auf dem Weg in tiefere Bodenschichten durch Kies und Sand gefiltert. Doch irgenwann, in 1–2 m Tiefe stößt es auf eine wasserundurchlässige Schicht. Diese Schicht besteht aus Ton, einem Mineral, das sich aus mikroskopisch kleinen Plättchen zusammensetzt, die aufquellen, sobald sie mit Wasser in Berührung kommen. Das in den Boden versickerte Wasser staut sich darin

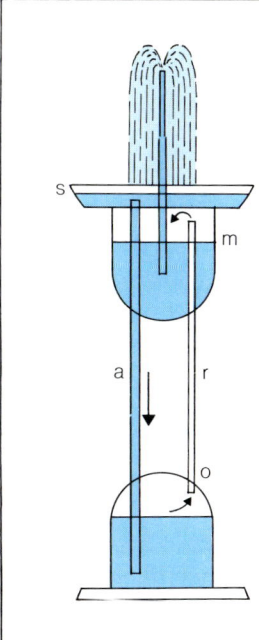

Prinzip des Heronsbrunnens: Das in die Schale (s) eingefüllte Wasser rinnt durch die Röhre (a) in den unteren Behälter. Die darin befindliche Luft wird durch das Wasser durch die obere Öffnung des unteren Behälters (o) durch eine zweite Röhre (r) in den oberen Behälter (m) gedrückt. Durch die einströmende Luft wird das darin befindliche Wasser durch die in der Mitte befindliche Düse nach oben gedrückt.

an und sucht sich schließlich einen anderen Weg. Auf dieser undurchlässigen Tonschicht fließt es weiter. Oft mündet es, unseren Augen verborgen, unterirdisch in ein Gewässer. Oft tritt es aber auch an der Oberfläche zutage, wenn sich dem Wasser auf dem Weg dorthin nichts mehr sperrt. Eine solche Quelle tritt oft aus einem Hang oder sogar einem Felsen heraus. Aber auch aus dem Wiesenboden kann das Wasser zwischen den Gräsern hervorsprudeln. Mit ein wenig Geschick kann man eine solche Quelle einfassen und dorthin leiten, wo das Wasser benötigt wird. Das haben schon die alten Römer verstanden. Im Urfttal in der Eifel gibt es noch heute Bestandteile dieser alten Wassertechnik. Die Römer faßten dort die Quellen am »Grünen Pütz« bei Nettersheim ein und leiteten sie durch den sogenannten Eifelkanal über 100 km weit bis ins heutige Köln. An sieben verschiedenen Stellen tritt das sich im Karstgestein sammelnde Grundwasser zutage. Dieses Quellwasser fingen die Römer durch eine Sickerleitung auf, die wir nach unserem heutigen wasserbaulichen Verständnis als eine Form der Dränage bezeichnen würden. Es handelte sich um einen unterirdischen Kanal, dessen Seitenwände durch Trockenmauern abgestützt waren. Zur Talseite und auf seiner Sohle war dieser unterirdische Kanal mit einer 70 cm dicken Tonschicht abgedichtet. Das von der Bergseite eintretende Quell- und Grundwasser konnte nicht entweichen und wurde durch den unterirdischen Kanal abgeleitet. Abgedeckt war dieser Kanal mit Sandsteinplatten. Es gab viele solcher römischen Wasserleitungen, bei denen das Wasser mit einem leichten Gefälle von 0,2–0,5% ihrem Bestimmungsort zugeführt wurden. Die auf dem Wege liegenden Täler wurden mit kunstvollen Brückenbauten, Aquädukte genannt, überbrückt.

Seit Menschengedenken hat man sich viel Mühe ums Wasser gemacht und viele Techniken erdacht, um es zu fördern, zu leiten, zu transportieren und zu nutzen. Jahrhundertelang kannte und brauchte man weder Dampfmaschinen, noch Dieselmotoren, noch elektrischen Strom dazu. Ktesi-

bios von Alexandria war ein Physiker und Ingenieur, der im 3. Jahrhundert v. Chr. lebte. Er erfand die Wasserorgel, Hydraulis genannt, bei der die Töne durch künstlich mit einer Luftpumpe erzeugten Wind entstanden und Wasser die Funktion des Druckausgleichs übernahm. Die von Ktesibios entwickelten Techniken wurden von Heron von Alexandria übernommen und weiterentwickelt. Er erfand den nach ihm benannten Heronsball. Durch Druckluft wird bei diesem Gerät Wasser über eine Düse nach außen befördert. Ein einfaches Prinzip, das uns heute noch erhalten geblieben ist, so zum Beispiel bei einem Parfümzerstäuber oder den Rückenspritzen für Pflanzenschutzmittel.

Weniger bekannt ist der ebenfalls von Heron entwickelte Heronsbrunnen, eine Weiterentwicklung des Heronsballs. Im Prinzip handelt es sich um zwei Heronsbälle, die übereinander angebracht und durch zwei Rohre verbunden sind. Die Decke des oberen Balls ist wie eine Schüssel ausgebildet. Eine Röhre verläuft von dieser Decke bis dicht über den Boden des unteren Gefäßes. Die zweite Röhre beginnt dagegen an der Decke des unteren Gefäßes und endet wiederum dicht unter der schüsselartigen Decke des oberen. Die Spritzdüse befindet sich in der Mitte der Deckenschüssel und reicht bis dicht über den Boden des unteren Gefäßes. Gießt man nun Wasser in die obere Schüssel, so fließt es durch die Röhre ins untere Gefäß. Dort verdrängt es die darin befindliche Luft, die durch die zweite Röhre ins obere Gefäß steigt. Im oberen Gefäß befindet sich jedoch auch Wasser, das durch die aufsteigende Luft verdrängt, also durch die Spritzdüse gedrückt wird. Dort wird es wieder von der Schüssel aufgenommen. Dies funktionierte nur so lange, bis das untere Gefäß mit Wasser gefüllt und die Luft daraus verdrängt war. Kein Perpetuum mobile aber eine Technik, die in ihrer Einfachheit genial war. Man benutzte sie später zur Entwässerung von Bergwerken.

Später wurden auch andere Techniken eingesetzt, um das Wasser in Bewegung zu bringen oder zu fördern, so zum Beispiel die archimedische Schraube, die aus Holz gefertigt am Fuß der holländischen Windmühlen angebracht war und dazu diente, das Wasser aus den Grachten zu pumpen. Zu Beginn des industriellen Zeitalters wurden schließlich Dampfmaschinen zur Förderung des Wassers eingesetzt.

Wasser, das in irgendeiner Weise in Bewegung gesetzt wird, kühlt ab. Allein der über das Wasser streichende Wind kann einiges bewirken. Kühles Wasser ist reicher an Sauerstoff als wärmeres. Durch die Bewegung wird Wasser aber außerdem noch mit der Luft vermischt, also mit Sauerstoff angereichert. Bewegung tut dem Wasser gut. Und die Sauerstoffanreicherung kann auch für die Tierwelt des Wassergartens von Vorteil sein. Allerdings kann man auch durch die gründlichste Sauerstoffanreicherung keinen Überbesatz an Fischen oder gar Schildkröten ausgleichen, es sei denn, man legt ein Wasserbecken mit der entsprechenden Technik ausschließlich zur Tierhaltung an.

Einen Springbrunnen, einen künstlichen Wasserfall oder einen Bach sollte man jedoch nie direkt mit dem bepflanzten Teich kombinieren, denn viele Wasserpflanzen vertragen keine ständige Wasserbewegung. Am empfindlichsten reagieren die Seerosen darauf. Die Kombination Springbrunnen und Seerosen gelingt allenfalls in einem großen Teich, in dem die Schwimmblattpflanzen und der Springbrunnen räumlich weit voneinander entfernt angeordnet sind. Die bessere Lösung besteht darin, dem bewegten Wasser ein eigenes Becken zu geben und einen sachten Überlauf zur beruhigten Wasserzone zu schaffen, so daß die Pflanzen von der Wasserbewegung kaum noch betroffen sind.

Ein Sprudelstein wie dieser hat in jedem Garten Platz. Er kann mit einer Unterwasserpumpe wie mit einer Außenpumpe betrieben werden.

Elektrische Pumpen

Zunächst stellt sich allerdings die Frage nach der richtigen technischen Einrichtung, der Pumpe. Bei der Auswahl steht erst einmal die Sicherheit an oberster Stelle. Die Pumpe für den Teich sollte mit dem Prüfzeichen des TÜV versehen sein. Außerdem gibt es das Zeichen GS = geschützte Sicherheit. Es garantiert eine Kontrolle der Konstruktion und Fertigung der Teichpumpe. Schließlich verbürgt das Zeichen VDE = Verband Deutscher Elektriker für Sicherheit, die durch regelmäßige unangemeldete Kontrollen im Werk garantiert wird. Die Installationen einer Pumpe sollte man auf jeden Fall vom Fachmann, also einem Elektriker vornehmen lassen. Er wird auch die geeigneten Kabel im Teich und unter der Erde verlegen. Erdkabel müssen zusätzlich durch darübergelegte Ziegelsteine geschützt werden.

Grundsätzlich unterscheidet man Unterwasserpumpen und Außenpumpen. Die Unterwasserpumpen gibt es mit einem langen Kabel steckerfertig montiert zu kaufen. Man braucht sie nur noch ins Wasser zu stellen, den Stecker in die Steckdose zu stecken, und die Pumpe kann jederzeit eingeschal-

Je drei Kammern mit Filter-Watte schützen diese Tauchpumpe vor dem Bodenschlick des Teichs.

tet werden. Diese Pumpen eignen sich vor allem für Springbrunnen und kleinere Teichanlagen. Man kann das Kabel seitlich durch die Beckenwand führen, muß aber dann die Abdichtung sehr sorgfältig vornehmen. Einfacher ist es, das Kabel über den Beckenrand zu verlegen und mit Steinen abzudecken. Die Pumpen sollten einen Tragbügel haben, damit man sie leicht aus dem Teich herausnehmen kann. Auf keinen Fall sollte man sie am Kabel herausziehen. Bevor man die Pumpe in die Hand nimmt, muß unbedingt der Netzstecker gezogen werden. Andernfalls kann es durch Unachtsamkeit zu Unfällen kommen, die möglicherweise tödlich ausgehen.

Die Unterwasserpumpe muß immer etwas erhöht aufgestellt werden, zum Beispiel auf einige Steine. Direkt auf dem Teichboden würde die Pumpe allen Schlick ansaugen, ihr Filter bald verstopfen und die Pumpe im schlimmsten Fall trockenlaufen. Manche Experten empfehlen sogar, die Pumpe noch zusätzlich in einen Gitterkorb zu stellen, um grobe Pflanzenteile fernzuhalten. In regelmäßigen Abständen sollte der Pumpenfilter gereinigt werden.

Einen Springbrunnen kann man mit einer Unterwasserpumpe sehr leicht bauen. Im Handel gibt es fertige Sets mit Pumpen und Aufsatzdüsen, die unterschiedliche Wasserfiguren hervorbringen. Man braucht sich eigentlich nur eine Wasserfigur auszusuchen, die einem gefällt und bekommt die Pumpe mit der entsprechenden Aufsatzdüse. Wichtig ist dabei allerdings das Verhältnis der Fontänenhöhe zum Umfang des Wasserbeckens. Zu hohe oder ausladende Wasserspiele in kleinen Becken verlieren zuviel Wasser, über den Beckenrand verspritzt. Das Wasserbecken für einen alleinstehenden Springbrunnen kann auch unter Kieselsteinen im Verborgenen liegen. Man braucht es nur mit einem Eisengitter abzudecken und darauf Kieselsteine auszubreiten, zwischen denen dann das Wasser hervortritt. Ebenso können aber Unterwasserpumpen eingesetzt werden, um das Wasser aus dem Teich an die Quelle eines künstlichen Wasser-

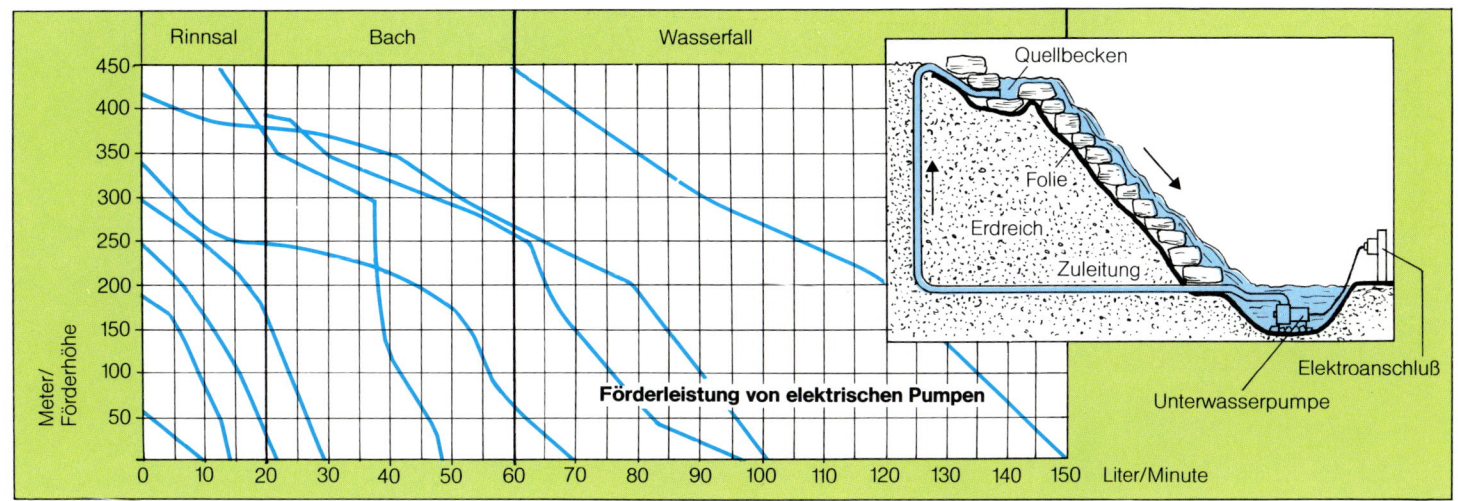

Förderleistung von elektrischen Pumpen

Beim Ablesen dieses Pumpendiagramms kommt es darauf an, die Förderleistung der Pumpe bei einer bestimmten Förderhöhe zu ermitteln. Pumpen mit steilen Kurven sind sehr leistungsfähig, was jedoch auf Kosten der Haltbarkeit gehen kann.
Rechts oben: So kann ein künstlicher Wasserlauf im Querschnitt aussehen.

laufes zu fördern. Auch in diesem Fall wird die Pumpe auf einen Sockel auf den Teichboden gestellt. Anstelle der Springbrunnendüse schließt man jedoch ein Rohr oder Schlauch an, durch den das Wasser zu der künstlichen Quelle gefördert wird. Die Frage ist nur, welche Pumpe mit welcher Förderleistung man benötigt, um das gewünschte Ergebnis zu erzielen. Zwei Kriterien sind hierbei von Bedeutung: die Wassermenge, die durch den künstlichen Wasserlauf fließen soll und der zu überwindende Höhenunterschied zwischen Ansaugkorb der Pumpe und der Quelle. Die Maßeinheit für die Förderleistung einer Pumpe heißt Liter pro Minute. Je größer der Höhenunterschied zwischen der Pumpe und der künstlichen Quelle ist, desto mehr nimmt die Förderleistung der Pumpe ab, desto geringer ist die Wassermenge, die aus der Quelle heraustritt. Die Frage lautet also: Wie groß ist die Förderleistung der Pumpe bei einer bestimmten Höhe. Am besten sind Pumpen, deren Förderleistung bei zunehmender Höhe vergleichsweise nur wenig nachläßt.

Für die Wassermenge, die den künstlichen Wasserlauf hinabfließen soll, können einige Begriffe mit groben Richtwerten verbunden werden. Man kann den Wasserlauf, je nach Wassermenge als Rinnsal, Bach oder Wasserfall bezeichnen. Bei einem Rinnsal beträgt die Förderleistung bis zu 10 Liter pro Minute, bei einem Bach zwischen 10 und 60 Liter und bei einem Wasserfall 60–150 Liter pro Minute.

Im Allgemeinen reichen die im Fachhandel angebotenen Pumpen für die Ansprüche, die man im Hausgarten an sie stellt, aus. Wer einen Bach

anlegen will und einen Höhenunterschied von etwa 2 m vom Ansaugkorb der Pumpe zur künstlichen Quelle überwinden muß, findet durchaus eine Pumpe mit einer Förderleistung von 50 Liter pro Minute, die sich dann bei einem Höhenunterschied von 2 m auf 40 Liter pro Minute verringert. Bei einer anderen Pumpe kann sich die Förderleistung von 55 Liter bei demselben Höhenunterschied auf nur 15 Liter pro Minute verringern, so daß nur noch ein Rinnsal übrigbleibt. Es kommt also darauf an, beim Kauf die Förderleistungen miteinander zu vergleichen, um den gewünschten Erfolg zu erzielen. Das Gleiche gilt für die sogenannten Außenpumpen. Für sie ist ein besonderer Schacht oder ein besonderes Gehäuse erforderlich, das die Pumpe vor Feuchtigkeit von außen schützt. Manche dieser Pumpen sind nicht selbstansaugend, müssen also unterhalb des Wasserspiegels plaziert werden. Zu diesen Pumpen werden allerdings auch alle Zubehörteile angeboten, zum Beispiel auch Rohre, die von der Pumpe zum Ansaugstutzen führen. In einem kleinen, gut zugänglichen Betonschacht wird die Pumpe so aufgestellt, daß sie vor Nässe und Spritzwasser geschützt ist. In diesem Schacht werden auch die nötigen elektrischen Installationen untergebracht. Am besten deckt man ihn mit einer Beton- oder Eisenplatte ab. Dieser Schacht kann nach außen hin mit einer Umpflanzung getarnt werden. Im Winter sollten die Pumpen, ganz gleich, ob es sich um eine Unterwasserpumpe oder Außenpumpe handelt, aus der Teichanlage entfernt und in einem frostfreien Raum aufbewahrt werden. Dort stellt man die Unterwasserpumpen in einen Bottich mit Wasser, damit die Dichtungen und Lager nicht austrocknen. Wichtig: Bevor die Pumpen aus der Anlage entfernt werden, den Netzstecker ziehen oder Strom abschalten!

Die von der Pumpe zur Quelle führende Rohr- oder Schlauchleitung wird unter der Erde verlegt, möglichst so tief, daß ihr der Frost nichts anhaben kann, also mindestens 40 cm, besser noch 60 cm tief. Zweckmäßigerweise vergräbt man die Leitung jedoch nicht unter dem Wasserlauf, sondern seitlich davon, damit man sie im Notfall aufgraben kann. Zweckmäßig ist auch hier eine Abdeckung der Leitung mit Ziegelsteinen oder ähnlichem zum Schutz der Leitung und um sie im Bedarfsfall leicht wiederzufinden.

Gestaltung der Wasserläufe

Wie ein künstlicher Wasserlauf gestaltet wird und welche Wassermengen ihn durchfließen sollen, hängt von den Absichten und vom Geschmack des Gartenfreundes, wie auch der Geländebeschaffenheit, der zur Verfügung stehenden Fläche und überhaupt der gestalterischen Konzeption des Gartens ab. Man sollte dabei ein wenig Gespür für Proportionen haben. Ein allzu tosender Wasserfall in einem kleinen Atrium kann schon mehr bedrohlich als erquickend wirken. Auch ein kleines Rinnsal, das sich durch ein karges Steinbeet schlängelt, um dann einige Zentimeter tief in eine steinerne Schale zu sprudeln, kann außerordentlich reizvoll sein. Der beste Lehrmeister ist bei allem immer noch die Natur. Gehen Sie hinaus und sehen Sie sich an, wie die Quelle aus dem Felsen tritt, wo und wie sie sich den Weg durch Gesteine, durch Schotter oder Geröll bahnt. Schauen Sie sich ein murmelndes Wiesenbächlein an, das sich in Mäandern, von Sumpfdotterblumen und Wiesenknöterich begleitet durch eine Wiese schlängelt.

Auch die Quelle ist je nach landschaftlicher Umgebung unterschiedlich beschaffen. Im Alpinum kann sie zwischen Felssteinen hervortreten. Im waldähnlichen Gehölzrand kann man sie verstecken und

zwischen Farnen hervortreten oder in einer Wiese zwischen Gräsern und Blumen hervorquellen lassen. Bei einer solchen Quelle ist der Zulauf unter Wasser in einem kleinen Tümpel versteckt. Das Wasser tritt dann an vorgegebener Stelle über das Ufer des Tümpels und ergießt sich in den Wasserlauf.

Das Wasser eines natürlichen, von Menschen unbeeinflußten Wasserlaufs fließt niemals gerade, sondern immer in Mäandern. Dies sollte auch das Vorbild für unseren künstlichen Wasserlauf im Garten sein. Doch sollten wir es damit nicht übertreiben, denn die Kurven eines natürlichen Wasserlaufs ziehen sich auch über weite Strecken hin. Zuviele Bögen auf kurzer Strecke wirken unnatürlich und unruhig. Auch ein solcher Bach sollte in eine Staudenpflanzung oder Blumenwiese integriert sein. In einem schnurgeraden Wasserlauf, der einen kurzgeschorenen Rasen in zwei Hälften unterteilt, verliert das Wasser seinen Reiz. Zum Bau eines künstlichen Wasserlaufs lassen sich alle Materialien wie auch für den Teichbau verwenden. Auch die Bauweisen sind gleich, wobei man die Höhenunterschiede sehr sorgfältig ausmessen und abstecken sollte. Der Boden muß also stufenweise vormodelliert werden. Am besten gliedert man eine Mulde an die andere, wobei dafür gesorgt sein muß, daß das Wasser sachte in die nächsttiefere Stufe fließen kann. Der Wasserlauf muß auch nicht gleichmäßig breit sein. Man kann ihn auch an manchen Stellen durch Ausbuchtungen, sogenannte Kolke erweitern, in denen das Wasser vorübergehend zur Ruhe kommt. Das Bett des Wasserlaufes wird ganz mit Steinen ausgekleidet, wobei es sich anbietet, das Material zu verwenden, welches in der landschaftlichen Umgebung vorkommt. Pflanzen können in dem bewegten Wasser kaum gedeihen, von einigen wenigen Ausnahmen, wie zum Beispiel der Bachbunge (*Veronica beccabunga*) abgesehen. Im sumpfigen und bodenfeuchten Uferbereich gedeihen jedoch viele Begleitstauden der Flachwasser- und Sumpfzone eines Teiches um so üppiger. Auch viele Farne

162

Ein kleiner Wasserfall im Garten

Das Bett des Wasserlaufs und die Stufen, über die das Wasser einmal plätschern soll, sind schon vorbereitet (links oben).

Anschließend wird die Teichfolie ausgebreitet und zur Probe Wasser laufen gelassen (links Mitte).

Die Folie wird mit Erde und Kieselsteinen bedeckt. Rundum wurden hier Findlinge angeordnet (links unten).

Der fertige Wasserfall (rechts oben). Das Wasser plätschert über eine Holzschale, an deren einem Ende ein Schlauch befestigt ist, und über Steine zu Tal.

fühlen sich in der frischfeuchten Umgebung eines dahinplätschernden Baches wohl.

Wer einen Wasserfall innerhalb eines Steingartens anlegen will, sollte darauf achten, daß die Statik dieser aufgeschichteten Steinlandschaft stimmt. Trocken werden die Steine leicht gegen den Hang geneigt aufgeschichtet. Als Faustregel gilt: 10 cm Neigung auf 1 m Höhe. Bei größeren Anlagen mit steileren Wänden kommt man sicher nicht darum herum, die Anlage von hinten mit einer armierten Betonwand zu verstärken, was wiederum einige bautechnische Kenntnisse erfordert.

Für künstliche Wasserläufe gibt es aber auch Fertigelemente aus glasfaserverstärktem Polyester, die man in beliebiger Folge aneinanderfügen kann. Man sollte sie allerdings anschließend gut mit Kieselsteinen tarnen, denn sehr attraktiv sehen sie nicht aus.

Für die Gestaltung und Anlage eines künstlichen Wasserlaufes bieten sich viele Möglichkeiten an, wobei die Größe des Gartens eine untergeordnete Rolle spielt. Für ein kleines Rinnsal findet sich in jedem Garten, auch im sprichwörtlichen Handtuchgarten eines Reihenhauses oder sogar im Atrium ein Platz. Es bietet sich aber auch besonders an, einen Wasserlauf mit einem oder sogar mehreren Teichen zu kombinieren und eine richtige Wasserlandschaft im Garten zu gestalten.

Eine Wasserlandschaft im Garten

Gartenteiche kann man in jeder beliebigen Größe anlegen und an jede Art von Vegetation, jeder Grundstücksgröße und Form anpassen. Als kleiner Tümpel können sie ein Steingartenbeet ergänzen oder einen Vorgarten bereichern, als großer Teich können sie einen ganzen Garten ausfüllen. Vielleicht haben Sie sich schon vor einigen Jahren einen Teich angelegt. Mit zunehmender Erfahrung bemerkten Sie vielleicht einige Fehler an ihrer Anlage oder hätte im Nachhinein manches gern anders gemacht. Den einmal bestehenden und, trotz aller kleiner Fehler, recht gut eingewachsenen Teich wollen wir dennoch nicht zuschütten, weil er ein hübscher Bestandteil unseres Gartens geworden ist. Wir wünschen uns einfach noch mehr Wasser im Garten und wollen deshalb noch einen weiteren Teich dem alten hinzugesellen oder den alten Teich erweitern. Es gibt viele Wege vom Gartenteich zum Wassergarten. Am einfachsten ist es, einem bestehenden Teich weitere Elemente des Wassergartens zuzuordnen. Der Teich wird zum Mittelpunkt eines größeren Wassergartens. Wir können ihm einiges zuordnen: eine etwas ausgedehntere Sumpfzone, ein Moorbeet oder eine Feuchtwiese, einen Wassergraben oder munter plätschernden Bach oder einen erfrischend sprudelnden Wasserfall.

Zu dem vorhandenen Teich können wir aber auch weitere Teiche und Tümpel anlegen. Hier wäre zu überlegen, wie diese neuen Teiche gestaltet werden. Sie sollen ja sowohl mit dem bereits bestehenden Teich harmonieren, sich aber dennoch von ihm in irgendeiner Weise unterscheiden. Wir wollen ja unseren Garten mit diesem Teich bereichern. Hier bieten sich viele Möglichkeiten an. Wenn der vorhandene Teich sehr gut eingewachsen, also vegetationsreich ist, wäre es eine Überlegung wert, einen vegetationsarmen Teich anzulegen. Dazu könnte es wiederum einige Gründe geben. Der neue Teich könnte als Reflektionsfläche dienen, von der das Sonnenlicht gegen die Glas-

Fast alle Funktionen und Lebensbereiche eines Wassergartens sind hier vereinigt. Das kleine Bächlein sorgt für gutes Klima im Steingarten. Der große Teich ist dem Wintergarten und der Terrasse zugeordnet und der Wassergraben schlängelt sich mit vielen Auskolkungen durch die Sumpfwiese.

wand des Wintergartens geworfen wird. Er könnte ausschließlich als Becken für Seerosen und Teichmummeln dienen, und bei entsprechender Größe auch Fische beherbergen. Denkbar wäre auch, den mittleren Bereich ganz freizuhalten und als Badeteich zu nutzen, ihn jedoch von kleineren vegetationsreichen Teichen und Tümpeln zu umgeben. Schließlich steht bei der Anlage von Gartenteichen immer auch der Naturschutzgedanke im Vordergrund, das Bestreben, einen neuen Lebensraum zu schaffen. Die Ansprüche der Amphibien in bezug auf ihr Laichgewässer wurden eingehend beschrieben. Ein vegetationsarmer Teich kann einer Kreuzkröte, einer Wechselkröte oder Geburtshelferkröte als ideales Laichgewässer dienen. Kleine Tümpel in einer Wiese sind ideal für Unken und Molche und in vegetationsreichen Teichen fühlen sich vor allem die Wasserfrösche wohl. Natürlich sollen es nicht immer dieselben Teichformen und -größen sein. Große und kleine Teiche, Tümpel, ein Wassergraben, eine Sumpfzone oder künstlicher Bach sollen sinnvoll einander zugeordnet und harmonisch in die gesamte Gestaltung des Gartens und der ihn umgebenden Landschaft eingefügt sein. Alle diese Elemente sollen sich zu einem Wassergarten ergänzen.

Gewiß spielt bei alldem auch immer der im Garten zur Verfügung stehende Platz eine Rolle. Wer jedoch die Möglichkeit hat, einen ganzen Garten mit Wasser auszufüllen, kann auf relativ kleiner Fläche mehrere Landschaftsbilder, vom Gebirge bis zur Flußaue nachgestalten. Dazu sind allerdings ein wenig Sinn für Proportionen, Verständnis für Lebensräume und Pflanzenansprüche erforderlich. Denn allzuviel auf kleinem Raum zusammengedrängt, nur um alles untergebracht zu haben, wirkt nicht nur überladen, sondern unharmonisch bis kitschig. Wo nicht genügend Platz vorhanden ist, sollte man deshalb lieber auf einiges verzichten. Dennoch ist auf kleiner Fläche mitunter erstaunlich viel machbar. Auf einer Gartenfläche von 400–500 m² ist es möglich, ein Alpinum mit einer Quelle und einem zu Tal fließenden Bach anzule-

gen, der, in der Ebene angekommen, in einen Teich mündet. An diesen Teich schließen sich eine Sumpfzone, vielleicht auch ein Moorbeet oder eine Feuchtwiese an, Bereiche, in denen überschüssiges Wasser nach längerem Regen sowohl aus dem Teich als auch aus der Dachrinne aufnehmen können. Die gleiche Funktion kann auch ein Wassergraben am Rand eines Gehölzstreifens erfüllen, dessen Uferregion dem Auenwald nachempfunden wurde. Ebenso kann sich dieser Graben aber auch durch eine feuchte Blumenwiese schlängeln. Es gibt also viele Kombinationen verschiedener Teichanlagen.

Bei all diesen Überlegungen stellt sich wiederum die Frage, mit welcher Abdichtung die Erweiterung der Teichanlage bewältigt werden soll. Wer von vornherein eine größere Fläche in einen Wassergarten mit verschiedenen Bereichen verwandeln will, hat es relativ leicht. Er kann die gesamte Teichmulde, die Sumpfzone und den Wasserlauf ausschachten und vormodellieren und legt alles mit demselben Material aus, zum Beispiel einer Teichfolie. So kann man auch leicht eine Insel in den Teich einbeziehen. Eine solche Insel bietet Vögeln einen ruhigen Platz, wo sie vor Katzen sicher sind. Auch für Frösche kann diese Insel eine Ruhezone sein. Und die Uferlinie ist mit dieser Insel um einige Meter erweitert. Die Insel sollte jedoch nicht zu klein bemessen sein. Der Mindestdurchmesser sollte 1,50 m betragen. Man kann die Insel ganz einfach schaffen, indem man ein Stück des gewachsenen Bodens in der Mitte des Teiches stehenläßt und rundherum die Mulde aushebt. Die Folie oder andere Abdichtungsmaterialien werden dann am Ufer hochgezogen, befestigt oder verarbeitet, wie sonst am Teichufer auch. Eine lange und abwechslungsreich gestaltete Uferlinie trägt zur Vielfalt der Pflanzen- und Tierarten in einem Wassergarten bei.

Die Materialien Teichfolie, Lehm oder Ton, Dachpappe und sogar Beton bieten die Möglichkeit, frei zu gestalten. Man ist durch sie an keine festen Formen gebunden. Dies hat für den noch unerfahrenen Teichgartenfreund allerdings nicht nur Vorteile. Denn dieses freie Gestalten will gekonnt sein. Man muß mit natürlichen, unregelmäßigen Formen auch umgehen können. Deshalb sei an dieser Stelle noch einmal der Rat wiederholt: nicht allzu kompliziertes planen und bewerkstelligen wollen.

Die einfachste Methode, einen Teich zum Wassergarten zu erweitern, besteht darin, einfach einen zweiten und, wenn man will, dritten und vierten Teich daneben anzulegen. Neben einem Folienteich kann ein weiterer Folienteich entstehen, aber auch ein Fertigbecken eingebaut werden. Fertigteiche mit geometrischen Formen lassen sich recht gut miteinander kombinieren, ganz gleich, ob sie einen rechteckigen oder quadratischen, runden oder winkeligen Grundriß haben. Eine holländische Firma bietet Fertigteiche mit Grundrißformen an, die den Steinen eines Puzzlespiels ähneln. Sie passen in der Tat auch gut zueinander. Diese zunächst eigenartig anmutenden Formen wurden entwickelt, um mehrere Teiche unterschiedlicher Dimensionen ineinanderzustellen und so besser transportieren zu können. Die ineinandergestellten Teiche benötigen auf diese Weise wesentlich weniger Lagerfläche. Diese Formen sind aber auch geeignet, mehrere Teiche wie ein Puzzlespiel aneinander zu fügen. Man könnte die Kanten dieser aneinandergefügten Teiche mit Steinen abdecken oder mit einem Holzsteg überbrücken. Wer die beiden Wasserflächen mit einer Staudenpflanzung verbinden will, sollte allerdings ein wenig mehr Platz zwischen den beiden Becken einräumen, am besten Beetbreite zwischen 1,20–1,50 m. Ein Störfaktor aller Fertigteiche sind immer noch deren Kanten, die eine unnatürliche schroffe Trennungslinie zwischen der Wasserfläche und der angrenzenden Staudenpflanzung. Bei manchen Fabrikaten ist der Rand so ausgebildet, daß man ihn bepflanzen oder mit Kieselsteinen anlegen kann. Mit ein wenig Geschick lassen sich aber diese Ränder auch unter Gehwegplatten oder einem Holzsteg ebenso wie unter Pflanzen ver-

Eine Insel im Teich: Erde wird in der Mitte der abgedichteten Teichmulde aufgeschüttet (links). Daneben der eingewachsene Teich mit Insel.
Rechte Seite: Über Schrittsteine den Teich zu überqueren, ist besonders reizvoll.

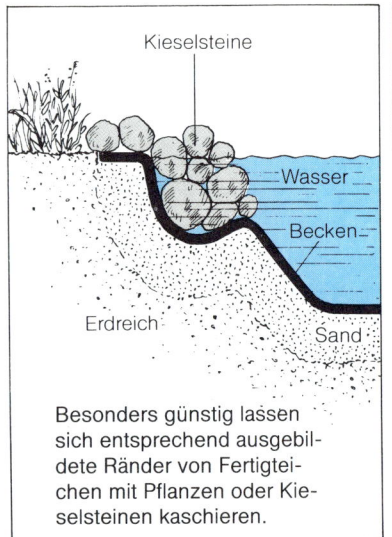

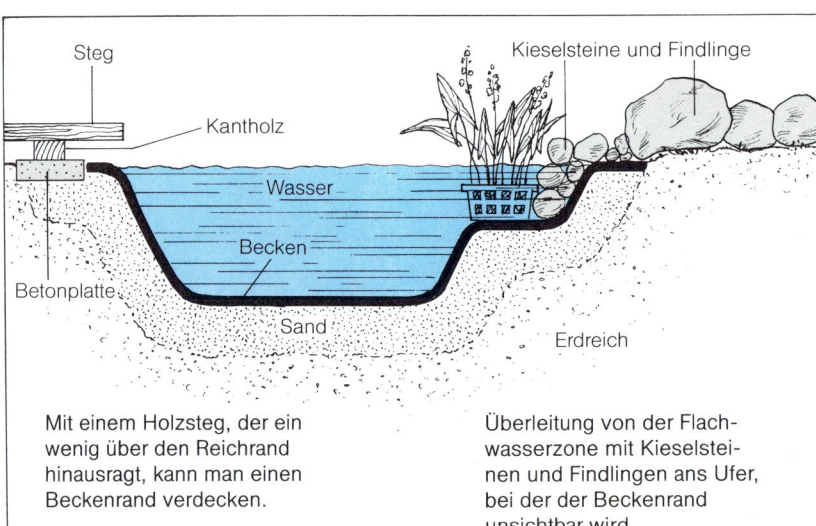

Kieselsteine

Wasser

Becken

Erdreich

Sand

Besonders günstig lassen sich entsprechend ausgebildete Ränder von Fertigteichen mit Pflanzen oder Kieselsteinen kaschieren.

Steg

Kantholz

Wasser

Becken

Betonplatte

Sand

Erdreich

Kieselsteine und Findlinge

Mit einem Holzsteg, der ein wenig über den Teichrand hinausragt, kann man einen Beckenrand verdecken.

Überleitung von der Flachwasserzone mit Kieselsteinen und Findlingen ans Ufer, bei der der Beckenrand unsichtbar wird.

Drei Möglichkeiten, die Ränder von Fertigteichen zu gestalten

stecken. Fertigteiche können aber auch kaskadenförmig aneinandergefügt werden. Ein Teich liegt dabei jeweils etwas höher als der andere und durch entsprechend geformte Ansatzstücke ist dafür gesorgt, daß sich das Wasser des oberen Teiches in den unteren ergießt. Mit einer Teichpumpe wird das Wasser aus dem unteren zurück in den obersten Teich befördert.

Schwieriger als die Kombination mehrerer unabhängig voneinander angelegter Teiche ist die Erweiterung eines bestehenden. In diesem Fall muß das Wasser des bestehenden Teiches ganz abgelassen und zumindest ein Teil, manchmal auch die ganze Pflanzung entfernt werden. Diese Methode entspricht einer Neuanlage des Teiches, denn nach der Erweiterung wird neue Erde eingebracht, neue Pflanzen werden gesetzt, neues Wasser wird eingelassen und die biologischen Umsetzungsprozesse beginnen von vorn.
Auch die Möglichkeiten der Abdichtung sind bei der Erweiterung begrenzt und auf jeden Fall erschwert. Eine Teichfolie ist auf jeden Fall stark verschmutzt, wenn sie einige Jahre lang im Boden gelegen hat. Es dürfte kaum möglich sein, sie so zu reinigen, daß sie im Kaltschweißverfahren mit einem neuen Stück Folie verbunden werden kann. Man braucht dazu ein Heißschweißgerät und kommt ohne Hilfe eines erfahrenen Fachmannes kaum aus.
Einen Betonteich kann man nicht erweitern, indem man die bestehende Betonwand einfach durch-

bricht und ein neues erweitertes Stück Betonwand einfach angliedert. Dabei würde eine Arbeitsfuge und aufgrund unterschiedlicher Setzungen Risse entstehen, so daß dieses Becken nie mehr dicht zu bekommen würde.
Lehm und Ton sind Naturmaterialien, die im Wasser plastisch bleiben. Bei einer sorgfältigen Verbindung der bestehenden Schichten mit dem neu eingebrachten Material müßte man den Teich dauerhaft abdichten können.
Mit Erweiterungen von Dachpappeteichen gibt es keine Erfahrungen, zumal dieses Material kaum noch zum Teichbau verwendet wird. Auch hier muß sehr sauber gearbeitet, möglicherweise eine weitere Schicht über die gesamte Teichmulde gelegt werden. Eine Erweiterung von Teichen mit selbstausgebrachtem glasfaserverstärktem Polyester ist kaum denkbar. Man müßte die alten Wände zerschneiden, glattschleifen, um neue Glasfasermatten aufzubringen und mit Polyesterharz zu tränken. Eine befriedigende Verzahnung der beiden Schichten ist kaum möglich, von den unterschiedlichen Setzungen des alten und neuen Teils einmal abgesehen.

Wie schon auf Seite 36 erwähnt, gibt es seit einigen Jahren zwei Systeme von zusammensetzbaren Fertigteichelementen, eines von der deutschen Firma Kruk, ein anderes von der niederländischen Firma Plasticall. Diese Elemente bestehen wie Fertigteiche aus glasfaserverstärktem Polyester. Die Firma Kruk hat drei Elemente entwickelt, und zwar ein Kopfteil und einen Teilkreis und einen sogenannten Segmentbogen, die sich zu zahlreichen Formen zusammenfügen lassen. Sie werden mit Schrauben aneinandergefügt und Dichtungsmasse abgedichtet. Bei dem System von Plasticall handelt es sich um einen quadratischen und einen dreieckigen Teich, die beide eine Tiefe von 1 m haben. Aus den Seitenwänden kann man vorgezeichnete Profile heraussägen und entweder diese Teiche durch spezielle Verbindungsstücke miteinander kombinieren oder zwei weitere Stücke, nämlich ein bogenförmiges Wasserlaufelement oder ein gerades Wasserlaufelement anfügen, das in ein rundes Endstück mündet. Mit diesen Teilen lassen sich unendlich viele Kombinationen unterschiedlicher Art und Dimension erzielen. Zusammengefügt werden die Elemente ebenfalls durch Schrauben und ein zwischen die Teile eingelegtes Dichtungsband. Die Verbindungsstellen sind auch hier besonders verstärkt, damit die Anlage durch unterschiedliche Setzungen, die durch den Druck des Wassers entstehen, nicht

undicht wird. Dennoch sollten gerade diese Teiche besonders sorgfältig in verdichteten Sand eingebettet werden. Vor allem das holländische System kann immer mehr erweitert werden, wobei in den 1 m tiefen Becken die Bepflanzung und ein Teil des Wassers belassen wird.

Oben: Teichanlage im Baukastensystem mit einem Quadrat in der Mitte und 4 angegliederten Dreiecken beim Einbau.
Unten: Zwei Jahre alte Teichanlage aus zusammengesetzten Bogenelementen.

171

Auch ein Fertigteich und eine Folienabdichtung lassen sich unter gewissen Voraussetzungen miteinander kombinieren. So kann zum Beispiel ein den Hang hinabplätschernder Wasserlauf, der mit Folie abgedeckt ist, in einem Fertigbecken münden. Umgekehrt kann man eine Wassertreppe aus Fertigteilen anlegen und das Wasser in einen mit Folie abgedichteten Teich fließen lassen. Auch bei einem Teich, der mit Lehm oder Ton abgedichtet ist, besteht die Möglichkeit, ihn mit Folie zu erweitern. Die Kombination Folie und Lehm oder Ton wird häufig auch angeraten, um die gefährdeten Randbereiche dieser Teiche zusätzlich abzudichten. Die Folie sollte in diesem Fall möglichst bis zur Hälfte der Wassertiefe eingearbeitet werden.

Häufig werden auch PVC-Folie und Beton miteinander kombiniert, vor allem, wenn das Betonbecken undicht geworden ist. Dann hilft meistens alles Abdichten nicht mehr. Man bekommt es nur noch dicht, indem man das Becken mit Folie auskleidet.

Aus Beton bestehen auch die meisten Swimmingpools. Viele Gartenbesitzer haben die Freude an ihnen verloren, weil man aufgrund der meistens geringen Größe ohnehin kaum darin schwimmen kann. Der Pflegeaufwand ist hoch und außerdem ist ein solches Becken mit seinen ins Auge springenden türkisfarbenen Wänden alles andere als eine Zierde für den Garten. Deshalb gibt es viele Gartenbesitzer, die ihr Schwimmbecken in einen Gartenteich umfunktionieren wollen. Dies kann man erreichen, indem man die Pflanzkörbe auf aus Steinen aufgeschichtete Sockel setzt, und damit ihren unterschiedlichen Ansprüchen an die Wassertiefe gerecht wird. Eine Trockenmauer aus kalkfreien Steinen auf dem Boden des Beckens aufgeschichtet und mit Erde hinterfüllt, ergibt die Flachwasserzone im umfunktionierten Becken. Diesen Bereich läßt man am besten zum Ufer hin sachte auslaufen. Wenn die Wände des Schwimmbeckens im Laufe der Jahre rissig geworden sind, kleidet man das Becken am besten auch mit einer PVC-Folie aus. Diese Folie wird mit Aluschienen und Spreizdübeln am Beckenrand befestigt. Eine ideale Kombination von Garten- und Badeteich ist Paul Schwedtke, Inhaber der Firma Plastoplan, gelungen. Er schlug die Wände seines Swimmingpools um ein Drittel ihrer Höhe ab und gliederte rundherum einen Wassergarten an. Den Swimmingpool und den drumherumliegenden Wassergarten kleidete er mit einem großen Folienstück aus. So hat er die Bademöglichkeit erhalten, kann aufgrund der Vegetation aber auf chemische Zusätze im Wasser verzichten. Die Gestaltungsmöglichkeiten kombinierter Wasseranlagen sind vielfältig. Ökologisch gesehen können viele kleine Teiche und Wasserstellen wertvoller sein, als ein großer Gartenteich. Wenn jeder Teich und Tümpel anders gestaltet ist, bieten sie einer Vielzahl von kleinen Tieren einen neuen Lebensraum. Doch kommt es auch dabei auf die Abstimmung des Wassergartens auf seine Umgebung an.

Links: Häßlich türkisfarben und mit Chemikalien durchsetztes Wasser – so sah das Schwimmbecken ursprünglich aus. Rechts: Aufgelokkerte und bepflanzte Randzonen und biologisch reingehaltenes klares Wasser – so sieht der Badeteich jetzt aus!

172

Wer den Amphibien einen neuen Lebensraum schaffen will, sollte sich bei ortsansässigen engagierten Naturschützern erkundigen, welche Arten es in der Umgebung gibt. Sie wissen meistens darüber sehr gut Bescheid und haben oft die einzelnen kleinen Lebensräume in der Landschaft kartiert. So kann man den Wassergarten den Bedürfnissen der eventuell zuwandernden Amphibien in seiner Gestaltung anpassen. Wassergartenfreunde, denen es gelungen ist, in ihrem Garten ihr Teichparadies zu gestalten und die einen Frosch, eine Kröte oder ein Molchpärchen als ständige Gäste in ihrem Garten haben, können die Nachbarn mit ihrer Leidenschaft anstecken. Voller Freude führen sie ihre Besucher durch ihr Paradies aus zweiter Hand. Diese Begeisterung steckt an. Und so entstehen oftmals um einen bereits vorhandenen Gartenteich noch weitere in der Nachbarschaft. Frösche und Kröten,

Molche, Unken und vielleicht auch mal Salamander können so von einem Teich zum anderen wandern, wenn ihr Lebensraum am Laichgewässer zu klein geworden ist. Zäune und Hecken sind für die Tiere kein Hindernis. Viele kleine Teiche, Trockenmauern und Reisighaufen sowie dichte Hecken tragen dazu bei, daß diese Tiere innerhalb der Gartenräume bleiben und vielleicht noch nicht einmal eine Straße zu überqueren brauchen.

Der Wunsch eines jeden Naturfreundes: Mit einer Vielzahl kleiner Gartenbiotope wird ein Verbundnetz von Lebensräumen geschaffen, das mit natürlichen Lebensräumen verflochten ist und unser Land lückenlos durchzieht. Viele Gartenteichfreunde haben einige Maschen dieses Netzes verknüpft. Fügen wir noch einige hinzu, zum Wohl vieler bedrohter Tiere und Pflanzen, für eine gesündere Umwelt und zu unserer eigenen Freude und geistigen wie seelischen Bereicherung.

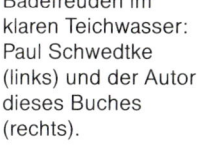

Badefreuden im klaren Teichwasser: Paul Schwedtke (links) und der Autor dieses Buches (rechts).

Probleme mit dem Teich?

In der Natur geschieht nichts ohne Ursache. Pflanzen können nur dort gedeihen, wo sie die richtigen Bedingungen vorfinden, wo sie ihren Ansprüchen gemäß mit Wasser, Nährstoffen, Sonnenlicht und Wärme versorgt werden. Tiere siedeln sich nur dort an, wo sie die ihnen zusagende Nahrung und einen geeigneten Unterschlupf finden, wo sie ihre Jungen zur Welt bringen und aufziehen können. Die Ursache für jede weitere Entwicklung ist also jeweils an einem bestimmten Standort zu suchen, an dem ein bestimmtes Medium vorherrschend ist, wo durch ein bestimmtes Milieu ideale Voraussetzungen für die Entwicklung bestimmter Lebewesen gegeben sind. Dies kann sich sowohl im positiven als auch im negativen Sinn auswirken. Ideale Bedingungen am Teich lassen Seerosen, Rohrkolben, Igelkolben, Hechtkraut und alle anderen Pflanzen optimal gedeihen. Bestimmte Voraussetzungen im Teich und in seiner unmittelbaren Umgebung im Garten wie auch im weiteren Umfeld können die Ursache dafür sein, daß ganz bestimmte Amphibienarten zuwandern und viele Jahre lang im Garten, im Teich bleiben.

Algenplagen, Bakterienblüten, das Umkippen des Teiches, Mückenplagen treten auch nur dann ein, wenn bestimmte Ursachen gegeben sind. Es hat deshalb wenig Sinn, diese Symptome allein, etwa durch chemische Mittel zu bekämpfen. Die Ursachen sind damit noch lange nicht beseitigt und werden die Symptome bald wieder nach sich ziehen. Die Zusammenhänge wurden in diesem Buch ausführlich erklärt. Doch soll zum schnelleren Nachschlagen hier noch einmal auf bestimmte typische Probleme eingegangen werden.

Algen: Sie sind das größte, häufigste und zugleich kleinste Problem im Gartenteich. In einem frisch angelegten Teich ist ihr Auftreten ganz normal. Algen bilden sogenannte Zysten aus, die bei Trockenheit überleben und durch den Wind weitergetragen werden. Sobald sie Wasser und darin gelöste Nährstoffe finden, wachsen daraus die Algenpflanzen heran und vermehren sich bei optimalen Bedingungen. In einem jungen Teich sind die Bedingungen für Algen optimal. Es ist häufig kalkreich und voller Nährstoffe und erwärmt sich je nach Jahreszeit sehr schnell. Die Algen sind dann aber noch nicht als schädlich anzusehen, sondern erfüllen eine sehr wichtige Funktion und leiten die weiteren biologischen Entwicklung des jungen Gewässers ein. Sie binden die Nährstoffüberschüsse im Wasser und liefern zahlreichen Mikroorganismen, die ein wichtiger Bestandteil der Teichfauna sind, genügend Nahrung. Je nach Kalkgehalt und Nährstoffreichtum des Wassers verschwinden sie nach einigen Wochen oder Monaten von selbst. Auch bei einem älteren Teich sind zeitweise auftretende Algen normal und erfüllen die gleiche Funktion. Bedenklich wird es erst, wenn der Teich dauerhaft veralgt ist. Dabei können die Algen in verschiedenen Formen auftreten: als Schwebalgen, die sich als grüne Wassertrübung bemerkbar machen und als Fadenalgen, die in dicken Watten dicht unter der Wasseroberfläche schwimmen.

Nicht jede Wassertrübung muß auf einen Überbewuchs an Schwebalgen hindeuten. Oft wird das Wasser auch bei Wetterumschwung, kurz vor einem Gewitter trübe. Zur Probe können Sie einen weißen Teller 10 cm tief ins Wasser halten. Wenn er noch sichtbar ist, brauchen Sie nichts zu unternehmen. Ist er es nicht, müssen Sie versuchen, die Ursachen zu beseitigen.

Messen Sie einmal den pH-Wert des Wassers. Wie alle Pflanzen lieben auch die Wasserpflanzen einen Wert um 7, also im neutralen Bereich. Es ist aber durchaus vertretbar, den pH-Wert auf 6 oder 5,5 abzusenken. In diesem Milieu können Algen nicht mehr gedeihen. Die einzige Möglichkeit der Absenkung besteht darin, einen Jutesack, der mit Schwarztorf gefüllt ist, ins Wasser zu legen. Sehr erfolgversprechend ist diese Methode allerdings nicht. Prüfen Sie, ob nicht aus irgendeiner Quelle Kalk ins Wasser gelangen kann. Kalkhaltiges

Gestein sollten Sie daraus unbedingt wieder entfernen. Ist Ihr Leitungswasser sehr hart, also reich an Kalziumkarbonat, so sollten Sie es zunächst in ein Gefäß leiten, in dem es ein wenig abstehen kann. Der Kalk setzt sich zumindest teilweise auf dem Boden der Tonne ab. Oder Sie kombinieren den Zulauf mit einem Sumpfbeet, wie auf Seite 152 beschrieben, wo dem Wasser bereits Kalk und Nährstoffe entzogen werden. Nährstoffüberschüsse können durch eine Zufuhr größerer Mengen nährstoffreichen Wassers oder eingespülter nährstoffreicher Erde entstehen. Bei älteren Teichen entstehen diese Überschüsse durch Nährstoffreserven, die aus dem Faulschlamm des Bodens freigesetzt werden. Eine weitere Anreicherung erfolgt durch die Haltung und Fütterung von Fischen in einem zu kleinen Teich oder durch Überbesatz in einem größeren Teich. Um den Nährstoffüberschuß abzubauen muß jede neue Nährstoffzufuhr unterbunden werden. Algenwatten zieht man mit einem Rechen aus dem Wasser und hat damit auch den Nährstoffgehalt verringert. Im Herbst wird ein Teil des Bodenschlicks ausgeräumt und diese Arbeit in den darauffolgenden Jahren wiederholt (siehe auch Seite 150).

Algen gedeihen in voll besonntem Wasser am besten. Man kann ihr Wachstum einschränken, indem man den Teich beschattet, entweder durch zeitweise oder dauerhafte Schatteneinrichtungen am Ufer (Paravant oder Gehölze) oder mit Schwimm- oder Schwimmblattpflanzen im Wasser. Die Seerosenblätter beschatten das Wasser ebenso wie ein Teppich aus Wasserlinsen. Da die ausgesprochenen Schwimmpflanzen wie Wasserlinse, Feenmoos, Krebsschere, Froschbiß, Wassersalat (nicht winterhart) und Wasserhyazinthe (nicht winterhart) ihren Nährstoffbedarf direkt aus dem Wasser decken, sind sie nicht nur als Licht- sondern auch als Nährstoffkonkurrenten wichtige Gegenspieler der Algen. Allerdings können sich die Wasserlinse und das Feenmoos in nährstoffhaltigem Wasser derart vermehren, daß sie selber zur Plage werden und andere Pflanzen, vor allem die Unterwasserpflanzen unterdrücken.

Algen produzieren zwar Sauerstoff, verbrauchen

bei Nacht aber umso mehr. Wenn sie in größeren Mengen auftreten, fallen auch größere Mengen abgestorbener Algen auf den Teichboden und werden dort von den Bakterien zersetzt. Die Bakterien verbrauchen aber ebenfalls große Mengen Sauerstoff. Unterwasserpflanzen produzieren Sauerstoff und ersetzen somit den verlorenegegangenen. Außerdem haben sie ebenfalls die Fähigkeit, Nährstoffe direkt aus dem Wasser zu ziehen und sind somit auch wichtige Konkurrenten der Algen.

Bakterienblüten: Sie sind meistens eine Folge des zu starken Algenwuchses. Sie treten auf, wenn der Teich dabei ist, umzukippen. Bakterien, die unter dem Einfluß von Sauerstoff arbeiten (aerobe Bakterien), sind infolge von Sauerstoffmangel abgestorben. Mit geringen Sauerstoffmengen auskommende Bakterien (anaerobe Bakterien) setzen Stoffe frei, die für die Lebewesen giftig sind (siehe auch Seite 148). Das Wasser ist milchig trüb. Ein 10 cm tief ins Wasser getauchter Teller ist nicht mehr zu erkennen.

Hier muß zunächst einmal ganz schnell erste Hilfe geleistet werden. Besorgen Sie sich aus dem Zoofachhandel eine Membranpumpe mit Belüfterstein, wie man sie in der Aquaristik gebraucht. Damit führen Sie dem Teich Sauerstoff zu. So können die aeroben Bakterien wieder arbeiten. Mit einem Schlauch wird dann möglichst viel Bodenschlick abgesaugt und ein Drittel des Teichwassers ausgetauscht. Dies ist bei der Teichpflege die einzige Ausnahme, bei der ein Wasserwechsel angebracht ist! Den abgesaugten Schlick sollte man durch ein Sieb laufen lassen, um Kleintiere und deren Larven abzufangen und zurück in den Teich geben zu können. Ansonsten muß jede Anreicherung mit Nährstoffen vermieden werden. Große Fischarten, wie zum Beispiel Goldfische und Koikarpfen sollten spätestens jetzt herausgeworfen werden.

Zu starker Pflanzenwuchs, Verlandung, Anreicherung von organischen Abfällen auf dem Teichboden: Wenn die Pflanzen im Teich gut wachsen, haben wir eigentlich nichts dagegen einzuwenden. Der Teich ist in Ordnung. Doch können manche Pflanzen derart wuchern, daß sie andere in ihrem Wachstum behindern und zum Absterben bringen. Dies gilt vor allem für Schwimmpflanzen, die den Unterwasserpflanzen das Licht nehmen. Als Faustregel für den Bewuchs sollte immer gelten: Ein Drittel Bepflanzung und zwei Drittel offene Wasserfläche. Entengrütze, Feenmoos sind Anzeiger für einen großen Nährstoffreichtum im Wasser. Man zieht davon soviel wie möglich mit einem Rechen aus dem Wasser und verringert so auch den Nährstoffgehalt. Das gleiche gilt auch für die Wasserpest, die ebenfalls zur Plage werden kann. Alle anderen Pflanzenbestände lichtet man möglichst im Herbst aus, wenn auch der Bodenschlick aus dem Teich ausgeräumt werden soll. Diese Arbeit nimmt man aber nicht für den ganzen Teich auf einmal, sondern im Abstand von 1–2 Jahren abschnittsweise vor. So wird die Mikrofauna nicht so stark beeinträchtigt (siehe auch Seite 150). Organisches Material, das sich von abgestorbenen Pflanzen auf dem Teichboden gesammelt hat, wird im Zuge dieser Arbeiten mit ausgeräumt. Herbstlaub von benachbarten Bäumen kann man von einem kleinen Teich fernhalten, indem man ein Kunststoffnetz, wie man es sonst zum Schutz vor Vögeln über Beerenobststräucher spannt, über dem Teich ausbreitet. Auch bei größeren Teichen läßt sich ein großer Teil des Laubes durch zeitweise aufgestellte Maschendrahtzäune abhalten.

Schädigende Insekten und Käfer: Um es gleich vorweg zu sagen: mit Chemie ist im Teich gar nichts zu machen – und das ist auch gut so. Aber selbst Mittel, die im biologischen Anbau verwendet werden, können wir gegen Schädlinge im Teich nicht anwenden. Das als sonst unschädlich eingestufte Pyrethrum (unter den Markennamen »Parexan« und »Spruzit« im Handel) ist giftig für Fische und Amphibien. Selbst die Brennesselbrühe sollte man aus dem Teich heraushalten, weil sie durch ihren Stickstoffgehalt das Wasser anreichert und möglicherweise das Algenwachstum fördert.

Doch zum Glück ist der Schädlingsbefall in einem gesunden Teich so gering, daß man ihn tolerieren oder mit der Hand regulieren kann. Der selten gewordene stattliche Gelbbrandkäfer wie auch seine Larve richten im Laich und unter den Larven der Amphibien mitunter schlimme Verwüstungen an. In letzter Zeit soll er an manchen Stellen wieder etwas häufiger aufgetreten sein. Vermutlich verschwindet er so schnell, wie er gekommen ist. Häufiger können der Seerosenblattkäfer und der Seerosenzünsler auftreten. Der Seerosenblattkäfer wird nur bis zu 8 mm groß und legt im Juni seine Eier auf den Seerosenblättern ab. Die daraus schlüpfenden Larven können durch Loch- und Minierfraß große Schäden auf den Blättern der Seerosen anrichten, und diese zum Absterben bringen.

Der Seerosenzünsler sieht einer kleinen Motte ähnlich. Seine Raupe trennt ovale Stücke aus den Rändern der Blattrosen aus und fügt sie zu einer Behausung zusammen, die sie an die Unterseite des Seerosenblatts heftet, um sich darin zu verpuppen. Vögel machen gern Jagd auf den Schmetterling und picken auch die Raupen von den Blättern, so daß der Seerosenzünsler meistens auf diese Weise in Schach gehalten wird. Ansonsten kann man den Seerosenzünsler wie auch den Seerosenblattkäfer abwehren, indem man seine Raupen von

Der Seerosenblattkäfer und seine Larven auf einem Seerosenblatt.

den Blättern sammelt. Bei starkem Befall ist es manchmal am besten das ganze Blatt einfach abzuschneiden. Die Seerosen verkraften dies besser als den Minierfraß der Larven.

Schwarze Blattläuse können die Stengel mancher Pflanzen befallen, doch sind hier oft auch einige Käfer, wie zum Beispiel der Marienkäfer und Vögel zur Stelle. Ansonsten streift man die Läuse einfach mit der Hand, oder wem dies unangenehm ist, mit einem feuchten Lappen ab.

Der Teich im Winter: Die Experten streiten sich oft darüber, wie mit einem zugefrorenen Teich im Winter zu verfahren ist. Die Problematik ist wesentlich geringer, als sie dargestellt wird. Am besten macht man nämlich gar nichts. Vor allem sollte man nicht in übertriebener Saubermannsmanie jeden abgestorbenen Halm vor dem Winter entfernen. Die abgestorbenen Halme geben durch ihren Verwesungsprozeß Wärme an ihre Umwelt ab und halten damit die Eisdecke, zumindest einige Millimeter um sich herum frei. Durch diese Lücken können aus dem Boden aufsteigende Faulgase abziehen. Einen ähnlichen Effekt erzielt man, indem man ein Bündel Stroh in den Teich stellt, bevor er zugefroren ist. Ansonsten sorgt das Wasser durch seine spezifischen Eigenschaften selber dafür, daß alles in Ordnung bleibt. Bei abnehmenden Temperaturen zieht es sich zusammen, verringert also sein Volumen, bis es eine Temperatur von plus 4°C erreicht hat. Dies ist die größte Dichte des Wassers. Bei weiter absinkenden Temperaturen dehnt es sich wieder aus. Das Wasser kühlt sich aber zuerst an seiner Oberfläche ab und gefriert auch dort zuerst, dehnt sich somit auch dort aus, während sich das Wasser in tieferen Schichten des Teiches zusammenzieht. Auf diese Weise entsteht ein Luftpolster zwischen der Eisdecke und dem Wasser darunter, das isolierend wirkt und das völlige Durchfrieren des Teiches bei einer entsprechenden Wassertiefe von mindestens 60 cm hinauszögert. Das Durchfrieren der Flachwasserzonen und flacher Tümpel schadet den Pflanzen nicht. Fische sollten eine Wassertiefe von

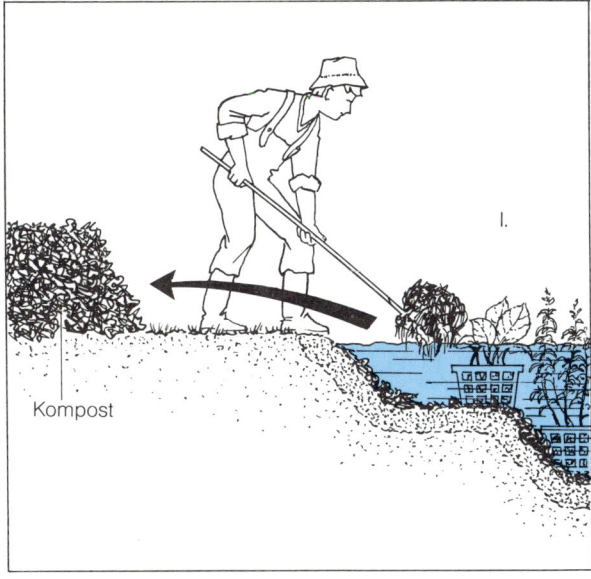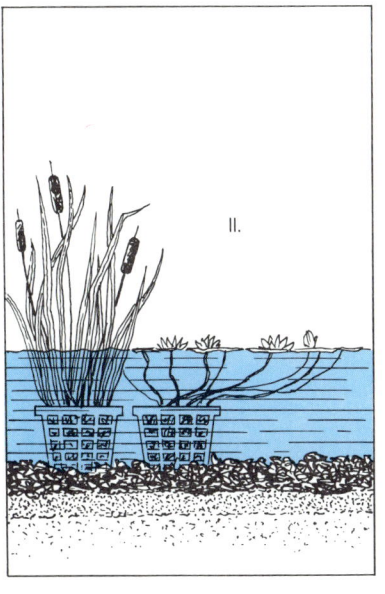

Einen Teich in drei Abschnitten reinigen:
I. Schlick, abgestorbene Pflanzenmasse und stark wuchernde Pflanzen werden aus dem Teich geräumt und kompostiert.
II. In diesem Abschnitt wurde diese Arbeit im vorigen Jahr vorgenommen.
III. Dieser Abschnitt wurde vor zwei Jahren ausgeräumt.

Kompost

mindestens 1 m bekommen, damit sie auch bei einer genügend dicken Eisdecke eine größere Wasserfläche zum Leben haben.

Manche Experten empfehlen, die Eisdecke im Winter aufzuschlagen und das Loch mit einer Styroporkiste abzudecken, um bei schönem Wetter einige Stunden lüften zu können. Andere Experten warnen jedoch vor dem Aufschlagen, weil dann die Fische aus dem Winterschlaf geweckt und zu verstärkter Atmung veranlaßt werden, ihnen jedoch nicht genügend Sauerstoff zur Verfügung steht. Andere empfehlen dagegen, mit heißem Wasser ein Loch ins Eis zu tauen. Davor warnen jedoch die Befürworter der »schlagenden« Methode und meinen, man würde den Fischen und Amphibien den Frühling durch das warme Wasser vorgaukeln und sie damit aus dem Winterschlaf wecken. Dies dürfte allerdings übertrieben sein, denn sobald die relativ geringen Mengen heißen Wassers mit dem kalten Wasser in Berührung kommen, kühlen sie ebenso ab. Wenn man ein Loch ins Eis schlägt, sollte man auf jeden Fall einen spitzen Gegenstand verwenden, mit dem man die Eisdecke schneller durchstößt und keine so lauten dumpfen Schallwellen erzeugt. Wichtiger als die Styroporkiste ist es aber, den Luftpolstereffekt unter der Eisdecke zu verstärken, indem man etwas Wasser abschöpft. Wer seinen Fischen etwas mehr Sauerstoff zukommen lassen will, hängt einen Belüfterstein mit Anschluß an eine Membranpumpe ins Wasser, allerdings nicht tiefer als 20 cm, denn im Winter ist das Teichwasser an der tiefsten Stelle am

wärmsten. Man würde es unnötig mit dem kalten Wasser vermischen und für eine Abkühlung des Teichwassers insgesamt sorgen.

Undichtes Teichbecken: Auch das kann es geben: Plötzlich bemerkt man, daß der Wasserspiegel innerhalb weniger Tage rapide absinkt. Bevor Sie sich auf die Suche nach einem Loch machen, sollten Sie erst einmal überprüfen, ob das Wasser nicht verdunstet ist oder aufgrund kapillarer Kräfte aus dem Teich gezogen wurde. Bei neu angelegten Folienteichen kann dies leicht vorkommen. Manche Falten, die geschlagen sind, können wie Kapillarröhren wirken und das Wasser aus dem Teich leiten. Diesen Effekt kann man beseitigen, indem man die Falten ausgleicht oder mit einem Stein verstopft. Auch die Erde im Uferbereich kann das Wasser aus dem Teich ziehen. Hier sollte die Folie so eingebaut werden, daß sie am Ende, an der Kante etwa 10–15 cm hoch senkrecht steht (siehe auch Seite 43). Wenn nun aber wirklich im Folienteich ein Loch ist, muß man es suchen und das ist nicht immer leicht. Die Ursachen können verschieden sein. Wenn der Untergrund nicht genügend vorbereitet und mit Sand ausgepolstert wurde, können sich spitze Steine von unten gegen die Folie gedrückt haben. Wenn dies die Ursache für ein Loch ist, so bleibt nichts anderes übrig, als den ganzen Teich auszuräumen, um es zu suchen. Der Fehler kann aber auch in einer nicht ganz sorgfältig geschweißten Naht liegen. Wenn dies in

Ein Loch im Teich – was tun?

Die Teichfolie um das Loch muß gründlich gereinigt werden. Wo es Schmutzpartikel gibt, entstehen zwischen dem Flicken und der Folie undichte Stellen. Man schneidet ein Stück PVC-Teichfolie zu einem Flicken zurecht, so daß er die Schadstelle großflächig überdeckt (oben links). Dann bestreicht man in einem Arbeitsgang die Oberfläche der Folie und die Unterseite des Flickens und drückt diesen sofort fest an (oben rechts). Anschließend wird ein mit Sand gefüllter Beutel auf den Flicken gelegt. So werden Flicken und Folie fest miteinander verbunden (unten links). Schließlich wird der Rand des Flickens mit dem Kaltschweißmittel bestrichen. So ist ein fast nahtloser Übergang gewährleistet (unten rechts). Wie beim Zusammenschweißen von zwei Folienbahnen trägt man aus Sicherheitsgründen Handschuhe bei dieser Arbeit, ebenso auch Atemschutz und Schutzbrille. Die Außentemperatur muß mindestens 15 °C betragen.

Betracht kommt, empfiehlt es sich, dort einmal nachzusehen. Der Stand des abgesunkenen Wasserspiegels zeigt ja auch an, in welchem Tiefenbereich das Loch ungefähr liegen muß.

Schlecht ausgeführte Schweißnähte und Falten bieten auch manchen Pflanzen mit kräftigen Wurzeln, wie zum Beispiel dem Rohrkolben eine Angriffsfläche. Sie können an dieser Stelle die Folie durchstoßen. Oft bemerkt man dies nicht sofort, sondern erst Jahre später, denn die Folie schließt dicht um die Wurzel. Wenn der Rohrkolben jedoch erst einmal abgestorben ist, sickert auch das Wasser durch das entstandene Loch.

Von außen sind Folienteiche weniger durch Wurzeln, sondern viel mehr durch die Ausläufer mancher Pflanzen bedroht. So schön Chinaschilf und Bambus am Teichufer sind, so gefährlich können ihre flachwachsenden Ausläufer für die Folie sein. Deshalb sollte man diese Pflanzen von vornherein durch einen schützenden Wurzelvorhang aus Dachpappe oder gar einen Betonring umgeben.

Hat man das Loch im Teich erst einmal gefunden, so ist es bei der Folie kein großes Problem, es auszubessern. Man legt es ganz frei und muß die Folie rund um das Loch gründlich säubern. Dann schneidet man einen passenden Flicken zurecht, bestreicht diesen Flicken und die Folie rund ums Loch mit Kaltschweißmittel und beschwert den Flicken schnell mit einem Sandsack. Das Kaltschweißmittel bindet schnell ab. Wie beim Verschweißen der Folienbahnen ist hierbei absolute Sauberheit und eine Mindesttemperatur von 15 °C erforderlich. Dabei müssen Handschuhe, Atemschutz und eine Schutzbrille getragen werden.

Ein undichtes Betonbecken kann man dicht bekommen, indem man die entstandenen Risse reinigt und mit einer Mischung aus wasserfestem Zement und feinem Sand ausspachtelt. Meistens entstehen aber in den darauffolgenden Jahren weitere Risse, so daß es am besten ist, ein solches Becken ganz mit Folie auszukleiden. Bei geraden senkrechten Wänden wird die Folie mit Aluschienen und Spreizdübeln an der Oberkante der seitlichen Beckenwände befestigt, bei unregelmäßig geformten und mit Beton ausgegossenen Teichmulden ist es am besten, die oberen 10–20 cm abzuschlagen, zu glätten und die Folie darüber hinwegzuziehen und, wie es schon beim Folienteich beschrieben wurde, am Rand des Betonteiches einzuarbeiten.

Beim Lehm/Tonboden kann es vorkommen, daß Pflanzenwurzeln die Schicht durchstoßen haben. Dies macht sich meistens lange Zeit nicht bemerkbar, bis auch hier Pflanzen absterben. Man kann Wurzeln, so gut es geht, entfernen und das Loch nochmals mit Ton abdecken.

Auch bei Dachpappeteichen gibt es nur die eine Möglichkeit, eine weitere Schicht Dachpappe einzubringen.

Einen Teich aus selbstgefertigten glasfaserverstärktem Polyester kann man wie ein altes Auto flicken, indem man den Untergrund glattschleift, ein mit Polyesterharz getränktes Stück Glasfaser aufklebt, es antrocknen läßt, wieder schleift, ein größeres Stück aufklebt und so weiter. Bei Fertigteichen aus diesem Material müßte es ebenso gehen, doch sind diese so stabil, daß man bei ihnen von undichten Stellen noch nichts gehört hat.

Sachregister

Die schönsten Ideen
für individuelle Gärten – von BLV

BLV Gartenberater
Wolfram Franke

Gartenanlage Schritt für Schritt

Schrittweise Anleitungen und zahlreiche Bildserien erklären das Vorgehen bei der Bodenbearbeitung, bei der Anlage von Terrassen, Stollenwänden und Anlehngewächshäusern, bei der Gestaltung von Pergola, Teich, Treppenanlage und Wegen. Mit vielen Bepflanzungsanregungen und einer Übersicht über alle monatlich anfallenden Pflegearbeiten.
183 Seiten, 83 Farbfotos, 144 s/w-Fotos,
24 Zeichnungen

BLV Gartenberater
Christiane Widmayr

Alte Bauerngärten neu entdeckt

Praktische Anleitungen zu Anlage von Wegen, Beeten, Einfassungen, Wasserbecken und Verzierungen nach dem Vorbild alter Bauerngärten. Beschreibung typischer Pflanzen mit Tips für Anbau, Pflege und Verwendung.
4. Auflage, 175 Seiten, 85 Farbfotos, 31 s/w-Fotos,
9 farbige und 17 s/w-Zeichnungen

Michael Lohmann

Das Naturgartenbuch

Dieser Ratgeber erläutert sowohl die biologischen Grundlagen wie auch die praktische Gestaltung von Naturgärten: Klima, Wetter, die Biologie von Pflanzen und Tieren, Anleitungen für die Anlage von Obst- und Gemüsegarten, Hecken, Gehölzen, Blumenwiesen, Mauern u. v. m.
2. Auflage (Neuausgabe), 176 Seiten,
103 Farbfotos, 12 s/w-Fotos, 43 Zeichnungen

BLV Gartenberater
Hugo Herkner

Rund um den Wassergarten

Ausführliche Anleitungen zu Bau, technischer Ausstattung und Gestaltung verschiedener Wassergärten. Die Vielzahl der vorgestellten Pflanzen ermöglicht Ihnen die Anlage von interessanten Biotopen. Praktische Hinweise zur Pflege von Wasser, Pflanzen und Tieren runden das Buch ab.
5. Auflage, 191 Seiten, 109 Farbfotos,
22 Zeichnungen

Marie-Luise Kreuter

Der Bio-Garten

Das große Standardwerk des biologischen Gärtnerns – jetzt in der erweiterten Neuausgabe: neue und bewährte Tips zu Themen wie z. B. Mulchen, Fruchtwechsel, Mischkulturen, Pflanzenschutz und Düngung auf natürlicher Basis. Das Werk enthält nun neben den Hauptteilen über Nutzgarten und Ziergarten zusätzlich ein Kapitel über den Naturgarten – und viele neue Farbfotos!
10. Auflage (Neuausgabe), 319 Seiten,
231 Farbfotos, 154 zweifarbige Zeichnungen
mit 275 Einzeldarstellungen

BLV Garten- und Blumenpraxis 342

Tiere im Gartenteich

Gestaltung eines ökologisch ausgewogenen Gartenteichs; Wechselbeziehungen der Arten, Förderung ihrer Vielfalt; Bestimmungsteil mit Fotos und Texten.
127 Seiten, 133 Farbfotos, 1 Zeichnung

BLV Verlagsgesellschaft München